数智化时代会计专业
————融合创新系列教材

U0680602

Python开发与财务应用

吴晓霞　孙斌　蔡理强◎主编

厦门网中网软件有限公司◎组编

人民邮电出版社

北　京

图书在版编目（ＣＩＰ）数据

Python开发与财务应用 / 吴晓霞，孙斌，蔡理强主编. -- 北京：人民邮电出版社，2022.3
数智化时代会计专业融合创新系列教材
ISBN 978-7-115-57473-2

Ⅰ．①P… Ⅱ．①吴… ②孙… ③蔡… Ⅲ．①软件工具－程序设计－应用－财务管理－高等职业教育－教材 Ⅳ．①F232

中国版本图书馆CIP数据核字(2021)第244845号

内 容 提 要

  本书以培养财会人员数字化能力为目标，围绕 Python 在财务中的应用场景，按照基础认知—分析应用—综合实战的数字化能力培养路径，通过丰富翔实的财务案例，将 Python 程序开发与财务应用紧密结合。本书分基础篇、应用篇和进阶篇三部分：基础篇通过介绍 Python 基础语法，帮助读者搭建入门基础知识体系；应用篇通过介绍 Python 采集、清洗、分析和可视化呈现数据的方法，帮助读者构建数据分析的基本思路；进阶篇通过探讨财务会计、管理会计应用场景和综合业财数据分析案例，帮助读者建立系统的数据分析思维，全面掌握 Python 数据分析流程，培养数字化能力，实现知行合一。

  本书体系结构完整，内容讲解循序渐进，难度适宜，教学资源丰富，适合用作应用型本科和高等职业院校财会类专业的教材，对于希望了解 Python 财务大数据分析和可视化知识的从业人员而言，也是一本简单易懂的参考书。

◆ 主　编　吴晓霞　孙　斌　蔡理强
  责任编辑　崔　伟
  责任印制　王　郁　彭志环
◆ 人民邮电出版社出版发行　　北京市丰台区成寿寺路 11 号
  邮编　100164　电子邮件　315@ptpress.com.cn
  网址　https://www.ptpress.com.cn
  北京九州迅驰传媒文化有限公司印刷
◆ 开本：787×1092　1/16
  印张：14.5　　　　　　　　　2022 年 3 月第 1 版
  字数：376 千字　　　　　　　2025 年 8 月北京第 16 次印刷

定价：49.80 元
读者服务热线：(010)81055256　印装质量热线：(010)81055316
反盗版热线：(010)81055315

本书编委会

主　　编：吴晓霞　　孙　斌　　蔡理强

副主编：黄丽萍　　曾鹭辉　　王木华

编　　委：吴雯洁　　周轶丽　　谢真孺

　　　　　周若谷　　张　珺　　林冬平

前 言

2021年3月12日，为贯彻《国家职业教育改革实施方案》，加强职业教育国家教学标准体系建设，落实职业教育专业动态更新要求，推动专业升级和数字化改造，教育部印发了新版《职业教育专业目录（2021年）》，响应"十四五"国家经济社会发展和2035年远景目标对职业教育的要求。2022年10月，党的二十大报告提出"加快建设制造强国、质量强国、航天强国、交通强国、网络强国、数字中国"，并对加快发展数字经济提出明确要求。在实施数字强国战略的进程中，以大数据、人工智能、云计算、区块链等为代表的新技术，驱动财会产业链数字化升级，也对财会人员提出了新要求。

Python作为简洁、易学的开发语言，已经在Web开发、运维自动化、人工智能、数据分析等行业领域得到广泛应用。"Python开发与财务应用"作为大数据与会计、大数据与财务管理、大数据与审计等专业的一门必修实验课，以大数据及Python在财务中的应用为主要教学内容，帮助学生建立数字化思维，培养数字化能力。

本书以财务应用场景为主线，分为基础篇、应用篇和进阶篇三部分，用9个教学项目由浅入深讲解Python基础、财务应用及综合实践的知识，旨在培养学生利用Python分析财务数据、实现财务决策的数字化分析思维和能力，为后续深入学习其他大数据课程夯实基础。

基础篇由项目一"认知Python"、项目二"了解Python基本语法"、项目三"Python语法进阶"和项目四"了解pandas模块"构成，是财务数据分析和应用的基础。

应用篇由项目五"Python数据采集与清洗"和项目六"Python数据可视化"构成，主要讲述如何获取、清洗、加工和可视化呈现数据。

进阶篇由项目七"Python在财务会计中的应用"、项目八"Python在管理会计中的应用"、项目九"Python在财务中的综合应用"构成，全面展示数据分析的完整流程，帮助学生运用Python处理财务会计与管理会计问题，并利用数据分析结果为企业决策提供支持。

本书主要具有以下特点。

1. 丰富的财务场景，对接企业实务

Python开发原是计算机专业的课程，财会专业学生在课程内容学习、知识理解、实践操作方面都有一定的难度和专业限制。本书充分考虑财会专业学生的特点和知识结构，对Python开发内容重新进行全方位的设计，围绕Python在财务中的应用场景，提供丰富翔实的财务案例，将Python编程与财务应用紧密结合，实现知行合一。

2. 产教深度融合，促进职业能力培养

本书由校企双元合作开发，形成以企业人才需求为逻辑起点、以岗位需求为导向的立体化教

学内容体系。熟悉工作情境的企业专家，负责引进企业资源、标准和案例，使内容契合职业岗位需要；熟悉学生特点的专任教师，将典型产业经验转化为教学资源，满足学习者需求，有利于职业能力的培养。

3. 模块化项目驱动，便于灵活选用

本书采用项目化方式编写，将工作项目转化为学习项目和学习任务。从 Python 基础知识入手，结合传统财务应用场景，提出使用 Python 解决问题的思路；拓展应用场景，巩固基础知识；提供综合案例，实现任务进阶。项目既有独立任务设计，又有综合应用，便于开展分层教学。本书将 Python 的理论知识和基础技能充分融入财务工作环境、各工作岗位和整个项目的实施过程中，符合认知规律和技能型人才培养的教育特点。

4. 学思践悟，打造有温度、有情怀的课堂

本书坚持学思践悟，注重知识传授、价值引领及能力培养有机融合。每个项目都有拓展阅读材料，方便教师开展案例讨论；每个微课视频都融合思政元素，打造有温度、有情怀的课堂。

5. 配套资源丰富，呈现形式灵活

本书依托厦门网中网软件有限公司开发的"Python 开发与财务应用综合教学平台"编写。该平台提供了免安装在线编译环境和在线习题库、电子课件、课程视频等多种教学资源，涵盖 150 余个技术点详解、代码实验等，覆盖财务核算、管理决策等多个应用场景，支持零门槛学习和全流程教学。此外，编者在智慧树、智慧职教等教育平台建设在线课程，涵盖视频、知识图谱、题库、课件等数字资源，方便教师开展线上线下混合教学。

本书由吴晓霞、孙斌、蔡理强任主编。在编写过程中，编者得到了人民邮电出版社、厦门网中网软件有限公司的大力支持，在此一并表示感谢！由于编者水平有限，本书难免存在不足之处，恳请广大读者批评指正。

编者

2023 年 12 月

扫码查看

微课视频

目 录

项目导读

数字经济时代，以大数据、人工智能、云计算、区块链等为代表的新技术，驱动财务产业链数字化升级。财务工作从电算化、信息化向智能化演进，逐步构建以"大智移云物区"为特征的数字"新基建"。财务工作也是数据工作，包括数据的采集、处理、分析、呈现和应用。本项目基于财务数字化转型背景，带领读者了解 Python 的发展历史、语言特点和主要开发环境，并结合 Python 语言的优势，介绍其在财务中的主要应用。

任务一　初识 Python

一、了解 Python 及其发展历史

Python 是一种面向对象的解释型计算机程序设计语言，由荷兰人吉多·范·罗苏姆（Guido van Rossum）于 1989 年发明。Python 作为该编程语言的名字，取自英国 20 世纪 70 年代首播的电视剧《蒙蒂·派森的飞行马戏团》（*Monty Python's Flying Circus*）。

Python 的第一个正式版本于 1991 年发布。

Python 2 于 2000 年 10 月 16 日发布。

Python 3 于 2008 年 12 月 3 日发布，不完全兼容 Python 2。

2022 年 1 月，Python 被软件质量评估权威机构 TIOBE 评为 2021 年度编程语言。这是 Python 第 5 次获得该奖，其他 4 次分别是 2007 年、2010 年、2018 年和 2020 年。

自 20 世纪 80 年代末诞生至今，Python 已被广泛应用于系统管理任务的处理和 Web 编程。

二、了解 Python 语言的特点

Python 以其快捷、简单的特点深受程序开发人员的欢迎，其主要特点如下。

（1）Python 结构简单，语法清晰，易于学习。

（2）Python 的编程语法类似于英文语法，非常易于维护。

（3）Python 的大部分库可以与 UNIX、Windows 和 macOS 等平台兼容，并且它在所有平台上的界面都相同。

（4）程序开发人员可以将低级模块添加到 Python 解释器中，更高效地定制工具，获得更好的支持。

（5）Python 为主要商业数据库提供了接口。

（6）Python 支持很多用于开发 GUI（Graphical User Interface，图形用户界面）应用程序的库。

任务二　了解 Python 在财务领域的应用

在数字经济时代，数字财务产业链的业务、财务、税务等基础数据，构成了一个巨大的且跨领域、跨平台的数据生态体系。如何对这些海量信息进行有效分析与判断，挖掘出数据隐含的价值，是财务数据分析面临的较大挑战。Python 作为开源、高效的动态语言，以其清晰的结构、简洁的语法和快速处理的能力，在分析大数据财务应用场景、挖掘数据价值中发挥重要作用。Python 在财务领域的应用，主要有网络爬虫、科学计算、可视化分析、人工智能等。

一、网络爬虫

网络爬虫是大数据行业获取数据的核心工具，以自动化、高智能、高效率地获取互联网的免费、开放数据而被广泛推崇。Python 是编写网络爬虫的主流编程语言之一。当我们需要从网络上获取上市公司的相关数据时，传统做法是重复性地复制、粘贴、下载、保存；使用 Python，只需要简单的几行代码，就能够快速获取数据，且不易出错。图 1-1 所示为中商产业研究院网站主页，用户编辑简洁的 Python 代码，即可快速获取上市企业相关财报信息。

图 1-1　中商产业研究院网站主页

二、科学计算

随着 numpy、pandas 等众多程序库开发完成，Python 越来越适用于财务数据的科学计算。Python 作为一门通用的程序设计语言，有很多程序库支持，它也支持用户自主开发模块。财务人员自行设计算法，可以解决财务分析模型中复杂的计算问题；利用"pandas 库+Excel"模式，可以解决日常工作中的财务分析问题；连接数据库操作，可以便捷地访问企业 ERP 等信息系统数据库，建立基于业务、财务、税务等多维度、细颗粒度的数据体系；连接多维数据模型，优化数据结构，可以为复杂业务、财务决策提供精细化的数据支持。

三、可视化分析

在海量数据的基础上，结合科学计算、机器学习等技术，对数据进行清洗、去重、规范化和针对性的分析是大数据行业的主要业务。Python 作为数据分析的主流语言之一，有众多可视化模块库，支持将处理分析后的财务数据以"炫酷"图表的方式展示，如图 1-2 所示，可以为非财务专业人员的快速决策提供更为直观的数据支持。

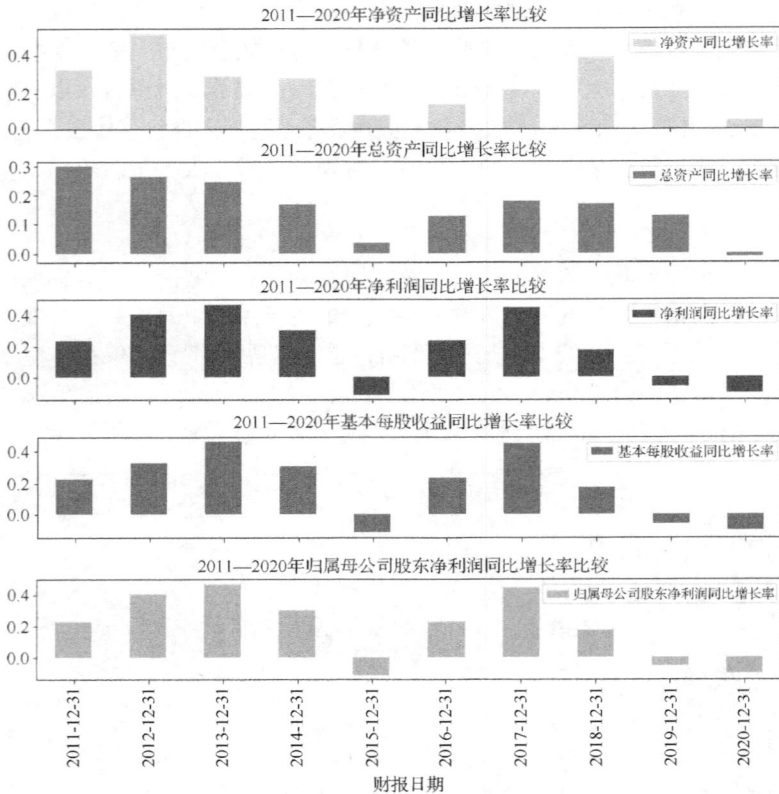

图 1-2　Python 在数据可视化分析中的应用

四、人工智能

　　财务数据的价值挖掘，需要应用复杂的算法和模型，通过清洗、提炼、关联和融合等处理技术实现。Python 是人工智能大范畴内机器学习、神经网络、深度学习等方面应用的主流编程语言。目前，利用光学字符阅读器（Optical Character Reader，OCR）技术扫描识别票据已经较为普遍，而深度学习、强化学习、自然语言处理等技术的应用，能实现对扫描获取的数据进行分析、提取、分类。机器学习也被广泛应用于预测分析，如金融机构根据对贷款人信用评分的预测决定是否发放贷款，审计机构利用数据分析法、分布式记账、机器人流程自动化（Robotic Process Automation，RPA）等技术检测异常数据，实现人机协作审计等。

　　数字经济时代，依靠数字"新基建"的算力支撑，提供准确、实时的业财数据，构建多主体数据资源跨平台、跨领域、跨系统、跨层级的整体应用，已经成为企业数字化转型的重要实践路径。未来财务人员既要出具财务报表，还要以数据为核心展示客户画像、供应商网络，对企业、员工、供应商的行为进行分析，财务数据中心将逐渐向大数据中心转型，财务部门也将发展成大数据中心。在数字经济驱动财务转型的进程中，Python 凭借其简单、易掌握的数据结构，以及在数据分析中的可移植性、可读性等特点，实现与其他数据平台的无缝衔接，提升数据的处理和操作效率，在财务数据的价值挖掘活动中被广泛应用。

任务三 了解 Python 的学习模式

一、在计算机上安装 Python 开发环境

如果希望在自己的计算机上安装 Python 开发环境，有 Anaconda、PyCharm 等可以选择。

1. Anaconda

Anaconda 作为数据科学领域最流行的 Python 开发环境之一，安装使用简单，对 Python 初学者极其友好。相比单独安装 Python 主程序，Anaconda 预装了许多常用的 Python 库，包括 numpy、pandas 等；同时，Anaconda 捆绑了两个好用的交互式代码编辑器 Spyder 和 Jupyter Notebook。Jupyter Notebook 的优势在于交互性强，可以查看每段代码的运行结果。此外，Anaconda 还支持 Windows、macOS、Linux 等操作系统。

Anaconda 官方下载页面如图 1-3 所示。

2. PyCharm 集成开发环境

PyCharm 是专门用于 Python 程序开发的跨平台集成开发环境（Integrated Development Environment，IDE），是 JetBrains 公司的产品。PyCharm 具备一般 IDE 的功能，比如代码分析，使用编码语法、错误高亮、智能检测等功能可实现代码快速补全，帮助用户轻松编写代码；自带 HTML、CSS 和 JavaScript 编辑器，用户可以快速通过 Django 框架进行 Web 开发；集成单元测试，用户可在一个文件夹中进行文件、类、方法的调试等。

PyCharm 有专业（Professional）版和社区（Community）版两个版本，官方下载页面如图 1-4 所示。

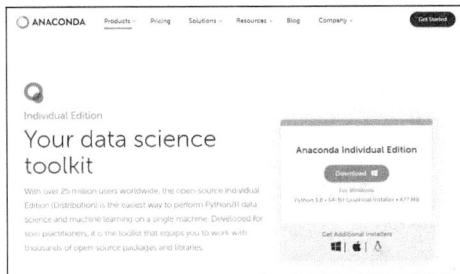

图 1-3 Anaconda 官方下载页面

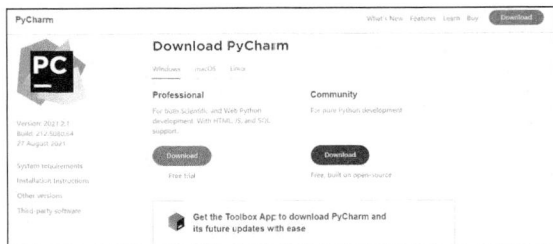

图 1-4 PyCharm 官方下载页面

二、使用云学习平台

目前，很多第三方平台提供了 Python 的云编译环境，用户无须自行下载安装 Python 程序、编译环境和依赖的模块，直接登录云平台即可进行操作，缺点是其灵活性和自主性没有本地安装的好。

以厦门网中网软件有限公司开发的"Python 开发与财务应用综合教学平台"为例，其内嵌 Jupyter Notebook，便于 Python 程序的创建，支持实时代码、可视化、MarkDown 和共享程序文档等功能，如图 1-5 所示。

> 🕐 说明
>
> Python 的部分功能、函数与 Python 及其模块的版本有关。本书所使用的 Python 主程序和核心模块版本分别为 Python 3.6、pandas 0.23.0、matplotlib 2.2.2。读者在实际运行代码的过程中，若要安装 Python 开发环境，可根据版本特性进行适当调整。

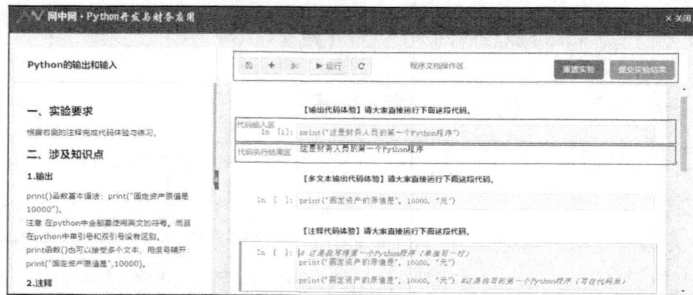

图 1-5　Python 开发与财务应用综合教学平台

任务四　"Hello，Python"——开启 Python 学习之旅

使用 Python 在财务领域进行开发应用时，很难事先判断哪种数据分析方法、数据分析模型是最合适的，参照人工智能专家吴恩达建立机器学习模型的建议，构建 Python 在财务领域中应用的流程如下。

（1）结合业务需求，尝试提出数据分析的思路和想法。

（2）编写 Python 代码，将数据分析的思路和想法付诸实践。

（3）根据代码运行结果，判断其是否满足业务需求。在此基础上，不断总结和迭代，优化、改进数据分析模型，最终为管理决策提供支持。

数据分析的关键是从简单的模型开始，根据业务需求不断地迭代、优化。下面我们从"Hello，Python"开始，开启在财务领域的 Python 学习之旅。

动手实操

➤ 开启 Python 学习之旅！

```
1  print("Hello, Python! ")
```

运行结果

```
Hello, Python!
```

拓展阅读

大数据技术在疫情防控中的作用

通信大数据、健康码等大数据技术手段，为疫情传播分析、实时动态速递以及精准施策提供了强有力的支持。流调人员通过实时大数据分析，可以快速实现人员分布、流动轨迹摸底调查，加强区域管控，并有效预警，及时将疫情动态可视化呈现，为疫情防控争取宝贵的时间。

此外，民众如实填报健康指标，有关机构据此建立全民健康指标大数据，可以协助疾控人员更加科学地研判疫情走势、控制风险传播，为医护人员制订诊疗方案提供强有力的数据支持。科研人员也可以依托各类有效数据攻坚克难研发疫苗，有效实现事前防范。决策层根据大数据分析结果精准施策，科学防疫，保证广大民众的安全健康。

资料来源：学习强国

了解 Python 基本语法

语法是编程语言的基础。读者通过本项目的学习，可以掌握 Python 的基本语法，包括输出函数 print()、输入函数 input()和注释方法，Python 变量的命名规则和赋值方法，列表、字典、元组等不同数据类型的定义和操作，以及数据类型转换等内容，这些知识能为读者学习 Python 的财务应用开发奠定基础。

任务一　输出、输入与注释

学习一门编程语言，第一个程序往往是实现人机对话，也就是调用输出函数输出程序运行结果，让计算机能输出我们输入的信息。在 Python 中，输出和输入主要通过输出函数 print()和输入函数 input()实现。

一、输出函数 print()

Python 通过调用内置 print()函数输出运行结果，输出内容不同，语法规则也不同，那么 print()具体可以输出哪些内容呢？

1. 输出内容为数值

当我们要输出的内容为数值时，直接在括号内补充相应的数字即可，无须添加其他符号。

动手实操

➤ 输出数值

```
1    print(100)        # 输出数值 100
```

运行结果

```
100
```

2. 输出内容为字符串

如果要输出的内容为数字、字母、下画线、汉字等组成的一串字符（称为"字符串"）时，我们需要在括号内的字符串两侧添加引号，不管是单引号、双引号、三单引号还是三双引号，Python 都能识别。一般情况下，默认使用单引号。需注意，引号应是英文格式。

动手实操

➤ 输出字符串

```
1    print('Hello,Python!')           # 使用单引号
2    print("Hello,Python!")           # 使用双引号
3    print('''Hello,Python!''')       # 使用三单引号
4    print("""Hello,Python!""")       # 使用三双引号
```

运行结果

```
Hello,Python!
Hello,Python!
Hello,Python!
Hello,Python!
```

如果要输出的内容里面已经包含引号，那么括号内两侧的引号要与输出内容中包含的引号不一致。

动手实操

➤ 输出的字符串中已包含引号

```
1    print("Let's Python!")               # 字符串含单引号，两侧使用双引号
2    print('''Let's Python!''')           # 字符串含单引号，两侧使用三单引号
3    print("""Let's Python!""")           # 字符串含单引号，两侧使用三双引号
4    print('请编制"资产负债表"。')          # 字符串含双引号，两侧使用单引号
5    print('''请编制"资产负债表"。''')      # 字符串含双引号，两侧使用三单引号
6    print("""请编制"资产负债表"。""")      # 字符串含双引号，两侧使用三双引号
```

运行结果

```
Let's Python!
Let's Python!
Let's Python!
请编制"资产负债表"。
请编制"资产负债表"。
请编制"资产负债表"。
```

如果要输出的内容里已经包含引号，括号内两侧的引号与内容里包含的引号一致，程序会报错。

动手实操

➤ 输出的字符串中已包含引号，且字符串两侧的引号与其相同，程序报错

```
1    print('Let's Python!')               # 字符串含单引号，两侧使用单引号
```

运行结果

```
 File "<ipython-input-1-dd67d6399091>", line 1
   print('Let's Python!')
SyntaxError: invalid syntax
```

3. 输出内容为含运算符的表达式

如果要输出的内容是含有运算符的表达式，程序会输出表达式的计算结果。

动手实操

➤ 输出表达式的计算结果，运算符+、-、*、/都可识别

```
1    print(20+10)
2    print(20-10)
3    print(20*10)
4    print(20/10)
```

运行结果

```
30
10
200
2.0
```

4. 混合输出

当混合输出数字、字符串、表达式时，可使用英文格式的"，"将它们隔开，输出结果中会用一个空格进行分隔。

动手实操

➢ **混合输出多种类型**

```
1  print('企业最重要的财务报表有',3,'张,分别为：资产负债表、利润表和现金流量表' )
2  print('Tata 公司资产为',20000,'负债为',8888,'所有者权益为',20000-8888)
```

运行结果

```
企业最重要的财务报表有 3 张,分别为：资产负债表、利润表和现金流量表
Tata 公司资产为 20000 负债为 8888 所有者权益为 11112
```

二、输入函数 input()

Python 调用系统内置的 input()函数可以接收用户输入的内容。无论用户输入的是什么内容，input()函数都是以字符串类型返回结果。在 input()函数的括号内可以输入一些提示性文字，用来提示用户要做什么。

动手实操

➢ **使用 input()函数接收用户输入的信息**

```
1  input('请输入你的专业：')
```

运行结果

请输入你的专业：

用户输入相应的内容后，比如输入"大数据与会计"，系统将输出以下内容。

```
'大数据与会计'
```

三、注释

注释是代码中的辅助性文字，一般是程序员对代码的说明，可以理解为对代码加以解释的笔记。注释会被编译器或解释器略去，不会被计算机执行。

1. 单行注释

Python 使用"#"表示单行注释。单行注释可以作为单独的一行放在被注释代码行之上，也可以放在语句或表达式之后。

动手实操

➢ **单行注释**

```
1  # 这是一个单行注释
2  print('Tata 公司资产: ', 20000)        # 引号需要使用英文格式，字符串要加引号，数值不需
```

运行结果

```
Tata 公司资产: 20000
```

从以上运行结果可以看出，"#"后面的内容，计算机不会执行。为增加代码的可读性，建议在"#"后添加空格，然后编写相应的说明文字。

2. 多行注释

当注释内容过多，使用单行注释无法显示时，就可以使用多行注释。Python 中使用三个单引号或三个双引号标识多行注释。

动手实操

➢ **多行注释**

```
1  '''
2  这是第 1 行的注释：先输出公司资产
```

3	这是第 2 行的注释：再输出公司负债
4	这是第 3 行的注释：最后计算出公司所有者权益
5	'''
6	print('Tata 公司资产为：', 20000)
7	print('Tata 公司负债为：',8888,)
8	print('Tata 公司所有者权益为：',20000-8888)

运行结果

```
Tata 公司资产为： 20000
Tata 公司负债为： 8888
Tata 公司所有者权益为： 11112
```

同样地，根据以上运行结果可知，计算机不会执行引号中的注释内容。注释可以增加代码的可读性，方便他人理解。

任务二 变量与赋值

一、变量与赋值的定义

变量，可以理解为会变化的量，其值可以通过赋值方式进行修改。变量可以被看成一个小箱子，专门用来"盛装"程序中的数据。每个变量都拥有独一无二的名字，我们可以通过变量的名字找到变量中的数据。

在编程语言中，将数据存入变量的过程叫作赋值。在 Python 中使用等号"="作为赋值运算符，如 money 表示变量名，100 表示值，也就是要存储的数据。变量赋值示意图如图 2-1 所示。

在 Python 中，可以把任意数据类型的数据赋值给变量，同一个变量可以反复被赋值，并且可以转换为不同数据类型的变量。

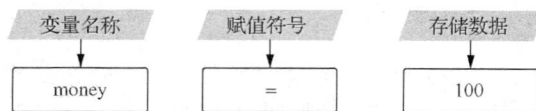
图 2-1　变量赋值示意图

动手实操

➢ **变量多次赋值，等号右边是运算表达式时，算出结果后再赋值给变量**

```
1    data = 500+20       # data 为整型变量，有运算时，先计算再输出结果
2    print(data)
3    data = '库存现金'      # data 为字符串
4    print(data)
```

运行结果

```
520
库存现金
```

对同一变量进行多次赋值时，每一次赋值都会覆盖原来的值。如上例，第一次对 data 进行赋值时，输出的结果是"520"；第二次对 data 进行赋值时，输出的结果是"库存现金"。

二、变量命名规则

赋予变量或其他程序元素关联名称或标识符的过程称为命名。Python 变量命名时一般要遵循以下规则。

◆　变量名区分大小写，比如 Python ≠ PYTHON。

◆　变量通常采用字母、下画线、数字、汉字等字符及其组合进行命名，且变量名首字符不能是数字。

◆ 为变量命名时只要规避关键字，符合命名规则，就可以任意命名。但建议命名要有具体意义且易于理解，比如将"金额"命名为"amount"。

◆ 在给变量命名时，不能使用以下 Python 关键字。

False	None	True	and	as	assert	async	await	break	class
continue	def	del	elif	else	except	finally	for	from	global
if	import	in	is	lambda	nonlocal	not	or	pass	raise
return	try	while	with	yield					

关于关键字的更多详细信息，可登录 Pyhton 官网查阅。以下是一些命名示例。

➤ **合法命名**

```
1   Python_is_fun          # 小写字母与下画线组合
2   data                   # 小写字母组合
3   Name                   # 大、小写字母组合
4   Python_3               # 大写字母、小写字母、下画线与数字组合
```

➤ **非法命名**

```
1   Python is fun          # 中间使用空格符号
2   5data                  # 首字符使用数字
```

在 Python 中，对变量进行命名没有长度限制，从编程习惯和兼容性角度考虑，一般不建议采用中文对变量进行命名。当变量名由两个或多个单词组成时，可使用驼峰式命名法命名。

◆ 小驼峰式命名法：第一个单词以小写字母开头，后续单词的首字母大写，如 myFirstPythonClass。

◆ 大驼峰式命名法：每一个单词的首字母都大写，如 MyFirstPythonClass。

三、变量混合输出

当输出内容为单个变量时，直接在括号内输入变量；当输出内容为多个变量时，变量之间需用","（英文逗号）隔开，输出时各变量之间会用一个空格隔开。

动手实操

➤ **输出内容为多个变量**

```
1   资产=20000
2   负债=8888
3   所有者权益=资产-负债
4   print(资产, 负债, 所有者权益)
5   # 此处的资产、负债和所有者权益是定义的变量，不是字符串，因此不需要使用引号标识
```

运行结果

```
20000 8888 11112
```

我们也可以通过变量接收用户输入的数据，然后输出。

动手实操

➤ **通过变量接收使用 input()输入的数据，并将结果输出**

```
1   name=input('请输入你的姓名：')
2   major=input('请输入你的专业：')
3   year=input('请输入你的入学年份：')
4   print(name, year, '入学，专业是', major)
```

运行结果

请输入你的姓名：王小新
请输入你的专业：大数据与会计
请输入你的入学年份：2021 年
王小新 2021 年 入学，专业是 大数据与会计

任务三 基本数据类型

在财务会计领域，我们常常需要与数字打交道，比如日常收付款、工资发放等。那么，这类数字在 Python 中是以什么类型存储和处理的呢？除了数字以外，对财务人员来说必不可少的会计科目、报表项目等又是以什么类型存储的呢？不同的数据，在计算机中的存储类型和存储空间可能也不同。

Python 中常见的数据有数值、字符串、列表、字典、元组、集合等，数值和字符串是两种基本数据，列表、字典、元组、集合等属于高级数据。

一、数值

1. 数值分类

Python 中常见的数值类型包括整型（int）、浮点型（float）和布尔型（bool）。

（1）整型。

整型数值与数学意义上的整数对应，包括正整数和负整数，如 1、–3 等，可用于处理不同字节长度的整数。

（2）浮点型。

浮点型数值与数学中的小数对应，在财务数据中最为普遍，如 88.96。

（3）布尔型。

布尔型数值只有两个值，即 True（真）和 False（假），它们可以理解为特殊的整型数值（True = 1，False = 0）。如 2>1 是正确的，在 Python 中用 True 表示；而 4<3 显然是错误的，在 Python 中用 False 表示。

动手实操

➤ 用 type()函数查看数据类型

```
1   print(type(10000))        # 用 type()函数查看整型数值的数据类型
2   print(type(1.2))          # 用 type()函数查看浮点型数值的数据类型
3   print(2>1, type(2>1))     # 2>1 是正确的，结果为 True，type()查看数据类型是'bool'
4   print(4<3, type(4<3))     # 4<3 是错误的，结果为 False，type()查看数据类型是'bool'
```

运行结果

```
<class 'int'>
<class 'float'>
True <class 'bool'>
False <class 'bool'>
```

2. 运算符

数学中数值可以进行加减乘除等运算，Python 也支持数值的各种运算，并提供了一系列的运算符。运算符是在 Python 中进行不同类型运算所用的符号，主要包括算术运算符、赋值运算符、比较运算符、逻辑运算符、成员运算符和身份运算符。

（1）算术运算符。

算术运算符用于两个对象间的基本算术运算，如表 2-1 所示，其运算结果为一个数值。

表 2-1 Python 算术运算符

算术运算符	描述	示例（x = 8，y = 3）
+	加	x + y 输出结果 11
-	减	x - y 输出结果 5
*	乘	x * y 输出结果 24
**	乘方	x ** y 输出结果 512
/	除	x / y 输出结果 2.6566666666666665
//	整除	x // y 输出结果 2
%	取余	x % y 输出结果 2

（2）赋值运算符。

赋值运算符用于对象的赋值，比如在前面讲解的"money = 100"，就是将运算符"="右边的值 100 赋给左边的 money。赋值运算符还可以与算术运算符组合成复合赋值运算符，如表 2-2 所示。

表 2-2 Python 复合赋值运算符

复合赋值运算符	描述	示例
+=	加法赋值运算符	x += y，等效于 x = x + y
-=	减法赋值运算符	x -= y，等效于 x = x - y
*=	乘法赋值运算符	x *= y，等效于 x = x * y
/=	除法赋值运算符	x /= y，等效于 x = x / y
//=	整除赋值运算符	x //= y，等效于 x = x // y
%=	取余赋值运算符	x %= y，等效于 x = x % y
**=	求幂赋值运算符	x **= y，等效于 x = x ** y

动手实操

➢ **复合赋值运算**

```
1  x = 1
2  y = 2
3  x += y        # 等效于 x = x + y
4  print(x)
```

运行结果

```
3
```

（3）比较运算符。

比较运算符用于两个对象间的比较运算，如表 2-3 所示，其比较结果为 True 或 False。

表 2-3 Python 比较运算符

比较运算符	描述	示例（x = 8，y = 3）
>	大于	x > y，返回 True
>=	大于等于	x >= y，返回 True
<	小于	x < y，返回 False
<=	小于等于	x <= y，返回 False
==	等于	x == y，返回 False
!=	不等于	x != y，返回 True

（4）逻辑运算符。

逻辑运算符用于两个对象间的逻辑运算，如表 2-4 所示。

表 2-4 Python 逻辑运算符

逻辑运算符	逻辑表达式	描述	示例（x = True , y = False）
and	x and y	逻辑"与"，只有 x 和 y 都为 True，才返回 True，否则返回 False	x and y，返回 False
or	x or y	逻辑"或"，只要 x 和 y 任意一个为 True，就返回 True，否则返回 False	x or y，返回 True
not	not x	布尔"非"，如果 x 为 True，返回 False，否则返回 True	not(x and y)，返回 True

（5）成员运算符与身份运算符。

除以上运算符外，Python 中还有一类特殊运算符——成员运算符与身份运算符。成员运算符主要用于判断某个值是否为某个序列的成员，如表 2-5 所示。身份运算符则主要用于判断两个变量是否引自同一个对象，如表 2-6 所示。

表 2-5 Python 成员运算符

成员运算符	示例（x = True , y = False）
in	如果在指定序列中找到值，则返回 True，否则返回 False
not in	如果在指定序列中没有找到值，则返回 True，否则返回 False

表 2-6 Python 身份运算符

身份运算符	描述
is	判断两个变量是否引自同一个对象，如果是，则返回 True，否则返回 False
is not	判断两个变量是否引自不同对象，如果是，则返回 True，否则返回 False

动手实操

➤ **成员运算符的应用**

```
1   name = 'Python 在财务中的应用'
2   isin = '财务' in name
3   print(isin)
```

运行结果

```
True
```

动手实操

➤ **身份运算符的应用**

```
1   course1= 'Python 在财务中的应用'
2   course2= 'Python 在会计中的应用'
3   isnot = course1 is not course2
4   print(isnot)      # 这两门课程是不同的，所以输出结果为 True
```

运行结果

```
True
```

（6）运算符优先级。

数学中的数值运算具有优先级，比如"先乘除，后加减"，即乘法和除法的优先级要高于加法和减法。Python 中各种运算符也有一定的优先级，如表 2-7 所示。

Python 中可以通过圆括号（ ）来提升运算符的优先级。总的来说，可以采用以下口诀简要记忆 Python 运算符的优先级顺序："从左往右看，括号优先算，先乘除后加减，再比较，再逻辑。"

表 2-7   Python 常用运算符优先级

运算符	描述	优先级(由低到高)
or	逻辑运算符"或"	1
and	逻辑运算符"与"	2
not x	逻辑运算符"非"	3
in、not in	成员运算符	4
is、is not	身份运算符	5
<、<=、>、>=、!= 、==	比较运算符	6
+、-	加和减	7
*、/、//、%	乘、除、整除取余	8
**	求幂（乘方）	9
( )	小括号	10

二、字符串

1. 字符串的定义

字符串是由字母、数字、符号等一系列字符组成的，它是用来表示文本的一种数据类型。字符串根据其内容的多少，可以分为单行字符串和多行字符串。单行字符串可以用单引号（'）或者双引号（"）创建，两者作用相同，但前后必须保持一致，即以单引号开始的字符串，需以单引号结束。多行字符串可以用三单引号（'''）或者三双引号（"""）创建，同样需前后保持一致。

动手实操

➤ **创建字符串**

```
1  print('利润表')          # 以单引号或双引号创建的单行字符串，等价于 print("利润表" )
2  print("""三大财务报表分别为:
3  资产负债表、利润表和现金流量表
4  """)          # 以三单引号或者三双引号创建的多行字符串
```

运行结果

```
利润表
三大财务报表分别为:
资产负债表、利润表和现金流量表
```

2. 字符串的常规操作

（1）字符串的索引。

字符串中每个元素都有一个位置标识，称为索引。这好比是给字符串中的每个元素编号，通过编号我们就可以迅速找到对应元素。索引分正索引和负索引。正索引从左往右编号，默认以 0 开始，最右侧元素的索引号为字符串长度减 1；负索引从右往左编号，默认以-1 开始，最左侧元素的索引号为字符串长度的相反数。以字符串"Python"为例，其各个元素对应的正、负索引如表 2-8 所示。

表 2-8　　　　　　　　　　字符串"Python"中各元素对应的正、负索引

字符串元素	P	y	t	h	o	n
正索引	0	1	2	3	4	5
负索引	-6	-5	-4	-3	-2	-1

（2）字符串的操作。

字符串是 Python 中常见的数据类型之一，应用十分广泛。字符串的常见操作符如表 2-9 所示。

表 2-9　　　　　　　　　　　　Python 字符串操作符

操作符	描述	示例（x = '现金',y = '银行存款'）	结果
+	字符串拼接（注意：只能将字符串与字符串拼接）	x + y	'现金银行存款'
*	重复输出字符串	x * 2	'现金现金'
[]	通过索引获取字符串中的元素	x[1]	'金'
[:]	切片（即根据索引截取字符串中的一部分）	y[0:2]	'银行'

使用字符串索引获取元素时，最大范围不能超出"字符串长度-1"，如 x = '现金'，索引最大范围为 1（字符串长度 2 减去 1）。若想通过索引获取 x[2]，因超出最大范围，运行时程序会报错。

```
IndexError                         Traceback (most recent call last)
<iPython-input-31-5567654ad882> in <module>()----> 1 x[2]
IndexError: string index out of range
```

字符串切片时，截取区间为左闭右开区间，即包含初始位置的元素，不包含结束位置的元素。以 y[0:2]为例，截取的元素包括索引为 0、1 的元素，但不包括索引为 2 的元素。

（3）格式化字符串。

格式化字符串是指使用一个字符串作为模板，用占位符标记指定位置，并根据需要控制输出结果显示的格式。通过使用占位符，再对占位符进行赋值，可以根据赋值内容的不同，重复输出格式固定但内容不同的文本。Python 中提供两种格式化字符串的方法，一种是使用%占位符，另一种是使用 format()函数。

在 Python 中使用%占位符，可以为输出结果设置多种格式。Python 中常见的占位符如表 2-10 所示。

表 2-10　　　　　　　　　　　　Python 中常见的占位符

占位符	描述
%s	在字符串中表示任意字符
%d	整数占位符
%f	浮点数占位符

动手实操

➤　**用%占位符格式化字符串，保留 2 位小数**

```
1    print('%s 第%d 季度银行存款余额为%.2f 元'%('2021 年',3, 88887.99999))
```

运行结果

```
2021 年第 3 季度银行存款余额为 88888.00 元
```

format()函数与使用%占位符的作用类似，只是使用"{}"和":"替换了%占位符。与使用%占位符相比，format()函数支持更多功能，在格式化时可以指定参数名、索引、数字等。

动手实操

➤ 用 format()函数格式化字符串

```
1   # (1) 不设置指定位置，按默认顺序传递参数
2   print('{}第{}季度银行存款余额为{}元'.format('2021年',3, 88887.99999))
3   # (2) 设置指定位置，按索引传递参数
4   print('{2}第{1}季度银行存款余额为{0}元'.format(88887.99999, 3,'2021年'))
5   # (3) 设置关键字参数
6   print('{year}第{quarter}季度银行存款余额为{amount}元'.format(year ='2021 年',
    quarter = 3, amount = 88887.99999))
7   # (4) 数字格式化
8   print('{}第{}季度银行存款余额为{:.2f}元'.format('2021年',3, 88887.99999))
```

运行结果

```
2021年第 3 季度银行存款余额为 88887.99999 元
2021年第 3 季度银行存款余额为 88887.99999 元
2021年第 3 季度银行存款余额为 88887.99999 元
2021年第 3 季度银行存款余额为 88888.00 元
```

任务四 高级数据类型

Python 中除提供数值、字符串等基本数据外，还提供了列表、字典、元组、集合等高级数据，它们可以用于表示现实世界中更为复杂的数据。

一、列表

与数值、字符串不同，列表可以将多个数据存储为一个数据。它可以看作一个存储数据的容器，里面可以存放数值、字符串等基本数据，也可以存放列表、字典等高级数据，是 Python 普遍使用的复合型数据。

1．创建列表

列表使用方括号[]创建，方括号里面的元素以英文逗号分隔。列表具有如下特征。

（1）列表中的元素按顺序排列，每个元素的位置是确定的。用户可以通过索引访问每个元素。

（2）列表可以存储任意数据类型的数据，且列表中的元素可以重复。

（3）列表是可变序列，可以对元素进行增加、修改、删除等操作。

动手实操

➤ 创建列表

```
1   list1 = ['库存现金', '银行存款', '应收账款']          # 列表元素是字符串
2   list2 = [1000, 2000, 3000, 4000, 4000]          # 列表元素是数值
3   list3 = ['库存现金', 20000, ['银行存款','应收账款']]      # 列表元素包含字符串、数值和列表
4   print(list1)
5   print(list2)
6   print(list3)
```

运行结果

```
['库存现金', '银行存款', '应收账款']
[1000, 2000, 3000, 4000, 4000]
['库存现金', 20000, ['银行存款', '应收账款']]
```

2. 访问列表

与字符串类似，列表中的每个元素也有索引，且默认索引也是从 0 开始，如图 2-2 所示。用户可以通过索引或切片访问列表中的元素。

（1）利用列表的索引，可以访问列表中的单个元素。

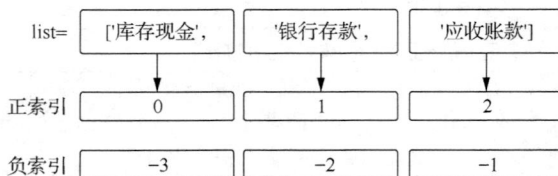

list=	['库存现金',	'银行存款',	'应收账款']
正索引	0	1	2
负索引	−3	−2	−1

图 2-2　列表索引图

动手实操

➤ **利用索引访问列表元素**

```
1  list1 = ['库存现金', '银行存款', '应收账款']
2  list1[1]      # 访问列表 list1 中索引为 1 的元素
```

运行结果

```
'银行存款'
```

（2）利用切片，可以访问列表中的多个元素。

动手实操

➤ **利用切片访问列表元素**

```
1  list1 = ['库存现金', '银行存款', '应收账款']
2  list1[0:2]      # 访问列表 list1 中索引区间为[0:2]的元素
```

运行结果

```
['库存现金', '银行存款']
```

与字符串切片类似，列表切片时，取值的区间同样是"左闭右开"的，即包含初始位置的元素，不包含结束位置的元素。

3. 更新列表

列表是可变序列，用户可以直接通过索引对列表中的元素进行更新和修改操作。

动手实操

➤ **利用索引更新列表元素**

```
1  list1 = ['库存现金', '银行存款', '应收账款']
2  list1[0]='存货'                # 将 list1 中索引为 0 的元素修改为"存货"
3  list1
```

运行结果

```
['存货', '银行存款', '应收账款']
```

运行代码后，原列表中索引为 0 的"库存现金"被替换为"存货"。

4. 列表的计算

列表的计算方式主要有两种，一种是拼接列表，另一种是重复输出列表。其操作与字符串的操作类似，如表 2-11 所示。

表 2-11　　　　　　　　　　　　Python 列表计算

操作符	描述
+	拼接列表，即将多个列表组合在一起
*	重复输出列表

动手实操

> **使用 "+" 拼接列表**

```
1    list1 = ['库存现金', '银行存款', '应收账款']
2    list2 = ['短期借款', '应付账款']
3    print(list1 + list2)        # 将 list1 和 list2 组合在一起
```

运行结果

```
['库存现金', '银行存款', '应收账款', '短期借款', '应付账款']
```

动手实操

> **使用 "*" 重复输出列表**

```
1    list1 = ['库存现金', '银行存款', '应收账款']
2    print(list1 * 2)        # 输出 2 次 list1
```

运行结果

```
['库存现金', '银行存款', '应收账款', '库存现金', '银行存款', '应收账款']
```

5. 列表的增、删、改等操作

列表有很多操作方法，用户可以对列表中的元素进行增、删、改、排序等操作。其主要操作方法如表 2-12 所示。

表 2-12　　　　　　　　　　　Python 列表的主要操作方法

操作方法	描述
list.append(obj)	添加元素
list.insert(index, obj)	插入元素
list.extend(seq)	扩展列表
list.pop([index = −1])	删除元素
list.remove(obj)	删除匹配项
list.sort(key = None, reverse = False)	排序
list.reverse()	反向排列

（1）list.append()方法用于在列表末尾添加新的元素。

动手实操

> **使用 list.append()方法添加元素**

```
1    list1 = ['库存现金', '银行存款', '应收账款']
2    list1.append('存货')                # 在列表 list1 末尾添加新元素 "存货"
3    list1
```

运行结果

```
['库存现金', '银行存款', '应收账款', '存货']
```

（2）list.insert()方法用于将元素插入列表中指定的位置。它有两个参数，第一个参数 index 表示要插入的索引位置，第二个参数 obj 表示要插入的元素。

动手实操

> **使用 list.insert()方法插入元素**

```
1    list1 = ['库存现金', '银行存款', '应收账款']
2    list1.insert(0, '存货')        # 在索引为 0 的位置插入新元素 "存货"
3    list1
```

运行结果

['存货', '库存现金', '银行存款', '应收账款']

（3）与 append()方法每次只能在列表末尾添加一个元素不同，list.extend()方法可以一次性在列表末尾添加一个序列中的多个元素。

动手实操

➢ 使用 list.extend()方法扩展列表

```
1   list1 = ['库存现金', '银行存款', '应收账款']
2   list2 = [1000, 2000, 3000, 4000, 4000]
3   list1.extend(list2)      # 在列表 list1 后添加列表 list2 中的元素
4   list1
```

运行结果

['库存现金', '银行存款', '应收账款', 1000, 2000, 3000, 4000, 4000]

（4）list.pop()方法用于删除列表中的一个元素，并返回该元素的值。pop()方法默认删除列表中的最后一个元素。如果要删除其他位置的元素，只需在 pop()参数中输入相应元素的索引即可。

动手实操

➢ 使用 list.pop()方法删除元素

```
1   list1 = ['库存现金', '银行存款', '应收账款']
2   list1.pop(1)       # 删除索引为 1 的元素
3   list1
```

运行结果

['库存现金', '应收账款']

（5）list.remove()方法用于删除列表中某个元素的第一个匹配项。

动手实操

➢ 使用 list.remove()方法删除匹配的元素

```
1   list3 = ['库存现金', '银行存款','库存现金', '应收账款']
2   list3.remove('库存现金')         # 删除列表 list3 中的第一个"库存现金"
3   list3
```

运行结果

['银行存款', '库存现金', '应收账款']

（6）list.sort()方法用于对原列表进行排序，且只能对相同数据类型的元素进行排序。该方法有两个参数，第一个参数 key 用于指定排序规则，第二个参数 reverse 用于指定按升序还是降序排列，默认是按升序排列。

动手实操

➢ 使用 list.sort()方法对元素排序

```
1   list4 = [1000, 5000, 3000, 4000, 4000]
2   list4.sort()       # 按升序排列
3   list4
```

运行结果

[1000, 3000, 4000, 4000, 5000]

（7）list.reverse()方法用于将列表中的元素反向排列，也称为逆置。

动手实操

➢ 使用 list.reverse()方法将元素逆置

```
1   list5 = ['1001 库存现金', '1002 银行存款', '2001 短期借款']
```

```
2    list5.reverse()
3    list5
```

运行结果

```
['2001 短期借款', '1002 银行存款', '1001 库存现金']
```

二、字典

财务工作中，不同数据之间可能是有关联的，比如会计信息系统的账套中，会计科目编码和会计科目名称，二者是一一对应的。Python 中使用字典来表示这种有关联的数据。字典通过键和值将一对数据联系在一起，键就好比是一个人的身份证号码，值则是一个人的姓名等信息，键值组合后，通过身份证号码（键）就可以了解一个人的姓名等信息（值）。字典具有如下特征。

① 字典中的元素必须包含键和值。

② 键是唯一的，值可以重复。相同的键，字典只会识别最后一次设置的值。

③ 键是不可变对象，不能进行修改；而值是可变的，可以进行修改。

1. 创建字典

字典通过花括号{}创建，里面包含多个键值对，成对的键和值使用冒号分隔，不同键值对之间使用英文逗号区分。字典组成示意图如图 2-3 所示。

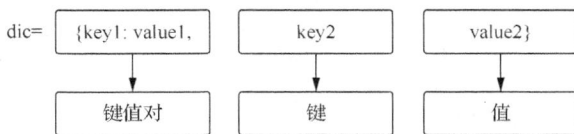

图 2-3　字典组成示意图

动手实操

➤ **创建字典**

```
1    dic = {'1001':'库存现金', '1002':'银行存款' }
2    print(dic)
```

运行结果

```
{'1001': '库存现金', '1002': '银行存款'}
```

2. 字典的常规操作

字典的常规操作主要包括增、删、改、查等，其主要操作方法如表 2-13 所示。

表 2-13　　　　　　　　　　Python 中字典的主要操作方法

操作方法	描述
dic[key]	访问字典里的值
dic[key]=	修改值
dic[key]=	添加新的键值对
del dic[key]	删除键值对
del dic	删除字典
dic.keys()	以列表形式返回所有键
dic.values()	以列表形式返回所有值
dic.items()	返回所有键值对

（1）使用键访问字典里的值。

动手实操

➤ **访问字典里的值**

```
1    dic = {'1001':'库存现金', '1002':'银行存款'}
2    dic['1001']        # 通过键'1001'访问对应的会计科目
```

运行结果

'库存现金'

（2）使用键修改字典里的值。

动手实操

➤ **修改字典里的值**

```
1   dic = {'1001':'库存现金', '1002':'银行存款'}
2   dic['1002'] = '其他货币资金'        # 通过键'1002'修改对应的会计科目
3   dic
```

运行结果

{'1001': '库存现金', '1002': '其他货币资金'}

（3）定义新键值，在字典最后添加新的键值对。

动手实操

➤ **添加新的键值对**

```
1   dic = {'1001':'库存现金', '1002':'银行存款'}
2   dic['2001'] = '短期借款'          # 新增会计科目2001：短期借款
3   dic
```

运行结果

{'1001': '库存现金', '1002': '银行存款', '2001': '短期借款'}

（4）使用 del 直接删除键值对。

动手实操

➤ **删除键值对**

```
1   dic = {'1001': '库存现金', '1002': '银行存款', '1012': '存货'}
2   del dic['1012']        # 删除会计科目1012：存货
3   dic
```

运行结果

{'1001': '库存现金', '1002': '银行存款'}

（5）使用 del 可以删除字典。字典删除后，如果再输出字典，程序会报错，提示字典未定义。

动手实操

➤ **删除字典**

```
1   dic = {'1001': '库存现金', '1002': '银行存款', '1012': '存货'}
2   del dic      # 删除字典
3   dic
```

运行结果

```
NameError                               Traceback (most recent call last)
<iPython-input-65-81a254202821> in <module>()
    1 dic = {'1001': '库存现金', '1002': '银行存款', '1012': '存货'}
    2 del dic        # 删除字典
----> 3 dic
NameError: name 'dic' is not defined
```

（6）使用 keys()、values()、items()可以返回字典的键、值、键值对。

动手实操

➤ **返回字典的键、值、键值对**

```
1   dic = {'1001': '库存现金', '1002': '银行存款'}
```

```
2    print(dic.keys())
3    print(dic.values())
4    print(dic.items())
```

运行结果

```
dict_keys(['1001', '1002'])
dict_values(['库存现金', '银行存款'])
dict_items([('1001', '库存现金'), ('1002', '银行存款')])
```

小贴士

　　列表和字典最大的区别在于：列表是有序的，可以通过索引获取对应位置的元素；而字典是无序的，需要通过键来获取对应的值。

三、其他数据类型

1. 元组

　　元组与列表相似，二者的区别在于元组属于不可变序列，其中的元素不能被修改。由于元组的不可变特性，使用元组可以使代码更稳定。

　　（1）创建与访问元组。

　　元组通过圆括号（ ）创建，元组中的元素以逗号分隔。其访问方式与列表类似，可以通过索引或切片访问，索引默认从 0 开始。

动手实操

➤ **创建与访问元组**

```
1    tuple= ('资产类科目', '负债类科目', '损益类科目')
2    print(tuple[0])           # 访问元组 tuple 中索引为 0 的元素
3    print(tuple[0:2])         # 访问元组 tuple 中索引区间为[0:2]的元素
4    print(type(tuple))        # 输出 tuple 的数据类型
```

运行结果

```
资产类科目
('资产类科目', '负债类科目')
<class 'tuple'>
```

　　（2）元组操作。

　　与列表类似，元组也可以进行组合和重复输出，如表 2-14 所示。

表 2-14　　　　　　　　　　　　　　Python 元组计算

操作符	描述
+	组合元组
*	重复元组

动手实操

➤ **元组的组合和重复操作**

```
1    tuple1 = ('资产类科目', '负债类科目')
2    tuple2 = ('损益类科目', '成本类科目','收入类科目')
3    print(tuple1 + tuple2)      # 将 tuple1 和 tuple2 组合
4    print(tuple2 * 2)           # 输出 2 次 tuple2
```

运行结果

```
('资产类科目', '负债类科目', '损益类科目', '成本类科目', '收入类科目')
('损益类科目', '成本类科目', '收入类科目', '损益类科目', '成本类科目', '收入类科目')
```

2. 集合

集合是无序、不重复的元素组合，即集合没有索引和位置的概念。

（1）创建集合。

集合通过 set()函数创建，用{}标识。

动手实操

➤ 创建集合

```
1    set = set(['银行存款', '现金', '现金'])
2    print(set)
3    print(type(set))
```

运行结果

```
{'银行存款', '现金'}
<class 'set'>
```

由于不允许集合内的元素重复，因此集合中只保留一个"现金"。集合和字典类似，都用{}标识。不同的是，字典是键值对组合，而集合不存储元素对应的值。

（2）集合操作。

可以对集合添加和删除元素，其操作方法如表 2-15 所示。

表 2-15　　　　　　　　　　Python 集合主要的操作方法

操作方法	描述
set.add()	添加元素（将传入的元素作为整体传入集合）
set.update()	添加元素（将传入的元素拆分后作为个体传入集合）
set.remove()	删除元素

① set.add()方法会在原有的集合前添加新的元素。

动手实操

➤ 使用 set.add()方法添加元素

```
1    set1 = set(['现金', '银行存款'])
2    set1.add('存货')        # 将"存货"作为整体传入集合 set1 中
3    set1
```

运行结果

```
{'存货', '现金', '银行存款'}
```

② set.update()方法会将新元素进行拆分，传入集合中。

动手实操

➤ 使用 set.update()方法添加元素（将新元素拆分后传入集合中）

```
1    set1 = set(['现金', '银行存款'])
2    set1.update('应收账款')       # 将"应收账款"拆分后传入集合 set1 中
3    set1
```

运行结果

```
{'应', '收', '款', '现金', '账', '银行存款'}
```

③ set.remove()方法可以从集合中删除指定的元素。

动手实操

➤ **使用 set.remove()方法删除元素**

```
1   set1 = set(['现金', '银行存款', '存货'])
2   set1.remove('存货')
3   set1
```

运行结果

```
{'现金', '银行存款'}
```

四、数据类型转换

在实际业务处理中，单一数据类型往往不能满足数据处理的要求，比如字符串不能进行数值计算。这时候就要进行数据类型的转换。

动手实操

➤ **字符串与数值转换**

```
1   asset = input('请输入资产金额')        # 创建 asset 变量接收资产金额
2   credit = input('请输入负债金额')         # 创建 credit 变量接收负债金额
3   equity = asset - credit      # 创建 equity 变量计算所有者权益
4   print('所有者权益', equity)
```

运行结果

```
请输入资产金额100000
请输入负债金额8500
--------------------------------------------------------------------
TypeError                        Traceback (most recent call last)
<ipython-input-11-0116f9f32306> in <module>()
    1 asset = input("请输入资产金额")        # 创建 asset 变量接收资产金额
    2 credit = input("请输入负债金额")         # 创建 credit 变量接收负债金额
----> 3 equity = asset - credit          # 创建 equity 变量计算所有者权益
    4 print("所有者权益", equity)
TypeError: unsupported operand type(s) for -: 'str' and 'str'
```

input()函数接收的变量，返回值是字符串类型的，无法直接计算，因此需要利用 float()进行转换，否则运行时程序会报错。常见的数据类型转换主要通过以数据类型命名的函数进行转换，如表 2-16 所示。

表 2-16　　　　　　　　　　　　Python 数据类型转换

函数	描述
int()	可以将数字和字符串转换为整型，但文字和小数不能转换
float()	转换为浮点数
str()	转换为字符串
list()	转换为列表
tuple()	转换为元组
dict()	转换为字典，但是传入的必须是（key,value）的元组

将前面代码中 input()函数接收的字符串数据转换为数值数据。

动手实操

➤ **字符串与数值转换**

```
1  asset = int(input("请输入资产金额"))         # 创建 asset 变量接收资产金额并转换数据类型
2  credit = int(input("请输入负债金额"))        # 创建 credit 变量接收负债金额并转换数据类型
3  equity = asset - credit      # 创建 equity 变量计算所有者权益
4  print('所有者权益', equity)
```

运行结果

```
请输入资产金额 10000
请输入负债金额 8500
所有者权益 1500
```

> 💡 **小贴士**
>
> 数值和字符串是 Python 中通用的两种基本数据。列表、字典、元组、集合等高级数据类型，虽然样式看起来很相似，但它们的定义、创建、运算和操作方式却不同。在财务数据的分析处理过程中，需要结合业务场景需求，同时依据数据本身的特征，以及数据计算、数据建模的具体要求，选择合适的数据类型，为数据分析和挖掘提供支持。

📐 拓展阅读

勇毅前行争当先锋，加快建设数字强国

数字经济时代，随着新的信息技术和生活交汇融合，全球数据呈现爆发增长、海量集聚的特点，以数据采集、传输、存储、处理、应用为途径的大数据产业生态体系逐渐形成，数字化已经成为产业转型、创新发展、推动供给侧结构性改革的重要力量，正深刻改变着世界的经济格局，引发新的竞争方式。

"十四五"时期是我国社会经济实现跨越式发展的重大战略机遇期，我国将进一步加快数字化发展，打造数字经济新优势，在夯实基础、推进产业生态化转型等方面发力，为构建新发展格局提供强大支撑。作为新时代的新青年，我们要提升自身数字素养，认识到数据质量的重要性，避免"只提高数量，不提高质量"；要意识到任何事物发展都遵循量变引起质变的客观规律，都不是简简单单的"超速前进"，尊重数据，尊重事实，才能最终实现数字强国的伟大目标。

资料来源：学习强国

Python 语法进阶

在实际业务处理过程中，往往需要根据数据进行选择和决策，比如根据价格选择购买 A 产品还是 B 产品，资金盈余时选择银行储蓄、投资理财还是消费等。程序源自现实生活，所以选择也常被用于程序的流程控制中。通过本项目的讲解，读者可以掌握 Python 条件分支流程，包括单分支、双分支和多分支的判断逻辑，if、if…else 和 if…elif…else 语法的规则，以及 if 嵌套的应用；可以掌握循环控制流程，包括 while 循环、for…in 循环、嵌套循环，以及 break、continue 等跳转语句的应用；可以了解 Python 内置函数，以及自定义函数的用法；可以掌握 Python 内置模块、自定义模块和第三方模块的应用。

任务一 流程控制——条件分支

在日常生活或企业经营中，我们经常会面临决策场景。比如，根据《财政部 税务总局关于个人所得税法修改后有关优惠政策衔接问题的通知》（财税〔2018〕164 号），2021 年 12 月 31 日前[①]居民个人取得全年一次性奖金，选择并入综合所得还是单独计算个人所得税；企业在做投资决策时，选择高收益、高风险的项目 A，还是收益不高但更稳健的项目 B 等。在利用计算机技术帮我们分析决策时，程序中都会涉及流程控制。流程控制程序常见的分支结构有单分支结构、双分支结构和多分支结构三种。

一、单分支结构——if

单分支结构是比较简单的一种分支结构，我们用 if 语句来进行描述。它的中文语义是"如果……，那么……"，比如"如果 A 公司的利润率比 B 公司的高，那么投资 A 公司"，这就可以用单分支结构的 if 语句描述。if 语句的语法格式如下。

```
1   if 条件：
2       代码块    # 即满足条件时要执行的代码
```

业务场景 3-1 单分支决策

Tata 公司要新购进一台设备，单价为 5 000 元/个。要求：如果设备单价大于 2 000 元/个，就输出"设备应分类为固定资产"。

---

① 为进一步减轻纳税人负担，2021 年 12 月 31 日，财政部、国家税务总局发布公告，将全年一次性奖金单独计税优惠政策执行期限延长至 2023 年 12 月 31 日。

思路分析

1	定义设备单价变量并赋值
2	如果设备单价大于 2 000 元/个：
3	输出"设备应分类为固定资产"

代码实现

➤ **满足判断条件**

```
1  price = 5000
2  if price>2000:
3      print('设备应分类为固定资产')
```

运行结果

设备应分类为固定资产

由于新购进设备的单价大于 2 000 元/个，满足判断条件，因此输出"设备应分类为固定资产"。如果将设备单价（price）改为 800 元/个，则执行如下代码。

➤ **不满足判断条件**

```
1  price =800
2  if price>2000:
3      print('设备应分类为固定资产')
```

代码运行后，我们会发现没有任何输出。由此可见，使用 if 语句时，只有满足判断条件才会执行下面的代码，否则就不执行。

业务总结

Python 采用缩进来控制程序的层次结构，缩进字符的长短没有严格规定，但所有代码块语句的缩进字符数必须相同。使用"Tab"键可对缩进内容进行统一。另外，注意条件语句后面需要输入英文格式的冒号，否则程序会报错。

二、双分支结构——if...else

双分支结构是一种非 A 即 B 的判断语句的结构，通俗地说，就是"如果满足条件，就执行代码块 A；如果不满足，就执行代码块 B"，如图 3-1 所示。

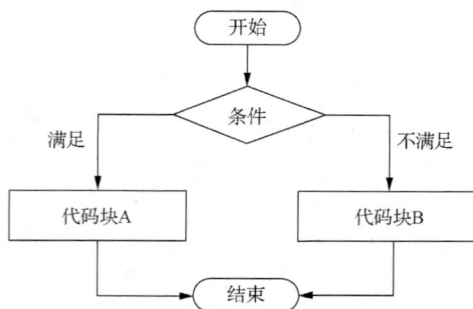

图 3-1　双分支结构

Python 中采用 if...else 语句来描述双分支结构，语法格式如下。

```
1  if 条件:
2      代码块 A     # 即满足判断条件时要执行的代码
3  else:
4      代码块 B     # 即不满足判断条件时要执行的代码
```

业务场景 3-2　双分支决策

Tata 公司要新购进一台设备，单价为 5 000 元/个。要求：如果设备单价大于 2 000 元/个，输出"设备应分类为固定资产"；如果设备单价小于等于 2 000 元/个，输出"设备应分类为低值易耗品"。

思路分析

1	定义变量设备单价并赋值
2	如果设备单价大于 2000 元/个：
3	输出"设备应分类为固定资产"
4	如果设备单价小于等于 2000 元/个：
5	输出"设备应分类为低值易耗品"

代码实现

➤ 满足判断条件进入的分支

```
1  price = 5000
2  if price>2000:
3       print('设备应分类为固定资产')
4  else:
5       print('设备应分类为低值易耗品')
```

运行结果

设备应分类为固定资产

由于新购进设备的单价大于 2 000 元/个，满足第一个判断条件，所以输出"设备应分类为固定资产"。如果将设备单价（price）改为 800 元/个，则执行如下代码。

➤ 不满足判断条件进入的分支

```
1  price =800
2  if price>2000:
3      print('设备应分类为固定资产')
4  else:
5      print('设备应分类为低值易耗品')
```

运行结果

设备应分类为低值易耗品

代码运行后输出"设备应分类为低值易耗品"。这是因为 else 语句定义了不满足判断条件时执行的代码。

业务总结

Python 的 if...else 语句中，如果 if 语句的判断条件为 True，就执行 if 语句后的代码块；如果判断条件为 False，则执行 else 语句后的代码块。同样，在 if 语句和 else 语句后，都需要输入英文格式的冒号，否则程序会报错。

三、多分支结构——if...elif...else

业务场景 3-2 是非此即彼的双分支结构，实际业务往往面临更多的选择，多分支结构成为应用更加广泛的分支结构，如图 3-2 所示。比如对销售人员采用五级制的业绩评定，月销售额大于 100 000 元评定为 A 级，奖金为销售额的 10%；80 001～100 000 元为 B 级，奖金为销售额的 8%；50 001～80 000 元为 C 级，奖金为销售额的 5%；20 001～50 000 元为 D 级，奖金为销售额的 3%；20 000 元以下为 E 级，无奖金。

在 Python 中，采用 if...elif...else 语句描述多分支结构：如果 if 的条件不满足，就按顺序看是否满足 elif 的条件；如果不满足 elif 的条件，就执行 else 下的代码。如果判断条件超过 3 个，中间的多个条件都可以使用 elif。if...elif...else 语句的语法格式如下。

```
1  if 条件1:
2      代码块 A    # 即满足条件 1 时要执行的代码
3  elif 条件2:
4      代码块 B    # 即满足条件 2 时要执行的代码
5  elif 条件3:
6      代码块 C    # 即满足条件 3 时要执行的代码
7  else:
8      代码块 D    # 即不满足以上条件时要执行的代码
```

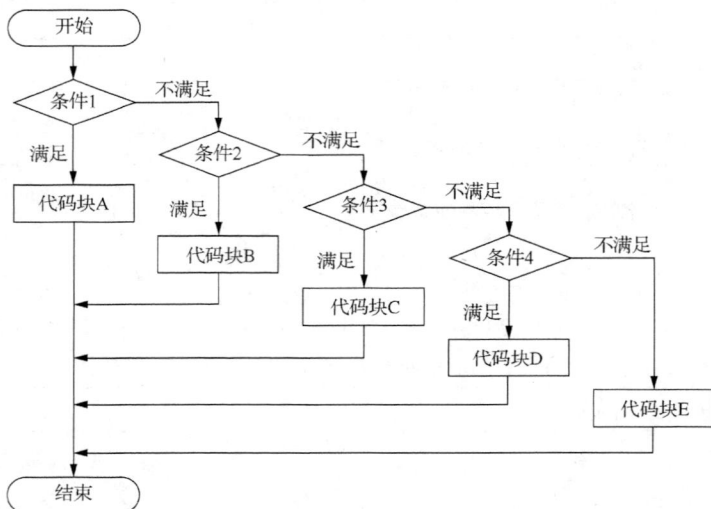

图 3-2 多分支结构

业务场景 3-3 多分支决策

Tata 公司要新购进一台设备，价格为 50 000 元，资产类型为生产设备。该公司采用直线法计提折旧，其固定资产折旧规定如表 3-1 所示。

表 3-1　　　　　　　　　　固定资产折旧规定

资产类型	折旧年限/年	残值率/%
房屋建筑物	50	5
生产设备	10	5
办公设备	3	3
其他设备	5	3

思路分析

该公司根据资产类型计算固定资产月折旧额。固定资产有 4 种类型，可以采用 if...elif...else 语句进行判断。

```
1  定义固定资产价格变量并赋值
2  定义资产类型变量并赋值
```

3	如果资产类型为房屋建筑物：
4	折旧年限为 50 年
5	残值率为 0.05
6	如果资产类型为生产设备：
7	折旧年限为 10 年
8	残值率为 0.05
9	如果资产类型为办公设备：
10	折旧年限为 3 年
11	残值率为 0.03
12	否则：
13	折旧年限为 5 年
14	残值率为 0.03
15	月折旧额=固定资产价格×（1-残值率）/（折旧年限×12）
16	输出固定资产月折旧额

代码实现

➤ **多分支结构判断**

```
1   price = 50000
2   FAtype='生产设备'
3   if FAtype == '房屋建筑物':
4       year = 50
5       rate = 0.05
6   elif FAtype == '生产设备':
7       year = 10
8       rate = 0.05
9   elif FAtype == '办公设备':
10      year = 3
11      rate = 0.03
12  else:
13      year = 5
14      rate = 0.03
15  dep=round(price*(1-rate)/year/12,2)
16  print('资产月折旧额为: ',dep)
```

运行结果

资产月折旧额为：　395.83

业务总结

Python 的 if...elif...else 语句是从上往下执行的。如果满足某个条件，执行该条件对应的代码块后，就不会再执行剩下的代码块。

四、if 嵌套语句

实际工作中，可能还会遇到这样的情形，即只有当某个条件成立了，才会进行另外一个条件的判断。举个例子，某购物网站订单结算时，会根据会员身份判断订单折扣金额：如果不是会员，不给予折扣；如果是会员，则根据会员级别，如黄金会员、铂金会员、钻石会员等，给予不同的折扣比例。也就是说，只有在是会员的前提下，才会根据会员级别确定折扣比例。如果用程序描述流程，则需要使用 if 嵌套语句。if 嵌套语句就是将 if、if...else、if...elif...else 语句相互嵌套，其结构如图 3-3 所示。

if 嵌套结构的语法格式如下。

```
1    if 条件1:
2        if 条件2:
3            代码块A          # 即满足条件1时要执行的代码
4        elif/else:
5            代码块B          # 即满足条件1但不满足条件2时要执行的代码
6    elif/else:
7        代码块C          # 即不满足条件1时要执行的代码
```

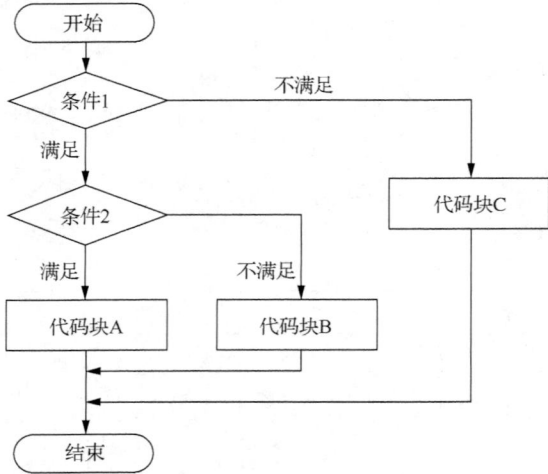

图3-3　if嵌套结构

业务场景3-4　if嵌套条件决策

Tata公司当月采购纸箱10 000个，每个纸箱2元。如果采购数量大于5 000个，则达到折扣起算点。采购数量和折扣比例的关系如表3-2所示，计算纸箱采购总金额。

表3-2　　　　　　　　　　　　　　纸箱折扣比例

采购数量/个	折扣比例/%
5 000<采购数量<8 000	2
采购数量≥8 000	5

思路分析

该公司根据采购数量确定折扣比例，并由此计算采购总金额。如果采购数量大于5 000个，则可以享受折扣，否则折扣为0。具体折扣比例根据采购数量计算，可采用if嵌套语句进行判断。

```
1    定义采购数量变量并赋值
2    定义纸箱单价变量并赋值
3    如果采购数量大于5000个：
4        如果采购数量大于5000个小于8000个
5            折扣比例为0.02
6        否则：
7            折扣比例为0.05
8    否则采购数量小于等于5000个：
9        折扣比例为0
```

| 10 | 采购总金额=采购数量×纸箱单价×（1-折扣比例） |
| 11 | 输出采购总金额 |

代码实现

➤ **if 嵌套条件决策**

```
1   quantity = 10000
2   unitprice = 2
3   if quantity > 5000:
4       if quantity < 8000:
5           discount= 0.02
6       else:
7           discount= 0.05
8   else:
9       discount= 0
10  amount=round(quantity*unitprice*(1-discount),2)
11  print('采购数量：%d; 折扣比例：%d%%; 采购总金额：%d'%(quantity,discount*100,amount))
```

运行结果

采购数量：10000；折扣比例：5%；采购总金额：19000

业务总结

需要注意区分 Python 的 if...elif...else 多分支结构与 if 嵌套语句的执行逻辑。对于多分支结构，只有在前面的条件不满足时，才进入下一个语句的条件判断；而 if 嵌套语句则是在外部的 if 条件满足时，才会执行内部的 if 语句。

任务二　流程控制——循环语句

程序设计中另一个重要的流程控制结构是循环。现实世界中，循环现象比比皆是，如春夏秋冬四季变换，每周七天循环往复，太阳东升西落等。财务工作中，也有很多循环问题，比如每个月末要结账，每个月都要计算员工薪酬，每个月都要计算应缴税额等。利用循环语句，可以在一定程度上减少重复性工作，提高效率。Python 中常见的循环语句有两种，一是 while 循环，二是 for...in 循环。循环结构如图 3-4 所示。

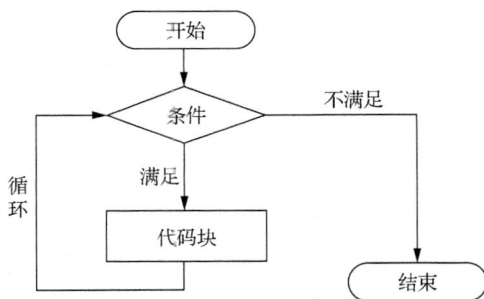

图 3-4　循环结构

一、while 循环

while 循环的语法格式，与单分支结构中的 if 语句类似，都需要检查是否满足条件。只不过，if 语句判断一次，满足判断条件时就执行下面的代码块。而 while 语句在满足循环条件并执行下面的代码块后，会再次返回条件判断语句所在的位置进行条件判断，满足条件则再次执行下面的代码块，如此循环往复，直到不满足条件时才结束循环。其语法格式如下。

```
1   while 条件:
2       代码块      # 即满足条件时要执行的代码
```

while 循环可采用标准的四步循环法构造，过程如图 3-5 所示。

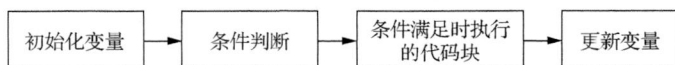

图 3-5　用四步循环法构造 while 循环

动手实操

➢ 计算 1～10 所有自然数之和

```
1    i = 1
2    sum = 0
3    while i < 11:
4        sum += i
5        i += 1
6    print('1～10 自然数的和为',sum)
```

运行过程中变量的变化如表 3-3 所示。

表 3-3 　　　　　　　　　　　　　运行过程中的变量变化

循环次数	初始化 i	sum=sum+i	更新后 i
1	1	1=0+1	2
2	2	3=1+2	3
3	3	6=3+3	4
4	4	10=6+4	5
5	5	15=10+5	6
6	6	21=15+6	7
7	7	28=21+7	8
8	8	36=28+8	9
9	9	45=36+9	10
10	10	55=45+10	11（不满足 i<11,退出循环）

运行结果

```
1～10 自然数的和为 55
```

💡 **小贴士**

如果 while 循环中因循环条件设定不当导致判断条件始终满足，那么循环就会无限执行下去，也就是出现死循环。这时我们可以使用"Ctrl+C"组合键来中断循环，或者强制结束 Python 进程。

二、for…in 循环

与 while 循环类似，for…in 循环也可用于在满足既定条件时重复执行同一段代码。不同的是，while 循环次数取决于循环条件何时不满足，而 for…in 循环次数取决于列表中包含的元素个数。for…in 循环的语法格式如下。

```
1    for 变量 in 列表:        # in 表示从列表中依次取值，又称为遍历
2        代码块              # 即满足条件时要执行的代码
```

动手实操

➢ 逐一输出列表中的每个元素

```
1    for report in ['资产负债表','利润表','现金流量表']:
2        print(report)
```

运行结果

```
资产负债表
利润表
现金流量表
```

动手实操

➤ **计算 1～10 自然数的和**

```
1  sum = 0
2  for i in range(11):
3      sum += i
4  print('1~10 自然数的和为',sum)
```

运行结果

1～10 自然数的和为 55

> 💡 **小贴士**
>
> 使用 range()函数可以生成整数列表。range(start, stop, step)返回的列表由 3 个参数决定：参数 start 表示列表开始的值，默认值为 0；参数 stop 表示列表结束的值，该参数不可缺少；参数 step 表示步长，即每次递增或递减的值，默认值为 1。如 range(1,10,1)表示返回 1～9 的整数列表（不包含结束值）。本例需要计算 1～10 自然数的和，所以设结束的值为 11。

业务场景 3-5　固定资产折旧计算

Tata 公司有一台设备原值为 200 000 元，预计使用年限为 10 年，预计残值率为 5%，按直线法计提折旧。截至上个月，累计折旧金额为 178 833.3 元，要求计算未来 12 个月的折旧额（条件判断：当固定资产原值-累计折旧-残值>0 时，当月应计提折旧=固定资产原值×（1-残值率）/折旧月数，否则当月应计提折旧=固定资产原值-上月累计折旧-残值）。计算公式如表 3-4 所示。

表 3-4　　　　　　　　　　　　固定资产折旧计算公式

项目	计算公式
当月应计提折旧	固定资产原值×（1-残值率）/折旧月数
当月累计折旧	上月累计折旧+当月应计提折旧

思路分析

1　定义固定资产原值变量并赋值
2　定义残值率变量并赋值
3　定义累计折旧变量并赋值
4　当月应计提折旧=固定资产原值×(1-残值率)/120
5　循环次数 i=12
6　　如果 固定资产原值-当月累计折旧-残值>0
7　　　当月应计提折旧=固定资产原值×（1-残值率）/120
8　　否则：
9　　　当月应计提折旧=固定资产原值-上月累计折旧-残值
10　　计算并输出当月应计提折旧
11　　当月累计折旧=上月累计折旧+当月应计提折旧

代码实现

➤ **计算固定资产折旧**

```
1  amount = 200000
2  rate = 0.05
3  accuDep = 178833.3
4  dep=round(amount*(1-rate)/120,2)
```

```
5     for i in range(12):
6         if amount-accuDep-dep-amount*rate>0:
7             dep=dep
8         else:
9             dep=round(amount-accuDep-amount*rate,2)
10        print('第',i+1,'个月折旧额为',dep)
11        accuDep+=dep
```

运行结果

```
第 1 个月折旧额为 1583.33
第 2 个月折旧额为 1583.33
第 3 个月折旧额为 1583.33
第 4 个月折旧额为 1583.33
第 5 个月折旧额为 1583.33
第 6 个月折旧额为 1583.33
第 7 个月折旧额为 1583.33
第 8 个月折旧额为 83.39
第 9 个月折旧额为 0.0
第 10 个月折旧额为 0.0
第 11 个月折旧额为 0.0
第 12 个月折旧额为 0.0
```

业务总结

在实际业务中，for...in 循环常用于遍历字符串、列表、元组、字典等数据结构，其执行顺序是遍历这些数据结构里的每一个元素。while 循环的特点是当循环条件不满足时结束循环，而 for...in 循环的特点则是遍历完数据结构中的所有元素后结束循环。

三、嵌套循环

与 if 嵌套一样，while 循环和 for...in 循环也可以在循环内部嵌套循环。既可以在 while 循环中嵌套 while 循环，for...in 循环中嵌套 for...in 循环，也可以使 while 循环和 for...in 循环相互嵌套。

嵌套循环的语法格式如下。

```
1   while   条件1:        # 外层循环
2       ......
3   for 变量 in 序列:         # 内层循环
4       代码块 A
5   ......
```

业务场景 3-6　管理费用预算

Tata 公司各子公司 2022 年的管理费用预算如表 3-5 所示，各季度管理费用预算分配比例如表 3-6 所示。请计算各子公司 2022 年各季度管理费用预算。

表 3-5　　　　　　　　　　各子公司 2022 年管理费用预算　　　　　　　　　单位：万元

子公司	甲	乙	丙
年度管理费用预算	20	30	50

表 3-6 各季度管理费用预算分配比例

季度	第一季度	第二季度	第三季度	第四季度
分配比例	0.3	0.2	0.2	0.3

思路分析

可以构建外层循环，读取甲、乙、丙公司的管理费用预算，同时构建内层循环依次计算每个季度的预算。

1 定义字典读取年度管理费用预算
2 定义字典读取各季度预算分配比例
3 循环读取甲、乙、丙数据
4 创建列表存储计算结果
5 循环四个季度的分配比例
6   各季度管理费用预算=年度管理费用预算×各季度管理费用预算分配比例
7 计算并输出各子公司的各季度管理费用预算

代码实现

➤ **计算子公司各季度的管理费用预算**

```
1  budexp = {'甲':20,'乙':30,'丙':50}
2  ratio = {'1':0.3,'2':0.2,'3':0.2,'4':0.3}
3  for i in budexp.keys():
4      budexp_quarter = []
5      for j in ratio.keys():
6          budexp_quarter.append(budexp[i]*ratio[j])
7      print(i,'公司各季度管理费用预算为',budexp_quarter)
```

运行结果

```
甲 公司各季度管理费用预算为 [6.0, 4.0, 4.0, 6.0]
乙 公司各季度管理费用预算为 [9.0, 6.0, 6.0, 9.0]
丙 公司各季度管理费用预算为 [15.0, 10.0, 10.0, 15.0]
```

业务总结

循环嵌套需要先对外层循环条件进行判断。当外层循环条件为 True 时，执行外层循环结构中的循环体后，进入内层循环。当内层循环条件为 True 时，会执行内层循环的循环体，直到内层循环条件为 False；然后跳出内层循环，继续执行外层循环体，直到外层循环的循环条件为 False。只有当内层循环的循环条件为 False，且外层循环的循环条件也为 False，整个嵌套循环才算执行完毕。

四、break、continue 语句

在使用 while 或 for...in 循环时，有两个常用的跳转语句，分别是 break 和 continue。当循环满足一定条件时，可以中断程序执行，使用 break 或 continue 语句离开循环。

1. break 语句

break 语句可以在执行循环的过程中直接退出循环。比如，企业想了解近 5 年的销售数据中月销售额超过 10 万元的第一个月份。如果在程序中不设置跳转，那么在找到满足条件的第一个月份后，程序还会继续执行，直到循环 60 次（5 年共 60 个月），这会增加计算机的运行负担。因此，可以对程序进行优化，在找到满足条件的月份后，使用 break 语句结束循环。

break 语句在 for...in 循环中的语法格式如下。

```
1  for 变量 in 序列:
```

```
2        if 条件:
3            break    # 当满足条件时跳出循环
```

break 语句同样可以在 while 循环中使用，语法格式如下。

```
1    while 条件 1:
2        代码块
3        if 条件 2:
4            break    # 当满足条件 2 时跳出循环
```

业务场景 3-7   查找符合条件的单条工资数据

Tata 公司销售部员工小米，1—6 月的工资分别为 8 000 元、11 000 元、7 600 元、9 200 元、13 500 元、12 000 元。要求使用 for...in 循环和 break 语句，筛选小米工资超过 10 000 元的第一个月份。

思路分析

```
1    读取小米各个月份的工资数据
2        如果工资>10000 元
3            输出该数据对应的月份
4            结束循环
```

代码实现

➤ **筛选指定数据**

```
1    salary = {'1月':8000, '2月':11000, '3月':7600, '4月':9200, '5月':13500,'6月':12000}
2    for key in salary:
3        if salary[key] >10000:
4            print('第一个工资超过 10000 元的月份: ',key)
5            break
```

运行结果

第一个工资超过 10000 元的月份: 2 月

2. continue 语句

continue 语句可以在循环运行过程中跳过当前的循环，直接开始下一次循环。比如我们希望输出 1~100 的偶数，那么需要跳过 1~100 的奇数，这时可以使用 continue 语句，当遇到奇数时跳过不输出。

使用 continue 语句跳过循环的语法格式如下。

```
1    for 变量 in 序列:
2        if 条件:
3            continue    # 当满足条件时跳过本次循环，直接开始下次循环
```

continue 语句同样可以在 while 循环中使用。需要注意的是，使用 continue 语句时，更新变量的表达式要写在 continue 语句前面，否则 continue 语句会跳过更新变量的表达式，造成死循环。具体语法格式如下。

```
1    while 条件 1:
2        代码块
3        if 条件 2:
4            continue    # 当满足条件 2 时跳过本次循环，继续下次循环
```

业务场景 3-8　查找符合条件的全部工资数据

Tata 公司销售部员工小米，1—6 月份的工资分别为 8 000 元、11 000 元、7 600 元、9 200 元、13 500 元、12 000 元，要求使用 for...in 循环和 continue 语句，筛选出小米工资超过 10 000 元的所有月份。

思路分析

1	读取各个月份的工资数据
2	如果工资<10000 元
3	继续循环
4	输出该数据对应的月份

代码实现

➤　**筛选指定数据**

```
1   salary = {'1 月':8000, '2 月':11000, '3 月':7600, '4 月':9200, '5 月':13500,'6 月':
12000}
2   for key in salary:
3       if salary[key] <10000:
4           continue
5       print(key)
```

运行结果

```
2 月
5 月
6 月
```

业务总结

break 语句、continue 语句是 Python 实现流程控制的重要语句，可以用于改变原有循环的流程。通常情况下，循环遍历需要执行到循环条件为 False 时才会终止循环。通过 break、continue 语句与 while 和 for...in 循环的组合，可以构造更加灵活的循环程序。break 语句和 continue 语句的区别是：break 语句用于终止整个循环；continue 语句则用于跳过本次循环，继续下一次循环。

任务三　函数

函数是一个组织好的、可重复使用的、用来实现某些功能的代码段。前面我们已经使用过的很多函数，比如 print()、input()等，就是 Python 中使用频率特别高的函数。

Python 函数分为内置函数和自定义函数两种。内置函数是指 Python 自带的函数，系统可以直接调用。在解决实际问题时，内置函数无法满足需求功能，而这个功能又需要多次调用，如计算个人所得税等，这时便可通过自定义函数提高代码编写效率。

一、内置函数

Python 提供了大量可以直接使用的内置函数。

1. 内置函数列表

Python 提供的内置函数，除了前面介绍的 print()、input()等，还包括以下常用的内置函数，如表 3-7 所示。更多内容可查阅官方文档。

表 3-7　　　　　　　　　　　　　　Python 常用内置函数

函数名	函数功能	函数名	函数功能
abs()	返回一个数的绝对值	len()	返回对象的长度
all()	判断参数中是否所有元素都为真值	issubclass()	判断一个类是否是另一类的子类
any()	判断参数中是否存在一个为真值的元素	list()	构造列表数据
bin()	将十进制数转换为二进制数	max()	返回给定元素中的最大值
bool()	将参数转换为布尔型数据	map()	将参数中的所有数据用指定的函数遍历
bytes()	将参数转换为字节型数据	memoryview()	返回给定参数的内存查看对象
chr()	返回参数对应的 ASCII 字符	min()	返回给定元素中的最小值
complex()	创建一个复数	next()	返回迭代对象中的下一项
delattr()	删除对象的属性	oct()	将十进制数转换为八进制数
dict()	创建一个空的字典类型的数据	open()	打开文件
dir()	没有参数时，返回当前范围内的变量、方法和定义的类型列表；带参数时，返回参数的属性和方法列表	ord()	求参数字符的 Unicode 整数值
divmod()	分别求商与余数	pow()	幂函数
enumerate()	返回一个可以枚举的对象	print()	输出函数
eval()	计算字符串参数中表达式的值	range()	返回符合范围的整数序列对象
float()	将参数转换为浮点数	reversed()	反转、逆序对象
format()	格式化输出字符串	round()	对参数进行四舍五入
frozenset()	创建一个不可修改的集合	set()	创建一个集合类型的数据
getattr()	获取对象的属性值	setattr()	设置对象的属性
global()	声明全局变量	sorted()	对参数进行排序
hasattr()	判断对象是否具有特定的属性	str()	构造字符串类型的数据
hash()	获得一个对象的哈希值	sum()	求和函数
hex()	将十进制数转换为十六进制数	super()	调用父类的方法
id()	返回对象的内存地址	tuple()	构造元组类型的数据
input()	获取用户输入的内容	type()	显示对象所属的数据类型
int()	将参数转换成整数	zip()	将两个可迭代对象中的数据逐一配对
isinstance()	检查对象是否为类的实例	_import()_	用于动态加载类和函数

2. 常用函数举例

（1）max() 函数和 min() 函数。

max() 函数可以返回给定参数的最大值，min() 函数可以返回给定参数的最小值。下面以 max() 函数为例讲解其用法。

动手实操

➢ **参数为多个元素时求其最大值**

```
1    print(max(10,20,30))
```

运行结果

```
30
```

动手实操

➤ **参数为序列时求其最大值**

```
1  print(max((10,20,30)))        #  ( )代表元组
2  print(max([10,20,30]))        #  [ ]代表列表
3  print(max({10,20,30}))        #  { }代表字典
```

运行结果

```
30
30
30
```

以上 3 种表达式的最大值都是 30。min()函数的用法同 max()函数的一致，此处不再赘述。

（2）round()函数。

round(x,n)函数可以返回浮点数 x 四舍五入后的值，n 代表该浮点数保留几位小数。

动手实操

➤ **保留 2 位小数**

```
1  print(round(3.1415926,2))
```

运行结果

```
3.14
```

💡 **小贴士**

① 当参数 n 不存在时，round()函数输出整数。

```
1  print(round(520.1314))
```

运行结果

```
520
```

② 当参数 n 存在时，即使为 0，round()函数也会输出一个浮点数。

```
1  print(round(520.1314,0))
```

运行结果

```
520.0
```

③ 当参数 n 是负数时，表示在整数位四舍五入，输出的仍是浮点数。

```
1  print(round(520.1314,-2))
2  print(round(550.1314,-2))
```

运行结果

```
500.0
600.0
```

（3）pow()函数。

pow(x,n)函数可以返回 x 的 n 次方的值。参数 n 可以为正数，也可以为负数。我们可以用 pow()函数计算年利率为 10%、期数为 5 的复利终值系数（结果保留 4 位小数），具体实现过程如下。

动手实操

➤ **计算复利终值系数**

```
1  print(round(pow(1.1,5),4))
```

运行结果

```
1.6105
```

（4）sum()函数。

sum(iterable[, start])函数可以对序列进行求和计算。参数 iterable 为可迭代对象，可以是列表 [1,2,3]、元组(1,2,3)、集合{1,2,3}；start 指定与序列相加的参数，如果没有指定这个参数，默认为 0。

动手实操

➢ **未指定参数对列表求和**

```
1    print(sum([1,3,5]))        # 未指定 start 参数，对列表求和
```

运行结果

```
9
```

计算列表总和为 1+3+5=9，默认的 start 为 0，即 9+0，最终结果为 9。

动手实操

➢ **指定参数对列表求和**

```
1    print(sum([1,3,5],4))      # 指定 start 参数为 4
```

运行结果

```
13
```

计算列表总和为 1+3+5=9，指定 start 为 4，即 9+4，最终结果为 13。

（5）format()函数。

format()函数使用"{ }"和":"来实现字符串的格式化操作。其参数个数不受限制，且参数可以不按顺序排列。更多细节在项目二中已有详细描述，此处不再赘述。

动手实操

➢ **格式化字符串，保留 2 位小数**

```
1    print('{}月份的{}余额为{:.2f}元。'.format(12,'累计折旧',18652.5682))
```

运行结果

```
12 月份的累计折旧余额为 18652.57 元。
```

（6）list()函数

list()函数是对象迭代器，用于将元组（ ）、集合{ }、字符串等对象转换为列表，返回的结果为用方括号"[]"标识的列表。

动手实操

➢ **用 list()函数将其他对象转换为列表**

```
1    print(list((10,20,30)))             # 将元组（ ）转换为列表
2    print(list({10,20,30}))             # 将集合{ }转换为列表
3    print(list("Python 开发与财务应用"))       # 将字符串转换为列表
```

运行结果

```
[10, 20, 30]
[10, 20, 30]
['P', 'y', 't', 'h', 'o', 'n', '开', '发', '与', '财', '务', '应', '用']
```

（7）range()函数。

range(start, stop[, step])函数中，参数 start 表示计数从 start 开始，默认从 0 开始；参数 stop 表示计数到 stop 结束，但不包括 stop；参数 step 表示步长，默认为 1。

range()函数返回的是一个可迭代对象，所以输出的是一个对象。该对象可通过 list()函数将其转换为列表。

动手实操

➤ 当传入参数为 1 个时

```
1   print(list(range(8)))              # 返回 0~8 的列表，不包括 8
```

运行结果

```
[0, 1, 2, 3, 4, 5, 6, 7]
```

range(8)等价于 range(0, 8)。

动手实操

➤ 当传入参数为 2 个时

```
1   print(list(range(1,8)))            # 返回 1~8 的列表，不包括 8，默认步长为 1
```

运行结果

```
[1, 2, 3, 4, 5, 6, 7]
```

range（1,8）等价于 range(1,8,1)。

动手实操

➤ 当传入参数为 3 个时

```
1   print(list(range(1,8,2)))          # 返回 1~8 的列表，不包括 8，设置的步长为 2
```

运行结果

```
[1, 3, 5, 7]
```

（8）int()函数。

int(x,base)函数用于将一个字符串或数字转换为整数。参数 x 可以是数字，也可以是字符串。参数 base 表示 x 的进制，默认为十进制。

动手实操

➤ 当 x 为数字时

```
1   print(int(1.5))
```

运行结果

```
1
```

参数 x 为数字时，不传入 base。若传入 base，则程序会报错。

动手实操

➤ 当 x 为数字时，传入 base 报错

```
1   print(int(1.5,2))
```

运行结果

```
TypeError                        Traceback (most recent call last)
<ipython-input-1-9a229977f6b6> in <module>()
---> 1 print(int(1.5,2))
TypeError: int() can't convert non-string with explicit base
```

参数 x 为字符串时，base 可传可不传，默认是十进制数。若是其他进制数转为十进制数，则需传入 base。下面的例子将十六进制数 "0xc" 转换成十进制整数，得到结果 12。

动手实操

➤ 当 x 为字符串时

```
1   print(int('0xc',16))
```

运行结果

```
12
```

（9）float()函数。

float()函数用于将整数和字符串转换成浮点数。

动手实操

➤ **将整数和字符串转换成浮点数**

```
1    print(float(100))
2    print(float('1001'))
```

运行结果

```
100.0
1001.0
```

（10）map()函数。

map(function, iterable)函数可以对序列中的每个元素进行指定操作，并将所有结果集合成一个新的序列输出。参数 function 代表某个功能函数，参数 iterable 代表一个或多个序列。

动手实操

➤ **用 map()函数实现函数映射**

```
1    #（1）导入 pandas 模块
2    import pandas as pd
3    #（2）自定义一个函数 func()，参数为 x，计算 x²
4    def func(x):
5        return x * x
6    #（3）对 Series 系列中的每个元素调用自定义函数 func()
7    r = pd.Series([1, 2, 3])
8    r.map(func)
```

运行结果

```
0    1
1    4
2    9
dtype: int64
```

pd.Series()用于生成数组，项目四中会进一步介绍。

（11）sorted()函数。

sorted()函数可对所有可迭代的对象进行排序操作（默认升序）。

动手实操

➤ **将列表元素按升序排列**

```
1    print(sorted([43,33,5,30,4,62]))
```

运行结果

```
[4, 5, 30, 33, 43, 62]
```

二、自定义函数

1. 自定义函数的格式

Python 除了有可以直接使用的内置函数外，还支持自定义函数，即将一段有规律的、可重复使用的代码定义成函数，达到一次编写、多次调用的目的。

自定义函数的语法格式如下。

```
1    def 函数名(参数列表):
2        函数体
3        [return 返回值列表]
```

动手实操

➤ **自定义函数计算资产负债比**

```
1  # (1)自定义 Debt_Asset_ratio()函数，用于计算资产负债比
2  def Debt_Asset_ratio(asset,debt):        # 函数名
3      ratio=debt/asset          # 函数体，功能是将 debt/asset 的结果保存到变量 ratio 中
4      return ratio            # 结束函数，返回 ratio 的值
5  # (2)传入参数，并调用自定义函数
6  Debt_Asset_ratio(1000,500)
```

运行结果

```
0.5
```

2. 参数传递

参数传递是指在程序运行过程中，实际参数将参数值传递给相应的形式参数，然后在函数中实现数据处理和返回的过程。其中，形式参数是指定义函数时使用的参数，实际参数是指调用函数时使用的参数。形式参数和实际参数的说明如下。

```
1  #（1）定义函数
2  def func(a,b):        #  a 和 b 为形式参数
3      c = a + b
4      return c
5  #（2）调用函数
6  func(10,20)          # 10 和 20 为实际参数
```

Python 调用函数时，是将实际参数传给函数，这个过程叫作传参。Python 可通过以下方式传参。

（1）位置参数。

位置参数是指必须按照正确顺序将实际参数传到函数中，即传入实际参数的数量、位置须和定义函数时完全一致。

动手实操

➤ **按位置参数对应传参**

```
1  def func(a,b,c):
2      print(a+b+c)
3  func(1, 2, 3)
```

运行结果

```
6
```

动手实操

➤ **缺少参数，导致程序报错**

```
1   def func(a,b,c):
2       print(a+b+c)
3   func(1, 2)
```

运行结果

```
TypeError                          Traceback (most recent call last)
<ipython-input-18-7e63dae7b014> in <module>()
      1 def func(a,b,c)
:       2     print(a+b+c)
----> 3 func(1, 2)
TypeError: func() missing 1 required positional argument: 'c'
```

（2）默认参数值。

定义参数时，可以为参数指定默认值。如果在传参的时候，参数的值没有传入，则会用默认值替代；如果已传入参数，则该默认值不起作用。

动手实操

➤ **设置函数默认参数值**

```
1   def func(a, b, c=1000):
2       print(a+b+c)
3   func(1, 2)          # 没有传入参数 c，默认为 1 000
4   func(1, 2, 3)       # 传入参数 c=3
```

运行结果

```
1003
6
```

func()函数中参数 c 的默认值是 1 000，如果调用时，没有传入参数 c，就会使用 1 000 替代；如果传入参数 c，在这个例子中是 3，则会进行赋值计算。

💡 **小贴士**

有默认值的参数一定要放在没有默认值的参数后面，否则程序会报错。

动手实操

➤ **有默认值的参数应放最后**

```
1   def func(a, b=100, c):
2       print(a+b+c)
3   func(1, 2)
```

运行结果

```
 File "<ipython-input-25-0b052e391524>", line 1
   def func(a, b=100, c):
SyntaxError: non-default argument follows default argument
```

（3）关键字参数。

关键字参数通过 "参数名=值" 的形式传参，无须按照参数的指定顺序，这样可以让函数更加清晰、易用。

动手实操

➤ **根据参数名传参**

```
1   def func(a, b, c):
2       print(a+b+c)
3   func(c=7, b=2, a=1)
```

运行结果

```
10
```

上述例子在调用函数时，并没有按照参数顺序传参，而是用参数名传参。这样的方式更加灵活，也让函数调用者更加明确每个参数所传的具体值。需要注意的是，采用这种方式调用参数时，每个参数的参数名都必须写上，不能遗漏，否则系统会提示错误。

动手实操

➤ **参数名不全，传参报错**

```
1  def func(a, b, c):
2      print(a+b+c)
3  func(c=7, b=2, 1)
```

运行结果

```
 File "<ipython-input-27-6921f2df0932>", line 3
   func(c=7, b=2, 1)
SyntaxError: positional argument follows keyword argument
```

（4）可变位置参数。

在定义函数时，有时候并不知道调用时会传入多少个参数，这时就可以用到可变位置参数。使用可变位置参数时，参数前面应添加"*"（星号）。

动手实操

➤ **用可变位置参数传参**

```
1  def func(*accounts):
2      for account in accounts:
3          print(account)
4  func('银行存款-工行','银行存款-建行','银行存款-农行')
```

运行结果

```
银行存款-工行
银行存款-建行
银行存款-农行
```

（5）可变关键字参数。

可变位置参数虽可提供任意数量的参数，但参数是以元组形式存在。如果需要提供任意数量的键值对类型参数，可在形式参数名前面加两个星号，即"**形参名"。

动手实操

➤ **用可变关键字参数传参**

```
1  def func(**accounts):
2      for key, value in accounts.items():
3          print(key+':'+value)
4  func(账户1 = '银行存款-工行', 账户2 = '银行存款-建行', 账户3 = '银行存款-农行')
```

运行结果

```
账户1:银行存款-工行
账户2:银行存款-建行
账户3:银行存款-农行
```

💡 **小贴士**

　　Python 采用不同方式传参时，位置参数必须放在关键字参数之前，关键字参数必须放在带一个星号（*）的可变位置参数之前，带一个星号的可变位置参数必须放在带两个星号（**）的可变关键字参数之前。

3. 函数返回值

函数返回值是指通过 return 语句传递给调用者的值。当函数没有 return 语句时，即没有给出要返回的值时，Python 会返回值 None。None 是程序中的特殊类型，代表"无"。

动手实操

➢ **定义没有形式参数和 return 语句的函数**

```
1   def data():
2       print(520)
```

该函数的功能是在控制台输出数字 520，但该函数只是完成相应的输出操作，并没有返回值。

动手实操

➢ **定义没有形式参数但有 return 语句的函数**

```
1   def data():
2       return
```

该函数虽然有 return 语句，但没有形式参数和返回值。

动手实操

➢ **定义有形式参数和 return 语句的函数**

```
1   def data(a,b):
2       c = a + b
3       return c
4   data(10,20)
```

运行结果

```
30
```

该函数的功能是计算参数 a 与 b 之和，将和赋给 c，并利用 return 语句返回。执行 return 语句意味着终止程序。

4. 变量的作用域

Python 的变量，按照作用域的不同，可分为全局变量和局部变量。全局变量在整个 Python 代码文件中声明，全局范围内可以使用；局部变量在某个函数内部声明，只能在函数内部使用。

（1）局部变量。

在函数内部赋值的变量是局部变量，如果超出使用范围（函数外部），则程序会报错。

动手实操

➢ **局部变量只能内部调用**

```
1   def data(a,b):
2       n = 2
3       d = (a+b)**n
4       print(d)
5   data(2,3)
6   e = 10*n
7   print(e)
```

运行结果

```
25
NameError                               Traceback (most recent call last)
<ipython-input-31-e3d6847b7965> in <module>()
    4       print(d)
    5 data(2,3)
----> 6 e = 10*n
    7 print(e)
NameError: name 'n' is not defined
```

程序运行后，系统报错"n 找不到"。这是因为 data()定义的 n 是局部变量，在自定义函数

data()内部可以使用，但是离开 data()后，n 就不能被使用。所以，运行到第 6 行"e = 10*n"时，程序会报错。

> 💡小贴士
> 如果局部变量要作用于全局，可以在函数体内使用 global 进行修改。

动手实操

➢ **global 在函数内部声明全局变量**

```
1  def data(a,b):
2      global n        # 将 n 声明为全局变量
3      n = 2
4      d = (a+b)**n
5      print(d)
6  data(2,3)
7  e = 10*n
8  print(e)
```

运行结果

```
25
20
```

（2）全局变量。

在函数外部赋值的变量是全局变量，它可以被程序中的所有语句调用。

动手实操

➢ **函数外部定义全局变量**

```
1  def data(a,b):
2      d = (a+b)**n
3      print(d)
4  data(2,3)
5  n = 2
6  e = 10*n
7  print(e)
```

运行结果

```
25
20
```

程序中的 n 是全局变量，因此在任何位置都可以使用。在 data()中，也可以使用变量 n 来计算 d。

> 💡小贴士
> 在实际工作中，有大量需要重复进行的工作，比如财务指标的计算、个人所得税的计算等；也有很多需要重复执行的操作，比如批量读取文件、批量修改格式等。这些都可以通过内置函数和自定义函数的灵活组合实现，从而提高代码编写效率和数据处理分析效率。

任务四　模块

任务三中介绍了函数，提到在程序中定义一个函数后，就可以多次调用该函数，而无须重复编写同一功能的代码。如果需要在不同程序中使用这个函数，便需要用模块来实现这一功能。一个模块里可以包含多个函数，还可以包含类、语句等。导入模块，就可以访问模块里的函数、变量等。

Python 中的模块分为内置模块、自定义模块和第三方模块三种，如表 3-8 所示。

表 3-8　　　　　　　　　　　　　　　　Python 模块分类及描述

模块分类	描述
内置模块	Python 自带标准库中的模块，可以直接导入并使用
自定义模块	用户自己编写的模块，可以用作其他人的第三方模块
第三方模块	Python 的开源模块库，是由来自世界各地的开发者贡献的模块，使用前需先安装并导入

一、导入模块

使用模块前需先导入模块，其原理是在指定范围内搜索对应的 Python 文件或者包，并执行语句获取其中的方法。Python 中提供了两种导入方式，分别是使用 import 导入和使用 from…import…导入。

1. 使用 import 导入

可以直接使用 import 语句导入模块。其语法格式如下。

```
1    import 模块名
```

有时候，需要导入的模块的名称可能比较长，为了方便后续引用模块中的方法，可以用 as 为模块指定一个别名，语法格式如下。

```
1    import 模块名 as 别名
```

动手实操

➢　**导入需要使用的模块**

```
1    import random                # 导入 random 模块
2    import random as rd          # 导入 random 模块，并指定别名 rd
```

2. 使用 from…import…导入

可以只导入模块中需要调用的函数和方法，语法格式如下。

```
1    from 模块名 import 方法
```

同样地，也可以为模块或模块中的方法指定别名，语法格式如下。

```
1    from 模块名 import 方法 as 别名
```

使用 import 和 from…import…都可以导入模块，二者的区别在于：使用前者导入模块后，调用模块下的方法需添加前缀 "模块名."，而使用后者导入模块，再调用模块下的方法则无须添加模块名。

动手实操

➢　**从模块中导入方法**

```
1    from random import random          # 导入 random 模块下的 random 方法
2    from random import random as rd     # 导入 random 模块下的 random 方法，并起别名 rd
```

二、内置模块

Python 中提供了丰富的内置模块，无须安装即可直接使用。常用的内置模块有 random 模块、datetime 模块等。

1. random 模块

random 模块是用于生成随机数的内置模块。random 模块中主要的函数如表 3-9 所示。

表 3-9　　　　　　　　　　　　random 模块的主要函数

函数名	描述
random()	生成一个 0~1 的随机浮点数
randint(a, b)	返回 a~b 的整数
randrange(start, end, step)	类似于 range()函数，返回区间内的整数
choice(seq)	从序列 seq 中随机读取一个元素

动手实操

➢ **使用 random()函数生成 0~1 的随机数**

```
1  import random as rd
2  rd.random()
```

运行结果

```
0.52077368421582
```

random()是 Python 中最常见的随机函数，无须传入参数。

动手实操

➢ **使用 randint(a, b)函数生成随机整数**

```
1  import random as rd
2  rd.randint(1, 8)        # 生成 1~8 的随机整数
```

运行结果

```
8
```

2. datetime 模块

datetime 模块是 Python 中对日期和时间进行处理的模块。datetime 模块常用的函数如表 3-10 所示。

表 3-10　　　　　　　　　　　　datetime 模块常用的函数

函数名	描述
now()	获取当前的日期和时间
date()	获取指定日期和时间
today()	获取当前日期
strptime()	按指定时间格式将字符串格式化为时间数据
strftime()	将给定的时间对象格式化为字符串

动手实操

➢ **使用 now()获取当前的日期和时间**

```
1  import datetime as dt
2  print(dt.datetime.now())
```

运行结果

```
2021-08-10 09:26:22.462400
```

strptime()函数的作用是给定一个时间字符串和时间格式，返回一个时间对象。

动手实操

➢ **使用 strptime()函数将字符串格式化为指定时间格式的数据**

```
1  import datetime as dt
2  print(dt.datetime.strptime('2021/10/01', '%Y/%m/%d'))
```

运行结果

```
2021-10-01 00:00:00
```

strftime()函数可以将时间数据格式化为任何时间格式的字符串。

动手实操

➢ **使用 strftime()函数将时间数据格式化为字符串**

```
1    import datetime as dt
2    dt.datetime.now().strftime('%Y-%m-%d')
```

运行结果

```
'2021-08-10'
```

三、第三方模块

尽管 Python 内置库和标准库（内置模块）提供了丰富的功能，但总体来说只是基础和通用的功能。Python 社区针对数据分析与挖掘、网络爬虫、机器学习等特定领域提供并分享了大量功能强大的第三方模块。使用第三方模块前需先安装并导入。Python 开发与财务应用综合教学平台使用 Anaconda 集成环境，已经集成了大多数常用的第三方模块，因此在平台中使用已安装模块时只需导入模块即可。

财务中常用的第三方模块如图 3-6 所示。接下来对 numpy、pandas、matplotlib、pyecharts 模块做简单介绍。

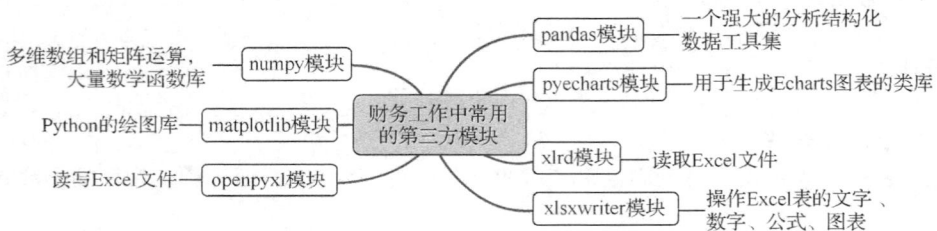

图 3-6　财务中常用的第三方模块

1. numpy 模块

numpy 模块是一个开源的 Python 扩展库，用于处理数据类型相同的多维数组（简称"数组"），还可以用来存储和处理大型矩阵，比 Python 语言提供的列表结构要高效得多。numpy 提供了许多高级的数值编程工具，如矩阵运算、矢量处理，N 维数据变换等。

（1）模块导入。

使用 numpy 模块前需先导入模块，语法格式如下。

```
1    import numpy as np
```

（2）数组。

数组是 numpy 模块处理的最基本的数据对象，由相同类型的元素组成。创建数组可以使用 array()函数。它可以将输入的数据（元组、列表、数组或其他序列的对象）转换成多维数组 ndarry，默认直接复制输入的数据，产生一个新的多维数组 ndarry。

动手实操

➢ **创建多维数组**

```
1    import numpy as np
2    arr1 = np.array([1, 2, 3, 4]) # 一维数组
3    arr2 = np.array([[1, 2, 3, 4],[5, 6, 7, 8]]) # 二维数组
4    print('arr1:', arr1)
5    print('arr2:\n', arr2)
```

运行结果

```
arr1: [1 2 3 4]
arr2:
[[1 2 3 4]
[5 6 7 8]]
```

（3）数组的属性。

创建数组后，可以查看数组的属性。numpy 数组的基本属性如表 3-11 所示。

表 3-11 numpy 数组的基本属性

属性	描述
dtype	数组中元素的数据类型
ndim	数组的维数
shape	数组的尺寸，对于 n 行 m 列的矩阵，shape 的值为（n, m）
size	数组中元素的个数，即 shape 中 $n×m$ 的值

动手实操

➢ **查看数组属性**

```
1    import numpy as np
2    arr1 = np.array([1, 2, 3, 4])
3    print(arr1.dtype)
4    print(arr1.ndim)
5    print(arr1.shape)
6    print(arr1.size)
```

运行结果

```
int32
1
(4,)
4
```

2. pandas 模块

pandas 模块是基于 numpy 模块构建的含有更高级的数据结构和工具的第三方模块。它是一个强大的分析结构化数据的工具集，支持从 CSV、JSON、SQL、Excel 等各种文件中导入数据，并对各种数据进行运算，比如归并、重构选择，以及数据清洗和数据加工等。此外，pandas 模块集成了 matplotlib 模块，可以便捷地进行数据可视化，将数据以图形形式展现出来。关于 pandas 模块的具体介绍将在项目四中展开。

3. matplotlib 模块

大数据时代，数据的重要性不言而喻，而数据可视化对挖掘数据的潜在信息具有重要意义。matplotlib 模块正是 Python 中的数据可视化库，它是一个二维绘图库，包含丰富的数学绘图函数，可以绘制折线图、直方图、散点图、饼图、箱形图、极坐标图等可视化图形。在 matplotlib 模块中，还有很多扩展包，如 basemap、mplot3d 等，可以实现 3D 绘图功能。关于 matplotlib 模块的详细介绍将在项目六中展开。

4. pyecharts 模块

Python 是一门富有表达力的语言，非常适用于数据处理。当数据分析遇上数据可视化时，pyecharts 模块便诞生了。pyecharts 模块具有很多优势特性，如囊括了日历图、漏斗图、仪表图、关系图、雷达图、词云图等常见图表；具有高度灵活的配置项，可轻松搭配出精美的图表；支持地理坐标系、百度地图等地理图表，可以为地理数据可视化提供强有力的支持。关于 pyecharts

模块的详细介绍将在项目六中展开。

5. 自定义模块

自定义模块是指用户自己编写的模块，它也可以作为其他人的第三方模块。当有一系列函数或者方法需要被反复调用时，用户可以自行创建模块，对程序进行打包，这样可以在使用时直接导入，保证代码更加简洁高效。

> **小贴士**
>
> Python 提供了很多的内置模块和实用的第三方模块，大大提升了 Python 代码的可用性和简洁性。

拓展阅读

量变向质变的数字改革

中国互联网络信息中心发布的《中国互联网络发展状况统计报告》显示，截至 2021 年 6 月，中国网民规模达 10.11 亿，形成了全球最为庞大的数字社会。全"数"前进的中国，正用一系列数字汇聚经济发展的澎湃伟力。

数据产生方式的变革促成大数据时代的来临，数据产生方式从数据库时代的运营式阶段，到智能手机时代的用户原创性阶段，再到感知式的大数据阶段，再次应用到了量变到质变的科学规律。经济社会发展，是经历一个从局部到整体、从量变到质变、从少数到多数的动态过程，从基础到进阶的学习过程，从初级到高级的能力提升过程，也是通过不断积累"量"的数量，为迎接"质"的提升做准备的过程。

作为新时代的新青年，应有把工作当成责任，把专业作为事业的恒心和耐心。刘嘉麒院士指出，科学精神的核心是求真务实、探索创新，掌握事物的发展规律，以科学指导行动；同时要有奉献精神、甘坐冷板凳的精神、一丝不苟的精神和百折不挠的精神。此外，我们更要敢于思考、敢于创新、敢于标新立异，要想办法做新的、比别人强的东西。加强基础研究是提高我国原始创新能力、建设世界科技强国的必要条件。

资料来源：学习强国

了解 pandas 模块

pandas 是一个功能强大的用于分析结构化数据的工具集。Python 中的所有数据类型在 pandas 中依然适用。这些数据类型使 pandas 处理数据时更加方便和高效。

任务一　pandas 模块基础

财务分析中涉及很多基于表格数据的分析以及分析结果的输出。pandas 作为专门对数据集进行操作处理的工具，是数据分析中常用的重要模块。

一、导入 pandas 模块

作为 Python 的第三方模块，pandas 可以通过语句 import pandas 导入，为方便后续调用，一般会为其设置一个别名"pd"。

动手实操

➤　导入 pandas 模块

```
1    import pandas as pd          # 为 pandas 设置别名 "pd"
```

输入上述代码，后续调用 pandas 相关的函数时，直接在其前加上"pd."就可以了。pandas 有两个主要的数据结构：Series 和 DataFrame。Series 是一维数据结构，DataFrame 是二维数据结构。二维数据是财务数据的最佳存储方式。

二、Series 数据结构

Series 是类似于一维数组的对象，由一组数据及与之相关的下标（即索引）组成。仅由一组数据也可产生 Series 对象。简单来说，Series 相当于 Excel 中的任意一列数据，如表 4-1 中的"姓名"列数据就是一个 Series。

表 4-1　　　　　　　　　　　　　　　Series 数据举例

员工工号	姓名	部门	岗位职级	出勤天数	基本工资/元	绩效工资/元	津贴/元
wzw001	张奕成	行政部	管理人员	20	18 000.00		500.00
wzw002	林海之	行政部	管理人员	22	11 000.00		200.00
wzw004	张晨	财务部	管理人员	22	12 000.00		200.00
wzw005	李丽琴	财务部	管理人员	18	9 000.00		200.00
wzw006	林雨	采购部	管理人员	20	8 500.00		200.00
wzw008	曾国华	销售部	销售人员	19	22 000.00	500.00	200.00
wzw009	刘成宇	销售部	销售人员	22	8 500.00	1 000.00	500.00

1. 创建 Series

Series 主要有两个参数：数据列和索引列。创建 Series 时，必须填写数据列参数。列表、字典等都可以作为数据列参数。索引列参数可以不填，如果要填写，则必须与数据列参数的个数匹配。创建 Series 的语法规则如下。

```
1   pd.Series(list,index=[ ])
```

动手实操

➤ **通过列表创建 Series，使用默认索引**

```
1   import pandas as pd
2   pd.Series([13,26,39])        # 不填写索引列参数
```

运行结果

```
0    13
1    26
2    39
dtype: int64
```

dtype 表示运行结果的数据类型。当使用默认索引时，输出的结果默认从 0 开始排列。

动手实操

➤ **通过列表创建 Series，使用自定义索引**

```
1   import pandas as pd
2   pd.Series([1000,2000,3000],index=['库存现金','银行存款','其他货币资金'])   # 填写
index 参数，使用自定义索引
```

运行结果

```
库存现金      1000
银行存款      2000
其他货币资金    3000
dtype: int64
```

当使用自定义索引时，输出结果将按给定索引名"库存现金""银行存款""其他货币资金"排列。

动手实操

➤ **通过字典创建 Series**

```
1   import pandas as pd
2   pd.Series({1001:'库存现金',1002:'银行存款',1012:'其他货币资金'})
```

运行结果

```
1001      库存现金
1002      银行存款
1012      其他货币资金
dtype: object
```

通过字典创建 Series 时，字典的键会被当作列索引输出。

动手实操

➤ **通过函数创建 Series**

```
1   import pandas as pd
2   pd.Series(range(0,1000,300))
```

运行结果

```
0    0
1    300
2    600
```

```
3    900
dtype: int64
```

上述代码通过 range()函数，生成 0～1 000 的数据（不包含 1 000），步长为 300。

2. 索引和切片

在实际应用中，往往需要选择某行某列，或者符合特定条件的数据，这类似于 Excel 的筛选功能。pandas 提供了不同的数据选择方式，在 Series 数据结构中，主要通过索引和切片选择数据。

（1）位置索引。

同字符串、列表一样，Series 也可以使用位置索引，但是 Series 的索引不能用负数表示。

动手实操

> **通过默认索引读取数据**

```
1    import pandas as pd
2    score = pd.Series([98,86,59])
3    print(score)
4    print(score[2])      # 获取索引为 2 的数据
```

运行结果

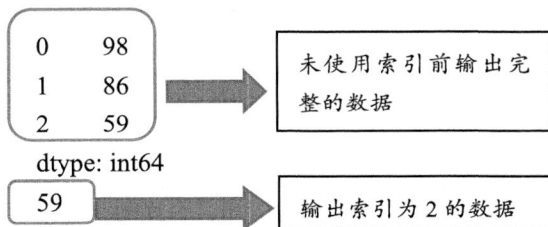

```
0    98
1    86
2    59
dtype: int64
59
```

未使用索引前输出完整的数据

输出索引为 2 的数据

💡 **小贴士**

索引有多个时，需用逗号分开，且用方括号[ ]标识。如 score[[0,2]]可以获取索引号为 0 和 2 的数据，即输出 98 和 59。

（2）标签索引。

除位置索引外，还可以使用自定义的标签索引读取 Series 数据。参数 index 即表示标签索引。

动手实操

> **通过标签索引读取数据**

```
1    import pandas as pd
2    score = pd.Series([98,86,75],index=['语文','数学','英语'])
3    print(score)
4    print(score['英语'])
```

运行结果

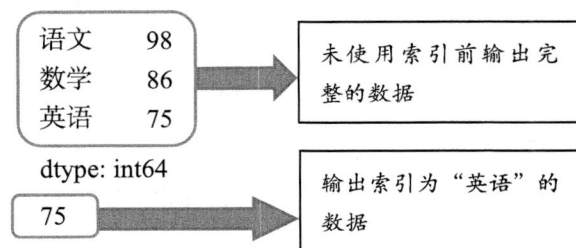

```
语文    98
数学    86
英语    75
dtype: int64
75
```

未使用索引前输出完整的数据

输出索引为"英语"的数据

💡 **小贴士**

① 标签索引和位置索引同时存在。

② index 最好用字符串表示，否则视觉上不容易分辨是位置索引还是标签索引。

③ 索引有多个时，用逗号分开，且需用方括号[ ]标识。

（3）切片。

如果要获取一个区间的数据，可以使用切片实现。

动手实操

➤ **通过切片获取区间数据**

```
1  import pandas as pd
2  score = pd.Series([98,86,75],index=['语文','数学','英语'])
3  print(score)
4  print(score['数学':'英语'])
```

运行结果

语文	98
数学	86
英语	75

➡ 未使用索引前输出完整的数据

dtype: int64

| 数学 | 86 |
| 英语 | 75 |

➡ 通过切片输出"数学"到"英语"的数据

使用标签索引输出区间数据时包含末端数据。

动手实操

➤ **切片通过位置索引获取区间数据**

```
1  import pandas as pd
2  score = pd.Series([98,86,75],index=['语文','数学','英语'])
3  print(score)
4  print(score[1:2])
```

运行结果

语文	98
数学	86
英语	75

➡ 未使用索引前输出完整的数据

dtype: int64

| 数学 | 86 |

➡ 通过切片输出索引 1 到 2 的数据

dtype: int64

同字符串、列表一样，位置索引输出数据区间也是"左闭右开"的，即输出时不包含末端数据。

3. Series 的基本操作

Series 的基本操作主要包括增、删、改、查等。Series 支持使用标签索引添加新元素。

动手实操

➤ **使用标签索引添加新元素**

```
1  import pandas as pd
2  score = pd.Series([98,86,75],index=['语文','数学','英语'])
3  score['物理']=100        # 增加"物理"分数
4  print(score)
```

运行结果

```
语文    98
数学    86
英语    75
物理    100
```

Series 也支持使用位置索引添加新元素。

动手实操

➤ **使用位置索引添加新元素**

```
1  import pandas as pd
2  score = pd.Series([98,86,75])
3  score[3]=100        # 添加索引为 3 的元素
4  print(score)
```

运行结果

```
0    98
1    86
2    75
3    100
```

Series 还支持使用 append()添加新元素，但是添加的元素也必须是一个 Series，否则程序会报错。

动手实操

➤ **使用 append()添加新元素**

```
1  import pandas as pd
2  score = pd.Series([98,86,75],index=['语文','数学','英语'])
3  score1 = pd.Series([100,88],index=['物理','化学'])
4  print(score.append(score1))
```

运行结果

```
语文    98
数学    86
英语    75
物理    100
化学    88
```

Series 同样支持使用位置索引、标签索引删除元素。

动手实操

➤ **通过 drop()删除数据**

```
1  import pandas as pd
2  score = pd.Series([98,86,75],index=['语文','数学','英语'])
3  print(score.drop('数学'))        # 删除"数学"行数据
```

运行结果

语文	98
英语	75

如果一个 Series 的数据很多，但只想查看部分数据，可以通过 head()、tail()实现。括号里面不输入任何数字，默认查看前 5 行数据。如果想查看更多数据，可以在 head()或 tail()的括号内输入相应数字。

动手实操

➢ **使用 head()获取前 5 行数据**

```
1  import pandas as pd
2  data = pd.Series(range(101,150))
3  print(data.head())
```

运行结果

0	101
1	102
2	103
3	104
4	105

如果想查看后 3 行的数据，可以使用 tail(3)。如果对原有输出排序结果不满意，可以通过 reindex()重建索引，系统会根据新索引重新排列数据。

动手实操

➢ **使用 reindex()重建索引**

```
1  import pandas as pd
2  score = pd.Series([98,86,75],index=['语文','数学','英语'])
3  print(score.reindex(['数学','语文','英语','物理']))
```

运行结果

数学	86.0
语文	98.0
英语	75.0
物理	NaN

如果重建索引是原 Series 没有的，系统会填入缺失值 NaN。缺失值 NaN 会影响数组计算，因为任何数据与 NaN 计算，最终结果都为 NaN。要想解决这个问题，可以使用 fill_value 参数对缺失值进行填充。fill_value 可以给缺失值赋值，常用于财务数据的清洗。

动手实操

➢ **使用 fill_value 对缺失值进行填充**

```
1  import pandas as pd
2  score = pd.Series([98,86,75],index=['语文','数学','英语'])
3  print(score.reindex(['数学','语文','英语','物理'],fill_value=0))    # 设置缺失值为 0
```

运行结果

数学	86.0
语文	98.0
英语	75.0
物理	0

Series 也可以利用索引修改元素的数值。

动手实操

> **重新赋值，修改数据**

```
1  import pandas as pd
2  score = pd.Series([98,86,75],index=['语文','数学','英语'])
3  score['数学']=99      # 修改数学成绩为 99
4  print(score)
```

运行结果

```
语文    98
数学    99
英语    75
```

💡 **小贴士**

Series 是 pandas 中最简单的数据结构，存储的是一维数组。业、财、税数据融合形成的财务大数据往往具有更多维度，这时就需要用更常见的表格型数据类型 DataFrame 存储数据。

三、DataFrame 数据结构

DataFrame 是 pandas 中的表格型数据结构，包含一组有序的列，每列可以是不同类型的数据(数值、字符串、布尔型等)。DataFrame 既有行索引，也有列索引，可以将其看作由 Series 组成的字典。简单来说，DataFrame 相当于 Excel 表格。表 4-2 就是一个 DataFrame。

表 4-2　　　　　　　　　　　DataFrame 数据举例

	员工工号	姓名	部门	岗位职级	出勤天数	基本工资	绩效工资	津贴	列索引
1	wzw001	张奕成	行政部	管理人员	20	18 000.00		500.00	
2	wzw002	林海之	行政部	管理人员	22	11 000.00		200.00	
3	wzw004	张晨	财务部	管理人员	22	12 000.00		200.00	
4	wzw005	李丽琴	财务部	管理人员	18	9 000.00		200.00	
5	wzw006	林雨	采购部	管理人员	20	8 500.00		200.00	
6	wzw008	曾国华	销售部	销售人员	19	22 000.00	500.00	200.00	
7	wzw009	刘成宇	销售部	销售人员	22	8 500.00	1 000.00	500.00	

行索引　　　　　　　　　　　　　　　　　数据

1. 创建 DataFrame

DataFrame 可以通过同名函数创建，共包含 3 个参数：data 是数据参数，可以是一组数据；columns 是列索引（纵向索引），不写时默认为从 0 开始的正整数；index 是行索引（横向索引），不写时默认为从 0 开始的正整数。

```
1  pd.DataFrame(data,columns = [ ],index = [ ])
```

DataFrame 支持通过列表、字典等数据类型创建。

动手实操

> **通过列表创建 DataFrame**

```
1  import pandas as pd
2  pd.DataFrame([['1001','库存现金',5215],
```

```
3                    ['1002','银行存款',1595236],
4                    ['1012','其他货币资金',160000]],columns=['科目编码','会计科目','期初
余额'],index=[1,2,3])
```

运行结果

	科目编码	会计科目	期初余额
0	1001	库存现金	5215
1	1002	银行存款	1595236
2	1012	其他货币资金	160000

以上表格通过字典创建，也可以得到同样的运行结果。

动手实操

➤ **通过字典创建 DataFrame**
```
1   import pandas as pd
2   data = {'科目编码':['1001','1002','1012',],
3            '会计科目':['库存现金','银行存款','其他货币资金'],
4            '期初余额':[5215,1595236,1600009]}
5   pd.DataFrame(data)
```

运行结果

	科目编码	会计科目	期初余额
0	1001	库存现金	5215
1	1002	银行存款	1595236
2	1012	其他货币资金	160000

💡**小贴士**

通过字典创建的 DataFrame 数据，字典的键会被当作列索引输出，无须再设置 columns 参数。行索引没有设置参数，默认从 0 开始排序，想要修改行索引，可通过 index 设置。

2. DataFrame 的基本操作

DataFrame 的基本操作主要包括增、删、改、查等。各种操作方法的描述如表 4-3 所示。

表 4-3　　　　　　　　　　　　　　　DataFrame 的基本操作

操作方法	描述
df [ ]	访问 DataFrame 里的值
df [ ]=	新增或修改值
del df [ ]	删除值
del df	删除 DataFrame

（1）DataFrame 添加、修改列数据：可以直接在变量括号内添加或修改列名称，并对该列赋值。

动手实操

➤ **添加新列数据**
```
1   import pandas as pd
2   Balance = pd.DataFrame([['1001','库存现金',5215,1010],
```

```
3                  ['1002','银行存款',1595236,254582],
4                  ['1012','其他货币资金',160000,50000]],
5                     columns=['科目编码','会计科目','期初余额','本期发生额'],
6                     index=[1,2,3])
7   Balance['期末余额'] = [6225,1849818,210000]          # 添加新列数据
8   Balance
```

运行结果

	科目编码	会计科目	期初余额	本期发生额	期末余额
1	1001	库存现金	5215	1010	6225
2	1002	银行存款	1595236	254582	1849818
3	1012	其他货币资金	160000	50000	210000

💡 **小贴士**

DataFrame 可以通过设置四则运算获取新建列的数据，如 Balance['期末余额']= Balance['期初余额']+ Balance['本期发生额']，修改列数据时，重新赋值即可。

（2）DataFrame 添加行数据：可以通过引用 loc 并在括号内添加行索引，然后赋值实现。如果需要修改行数据，重新赋值即可。

动手实操

➤ **添加新行数据**

```
1   import pandas as pd
2   Balance = pd.DataFrame([['1001','库存现金',5215,1010],
3                  ['1002','银行存款',1595236,254582],
4                  ['1012','其他货币资金',160000,50000]],
5                     columns=['科目编码','会计科目','期初余额','本期发生额'],
6                     index=[1,2,3])
7   Balance .loc[4] = ['1012','应收账款',350000,140000]
8   Balance
```

运行结果

	科目编码	会计科目	期初余额	本期发生额
1	1001	库存现金	5215	1010
2	1002	银行存款	1595236	254582
3	1012	其他货币资金	160000	50000
4	1012	应收账款	350000	140000

（3）DataFrame 删除数据：可以通过函数 drop()和 del 两种方式实现。

动手实操

➤ **调用函数 drop()删除数据**

```
1   import pandas as pd
2   Balance = pd.DataFrame([['1001','库存现金',5215,1010],
3                  ['1002','银行存款',1595236,254582],
4                  ['1012','其他货币资金',160000,50000]],
```

```
5              columns=['科目编码','会计科目','期初余额','本期发生额'],
6              index=[1,2,3])
7    Balance .drop(3)
```

运行结果

	科目编码	会计科目	期初余额	本期发生额
1	1001	库存现金	5215	1010
2	1002	银行存款	1595236	254582

> **小贴士**
>
>   调用 drop()函数删除数据时，默认是删除行，即默认 axis=0；如果要删除列，需设置 axis=1，否则程序会报错。
>
>   调用 drop()函数删除数据，默认返回删除数据后的 DataFrame，不修改原数据；如果要修改原数据，需要设置 inplace=True。

动手实操

➤   **使用 del 删除数据**

```
1    import pandas as pd
2    Balance = pd.DataFrame([['1001','库存现金',5215,1010],
3              ['1002','银行存款',1595236,254582],
4              ['1012','其他货币资金',160000,50000]],
5               columns=['科目编码','会计科目','期初余额','本期发生额'],
6               index=[1,2,3])
7    del Balance ['本期发生额']
8    Balance
```

运行结果

	科目编码	会计科目	期初余额
1	1001	库存现金	5215
2	1002	银行存款	1595236
3	1012	其他货币资金	160000

   使用 del 加变量名索引某列，即可删除被索引的列数据；如果要删除整个 DataFrame，直接使用 del 加变量名即可。删除整个 DataFrame 之后，再读取数据，程序会报错。

动手实操

➤   **用 del 删除 DataFrame 后无法读取数据**

```
1    import pandas as pd
2    Balance = pd.DataFrame([['1001','库存现金',5215,1010],
3              ['1002','银行存款',1595236,254582],
4              ['1012','其他货币资金',160000,50000]],
5               columns=['科目编码','会计科目','期初余额','本期发生额'],
6               index=[1,2,3])
7    del Balance
8    Balance
```

运行结果

```
NameError
Traceback (most recent call last)<ipython-input-1-6b7adede2fab> in <module>()
     6          index=[1,2,3])
     7 del Balance
----> 8 Balance
NameError: name 'Balance' is not defined
```

（4）DataFrame 查看：其查看方式与 Series 一致，都可使用 head(i)和 tail(i)查看头部、尾部 i 行数据。

（5）DataFrame 转置：为了在数据处理分析过程中更充分地利用行列的关系，可对原数据的行列进行互换。pandas 提供了非常便捷的 df.T 实现数据转置。

动手实操

➤ **使用 df.T 进行转置**

```
1   import pandas as pd
2   Balance = pd.DataFrame([['1001','库存现金',5215],
3                   ['1002','银行存款',1595236],
4                   ['1012','其他货币资金',160000]],
5                   columns=['科目编码','会计科目','期初余额'],
6                   index=[1,2,3])
7   Balance.T
```

运行结果（转置前）

	科目编码	会计科目	期初余额
1	1001	库存现金	5215
2	1002	银行存款	1595236
3	1012	其他货币资金	160000

运行结果（转置后）

	1	2	3
科目编码	1001	1002	1012
会计科目	库存现金	银行存款	其他货币资金
期初余额	5215	1595236	160000

💡 **小贴士**

DataFrame 是 Python 中很多模块的基础数据结构，通过它可以灵活设置行（index）和列（columns）。DataFrame 在样式上与 Excel 的矩阵表格基本一致，但是 DataFrame 能充分利用 pandas 强大的计算处理能力，对数据进行清洗、计算、建模等操作，在对大数据的处理和对复杂模型的构建上，要优于 Excel。这些会在后续的财务应用案例中进一步讲解。

任务二　pandas 文件操作

Series 和 DataFrame 可以自行创建数据，但更多实际业务已提供原数据，只需要进行读取即可。pandas 提供一系列与 read 相关的函数，用于读取文件中的数据，并形成 DataFrame，再利用 DataFrame 进行数据分析、预处理以及行、列操作等。常见数据的读取函数与写入函数如表 4-4 所示。

表 4-4   pandas 常见数据的读取与写入函数

数据源	读取函数	写入函数
Text	read_csv()	to_csv()
Excel	read_excel()	to_excel()
CSV	read_esv()	to_esv()
JSON	read_json()	to_json()
HTML	read_html()	to_html()
SQL	read_hdf()	to_hdf()
Clipboard	read_clipboard()	to_clipboard()
SAS	read_sas()	
Python Pickle	read_pickle()	to_pickle()
Msgpack	read_msgpack()	to_msgpack()
Stata	read_stata()	to_stata()
HDF5	read_hdf()	to_hdf()

一、读取 Excel 文件

pandas 读取 Excel 文件的语法格式如下。

```
pd.read_excel (io, sheet_name=0, header=0, names=None, index_col=None,
usecols=None, converters=None )
```

read_excel()函数涉及的参数较多，这里以读取存放在"D:\python"文件中的"学生信息.xlsx"文件[①]为例，对常见参数的用法进行介绍。实际操作时，用户可根据自己的文件存放位置，修改代码路径。

1. 参数 io

参数 io 表示读取文件的路径，其中 r 写在字符串前面，是防止字符转义的一种方式。如果文件路径中使用反斜线"\"，字符串最前边要写 r；如果使用斜线"/"，那么字符串最前边不用写 r。

动手实操

➢ **读取"D:\python"目录下的"学生信息.xlsx"文件**

```
import pandas as pd
pd.read_excel(r' D:\python\学生信息.xlsx')
```

或

➢ **使用参数完整读取"学生信息.xlsx"文件**

```
import pandas as pd
pd.read_excel(r'D:\python\学生信息.xlsx', sheet_name=0, header=0, names=None,
index_col=None, usecols=None, converters=None)
```

---

① "学生信息.xlsx"文件中的所有数据（如姓名、年龄、手机号等）皆为虚拟数据，以下不再单独说明。

运行结果

	学号	姓名	性别	年龄	手机号	身高	体重
0	2021001	张奕成	男	20	13860169996	175	66
1	2021002	林海之	男	22	13860165188	180	75
2	2021003	张晨	男	22	13606936277	168	60
3	2021004	李丽琴	女	18	13696925988	160	55
4	2021005	林雨	女	20	13599535959	168	52

小贴士

导入 Excel 文件之前，需导入 pandas 模块。当只设置 io 参数而其他参数都不设置时，程序使用默认的参数进行输出。

2. 参数 sheet_name

参数 sheet_name 表示要导入的 sheet 页，有以下 3 种书写形式。

（1）sheet_name = 0，表示 sheet 序号从 0 开始，即系统默认导入第一个 sheet 页。

（2）sheet_name = '表名'，即直接输入表名。

（3）sheet_name = 'Sheet2'，表示取默认的工作表名称，注意 "S" 要大写。

同参数 io 一样，如果没有设置 sheet_name 参数，系统默认 sheet_name = 0，即获取第一个 sheet 页。

3. 参数 header

参数 header 表示将哪一行设置为列名，系统默认为 0，即将第一行设为列名。如果将参数 header 的值设为[0,1]，则表示将前两行设为多重列名。

4. 参数 names

参数 names 表示自定义列名，系统默认为 None，即不设置，直接引用导入数据的列名。如果重新定义列名，新列名将替代原表的列名。参数 names 的长度必须和 Excel 列的长度一致，否则程序会报错。

5. 参数 index_col

参数 index_col 表示用作行索引的列，默认设置不带行索引，pandas 会自动分配从 0 开始的行索引。index_col = 0，表示将第一列作为行索引。

动手实操

➤ **将学号作为行索引**

```
1    import pandas as pd
2    pd.read_excel('D:/python/学生信息.xlsx',index_col='学号')
```

或

➤ **将索引号作为行索引**

```
1    import pandas as pd
2    pd.read_excel('D:/python/学生信息.xlsx',index_col=0)
```

运行结果

学号	姓名	性别	年龄	手机号	身高	体重
2021001	张奕成	男	20	13860169996	175	66
2021002	林海之	男	22	13860165188	180	75
2021003	张晨	男	22	13606936277	168	60
2021004	李丽琴	女	18	13696925988	160	55
2021005	林雨	女	20	13599535959	168	52

小贴士

当行索引为单个时，其值可以设置为整型数值，也可以设置为列名称，如 index_col = 0 与 index_col = '学号'的运行结果相同。

当行索引为多个时，只能通过设置默认的整型列表进行索引，即设置 index_col =[0,1]，不能设置 index_col=['学号','姓名']，否则程序会报错。

6. 参数 usecols

参数 usecols 表示需要读取哪些列，它的值可以是整型，从 0 开始，如[0,2,3]；也可以是定义的列名，注意两边都要包括在内。usecols 可以分析需求为导向选择特定数据，从而避免读取全部数据，这样可以大幅提高效率。

动手实操

➤ 获取第 1 列和第 4 列数据

```
1    import pandas as pd
2    pd.read_excel('学生信息.xlsx',usecols=[1,4])
```

运行结果

	姓名	手机号
0	张奕成	13860169996
1	林海之	13860165188
2	张晨	13606936277
3	李丽琴	13696925988
4	林雨	13599535959

7. 参数 converters

参数 converters 表示强制规定列数据类型。如 converters ={'学号':str,'年龄':int }表示将"学号"列数据类型强制规定为字符串（pandas 默认将文本类的数据读取为整型数值），将"年龄"列数据类型强制规定为整型，其主要作用是保留以文本形式存储的数字。

二、写入 Excel 文件

pandas 支持将数据写入单个或多个 Excel 工作表。

1. 写入单个工作表

写入函数和读取函数的参数设置比较类似，常用参数及说明等如表 4-5 所示。其语法规则如下。

```
1    df.to_excel (io, sheet_name=0, index=True)
```

表 4-5　　　　　　　　　　　to_excel()写入单个工作表的常用参数

参数	说明	备注
io	文件储存路径	
sheet_name = 0	写入的 sheet 页名称	1. 默认 sheet 名是'Sheet1'； 2. sheet_name='表名'
index = True	是否输出索引 index	1. index=True，默认输出； 2. index=None，不输出

动手实操

➢ **创建 DataFrame**

```
1    import pandas as pd
2    data=[['张三',100,89,94],
3          ['李四',88,75,96],
4          ['王五',95,86,94]]
5    df = pd.DataFrame(data,columns=['姓名','语文','数学','英语'],index=[1,2,3])
6    df
```

运行结果

	姓名	语文	数学	英语
1	张三	100	89	94
2	李四	88	75	96
3	王五	95	86	94

可以将生成的 DataFrame 数据输出到指定目录下的 Excel 文件中。

动手实操

➢ **在文件夹"D:/python"中生成文件"成绩表 1.xlsx"**

```
1    df.to_excel('D:/python/成绩表 1.xlsx')
```

运行上述代码，即可将数据写入 Excel 文件中，结果如图 4-1 所示。

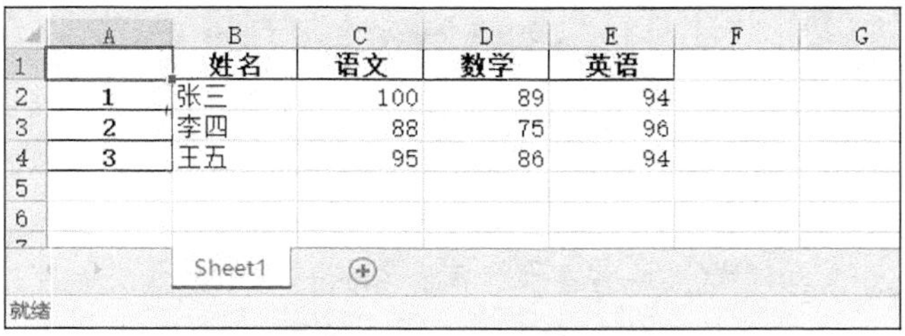

图 4-1　写入 Excel 文件的结果

💡**小贴士**

写入 Excel 文件时，输出路径下若不存在指定文件，系统会默认创建一个新文件；如果指定文件存在，则会覆盖该文件；如果原有的文件已经打开，程序会报错。要想将数据正常写入 Excel 文件，需将文件先关闭。

2. 写入多个工作表

写入多个工作表相对比较复杂，常用参数如表 4-6 所示。其语法规则如下。

```
1    with pd.ExcelWriter(io, mode = 'a', engine = 'openpyxl') as writer:
2        df.to_excel(writer, sheet_name = '表1', index = False )
```

表 4-6　　　　　　　　　　to_excel()写入多个工作表的常用参数

参数	说明
with	适用于对资源进行访问的场合，确保不管使用过程中是否发生异常都会执行必要的"清理"操作，释放资源，比如文件使用后自动关闭等
mode	值为'w'或'a'。当 mode='w'时，当前文件的内容会被写入的内容覆盖；当 mode='a'时，会在原有的 Excel 文件中追加写入的内容。如果参数 sheet_name 使用了跟已有 sheet 相同的名称，那么系统会自动添加一个序号作为后缀
engine	当操作的 Excel 文件为 .xlsx 格式时，engine='openpyxl'；当操作的 Excel 文件为.xls 格式时，engine='xlrd'
as writer	设置别名为 writer

动手实操

➤ **追加新的数据并写入 Excel 文件中**

```
1    with pd.ExcelWriter('D:/python/成绩表1.xlsx', mode = 'a', engine = 'openpyxl') as writer:
2        df.to_excel(writer, sheet_name = '语文成绩表', index = False,columns=['姓名', '语文'] )
3        df.to_excel(writer, sheet_name = '数学成绩表', index = False,columns=['姓名', '数学'] )
4        df.to_excel(writer, sheet_name = '英语成绩表', index = False,columns=['姓名', '英语'] )
```

运行上述代码，可将新的数据追加写入 Excel 文件中，结果如图 4-2 所示。

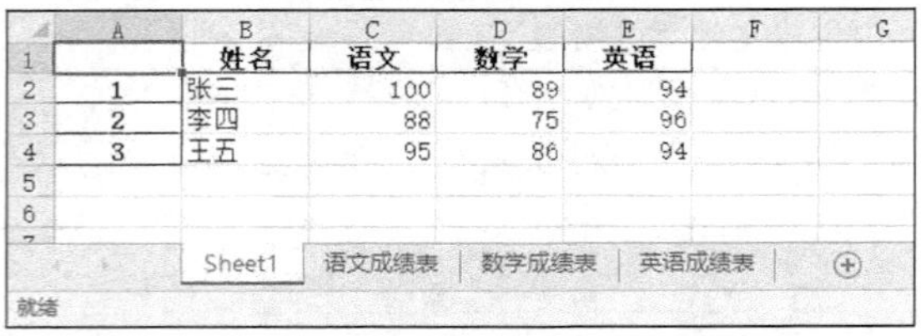

图 4-2　将新的数据追加写入 Excel 文件中

小贴士

第一次写入"成绩表 1"，默认是写在工作簿的 Sheet1 里。第二次通过设置 mode = 'a'对"成绩表 1"进行追加，由于追加的工作表是原工作簿中不存在的，因此在第一次写入的基础上增加 3 张工作表。

如果要写入的路径下不存在指定文件名，则需先创建一个空的 Excel 文件。

动手实操

➤ **创建空的 Excel 文件**

```
1    file = pd.DataFrame()
2    file.to_excel('D:/python/成绩表2.xlsx')
```

运行上述代码，可创建一个空的 Excel 文件，如图 4-3 所示。

图 4-3　创建一个空的 Excel 文件

同写入单个工作表一样，如果写入时要输出的路径下已有指定文件名存在，则会根据 mode 值对内容进行覆盖或追加。如果原文件已经打开，那么程序会报错。要想正常写入 Excel 文件，须将文件关闭，再运行程序写入 Excel 文件。

> **小贴士**
>
> Python 读取 Excel 文件时，需要预先安装 xlrd 和 xlwt 模块。Python 读写 CSV 等格式文件，与读写 Excel 文件的方法相似。文件读写是数据分析的第一步。Python 读取文件数据后会默认将其存储为 DataFrame，便于后续的处理分析。

任务三　数据读取与索引

pandas 可以读取不同格式的文件，并将其存储到 DataFrame 中。此时的数据往往包含很多基础信息，而数据分析可能只需用到部分数据。类似于 Excel 的数据筛选，pandas 也可以通过索引的方式，选取指定行和列的内容。索引包括行索引和列索引，接下来介绍 pandas 的直接索引、布尔索引和索引器方式。

一、直接索引

下面以导入平台的学生信息数据（df）为例，讲解直接索引选取行或列数据的方法。

学号	姓名	性别	年龄	手机号	身高（cm）	体重（kg）
2021001	张奕成	男	20	13860169996	175	66
2021002	林海之	男	22	13860165188	180	75
2021003	张晨	男	22	13606936277	168	60
2021004	李丽琴	女	18	13696925988	160	55
2021005	林雨	女	20	13599535959	168	52

1. 选取单列数据

可以直接通过索引列名，选取所在列的数据。其语法规则如下。

```
1   df['列名1']
```

动手实操

➤ **选取列名为"姓名"的数据**

```
1   df['姓名']
```

运行结果

0	张奕成
1	林海之
2	张晨
3	李丽琴
4	林雨

2. 选取多列数据

选取多列数据，需要在多个列名之间用英文格式的逗号","隔开，并在内部用方括号标识。其语法规则如下。

```
1   df[['列名1','列名2']]
```

动手实操

➢ **选取"姓名""年龄"两列数据**

```
1   df[['姓名','年龄']]
```

运行结果

	姓名	年龄
0	张奕成	20
1	林海之	22
2	张晨	22
3	李丽琴	18
4	林雨	20

3. 选取连续行数据

选取连续行数据，需要在两个行索引之间用英文格式的冒号":"隔开。直接索引同样遵循"左闭右开"原则，即选取数据时包含起始行数据，但不包含结束行数据。其语法规则如下。

```
1   df[起始行索引:结束行索引]
```

动手实操

➢ **选取行索引1～3的数据**

```
1   df[1:4]
```

运行结果

	学号	姓名	性别	年龄	手机号	身高（cm）	体重（kg）
1	2021002	林海之	男	22	13860165188	180	75
2	2021003	张晨	男	22	13606936277	168	60
3	2021004	李丽琴	女	18	13696925988	160	55

二、布尔索引

实际应用中，直接索引往往满足不了对数据进行筛选和过滤的需求，比如选取某列中满足特定条件的行，就需要用到布尔索引。布尔索引是一种带条件判断的索引。

1. 选取某列满足一定条件的数据

Python 支持直接在括号中写入条件，但条件为字符串时，须添加引号。其语法规则如下。

```
1    df[df['列名']==条件]
```
动手实操

➢ **选取性别为男的数据**
```
1    df[df['性别']=='男']
```
运行结果

	学号	姓名	性别	年龄	手机号	身高（cm）	体重（kg）
0	2021001	张奕成	男	20	13860169996	175	66
1	2021002	林海之	男	22	13860165188	180	75
2	2021003	张晨	男	22	13606936277	168	60

2. 选取多列满足一定条件的数据

当需要筛选的条件多于一个时，需用 "&" 连接多个条件。其语法规则如下。
```
1    df[(df['列名1']==条件1)&(df['列名2']<=条件2)]
```
动手实操

➢ **选取性别为男且体重小于 70kg 的数据**
```
1    df[(df['性别']=='男')&(df['体重']<70)]
```
运行结果

	学号	姓名	性别	年龄	手机号	身高（cm）	体重（kg）
0	2021001	张奕成	男	20	13860169996	175	66
2	2021003	张晨	男	22	13606936277	168	60

小贴士
① 多个条件判断时，每个条件代码块都要用圆括号 "( )" 标识。
② 多个条件连接时，应使用 "&"（并且）、"|"（或者）操作符，不可用 "and" "or" 代替。
③ 条件表示两者相等的时候，应用两个等号 "=="。

三、索引器

当直接索引和布尔索引都不能满足数据筛选需求时，需要引入索引器进行数据选取。pandas 中有两种索引器：loc 索引器和 iloc 索引器，它们可以快速定位想选取的行、列数据。一般情况下，loc 索引器使用的是自定义索引，如果数据中没有自定义索引，则使用原始索引；iloc 索引器使用的是原始索引。

原始索引，即不设置行标签或列标签，取默认从 0 开始的序列号。举例如图 4-4 所示。

		0	1	2	0
0	库存现金	5 215	1 010	5 225
1	银行存款	1 595 236	254 582	1 849 818
2	其他货币资金	160 000	50 000	210 000

图 4-4 原始索引示例

自定义索引，即设置行标签或列标签，索引时使用标签名。举例如图 4-5 所示。

	会计科目	期初余额	本期发生额	期末余额
1001	库存现金	5 215	1 010	6 225
1002	银行存款	1 595 236	254 582	1 849 818
1012	其他货币资金	160 000	50 000	210 000

图 4-5　自定义索引示例

1. loc 索引器

下面以创建的余额表数据（名为 df 的 DataFrame 对象，如表 4-7 所示）为例，介绍使用 loc 索引器选取数据的方法。

表 4-7　　　　　　　　　　　　余额表数据

	会计科目	期初余额	本期发生额	期末余额
1001	库存现金	5 215	1 010	6 225
1002	银行存款	1 595 236	254 582	1 849 818
1012	其他货币资金	160 000	50 000	210 000

（1）选取一行数据的语法规则如下。

```
1  df.loc['行名']
```

动手实操

➤ 选取行名为"1002"的数据

```
1  df.loc[1002]
```

运行结果

```
会计科目      银行存款
期初余额      1595236
本期发生额     254582
期末余额      1849818
```

（2）选取行、列组合数据的语法规则如下。

```
1  df.loc[['行名1','行名2'],['列名1','列名2']]
```

动手实操

➤ 选取行名是"1001""1012"、列名是"期初余额""期末余额"的数据

```
1  df.loc[[1001,1012],['会计科目','期初余额','期末余额']]
```

运行结果

	会计科目	期初余额	期末余额
1001	库存现金	5215	6225
1012	其他货币资金	160000	210000

> 小贴士
> ① 单行、单列进行组合，行、列之间需用英文格式的逗号","分隔。
> ② 多行或多列组合时，需用方括号标识，即参数为多个行组成的列表和多个列组成的列表。

（3）通过列名选取满足一定条件的行，其语法规则如下。

```
1    df.loc[df['列名']>条件]
```

动手实操

➤ **选取期末余额大于 150 000 的数据**

```
1    df.loc[df['期末余额']>150000]
```

运行结果

	会计科目	期初余额	本期发生额	期末余额
1002	银行存款	1595236	254582	1849818
1012	其他货币资金	160000	50000	210000

（4）若要选取的行、列比较多且都是连续的，通过前述的行、列组合操作虽然也可以实现，但是比较耗时，且容易出错，这时就可以使用更简洁的方式来选取并显示符合条件的数据，其语法规则如下。

```
1    df.loc['行名1':'行名N','列名1':'列名N']
```

如果要选取所有行，那么行参数用"："表示即可。

动手实操

➤ **选取列名从"会计科目"到"本期发生额"的所有行数据**

```
1    df.loc[:,'会计科目':'本期发生额']
```

运行结果

	会计科目	期初余额	本期发生额
1001	库存现金	5215	1010
1002	银行存款	1595236	254582
1012	其他货币资金	160000	50000

💡**小贴士**

① 行、列参数之间需用英文格式的逗号"，"分隔。

② 连续行和连续列组合时，用英文格式的冒号"："表示连续。冒号左、右两侧代表起始与终止。如果冒号左边为空，默认从第一个开始取值；如果冒号右侧为空，表示取值到最后一个。

③ 使用自定义索引的切片范围为闭区间，即始末数据都包含。

2. iloc 索引器

iloc 索引器是按位置选取数据，只接受整型数值，即使用默认索引，用法与 loc 索引器的类似。其语法规则如下。

```
1    df.iloc[起始行:终止行,起始列:终止列]
```

动手实操

➤ **获取第 1 行和第 2 行中第 0 列到第 2 列的数据**

```
1    df.iloc[1:3,0:3]
```

运行结果

	会计科目	期初余额	本期发生额
1002	银行存款	1595236	254582
1012	其他货币资金	160000	50000

通过前面的学习，我们可以看到默认索引和自定义索引同时存在。本例虽然已设置自定义索引，但使用 iloc 索引器时，还可以使用默认索引。因默认索引的切片范围为"左闭右开"，本例的行参数是 1:3，表示取到的是第 1、2 行的数据；列参数是 0:3，表示取到的是第 0、1、2 三列的数据。具体内容如图 4-6 所示。

		0	1	2	3
		会计科目	期初余额	本期发生额	期末余额
0	1001	库存现金	5 215	1 010	6 225
1	1002	银行存款	1 595 236	254 582	1 849 818
2	1012	其他货币资金	160 000	50 000	210 000

图 4-6　iloc 索引器应用示例

> **小贴士**
>
> 通过直接索引、布尔索引和索引器 3 种方式，我们可以从海量数据中选取进行数据分析所需的有效数据，这样就可以将更多的时间用于关注和挖掘数据的内在价值。

任务四　数据连接与合并

在处理日常业务时，可能会遇到这样的情况：一家公司旗下有多家门店，各门店每天向公司上报营业数据，公司需将这些数据合并在一起，然后进行营业情况分析；或者财务人员从公司不同的应用系统（比如 ERP 和 CRM 系统）中导出数据，将这些数据按照一定的规则进行连接、合并，再进行数据分析。针对这种数据处理场景，pandas 提供了 merge()函数和 concat()函数用于数据的连接与合并。

一、数据连接

merge()函数与 Excel 中实现数据拼接的 vlookup()函数功能类似，都是根据两张表中的公共列将数据连接在一起，如图 4-7 所示。

1. 数据连接方式

实际应用中，要连接的两张表的数据不一定完全匹配。图 4-7 中，表 1 的客户可能有 A、B、C、D、E，而表 2 有销售收入的客户可能只有 A、B、C；或者表 1 中的客户只有 A、B、C，而表 2 中由于有新客户的订单，可能有 A、B、C、D（新客户）这 4 个客户的销售收入。这种情况下，两张表中的数据基于什么标准进行连接呢？merge()函数提供了 4 种连接方式，分别是内连接、外连接、左连接和右连接。实际进行数据处理时，可以根据需要选择合适的连接方式。

表1 客户信息

客户编码	客户名称	客户类别
1001	A	重点客户
1002	B	一般客户
1003	C	重点客户
1004	D	重点客户

表2 销售收入

客户名称	销售收入
A	10 000
B	20 000
C	30 000

表1&表2

客户编码	客户名称	客户类别	销售收入
1001	A	重点客户	10 000
1002	B	一般客户	20 000
1003	C	重点客户	30 000

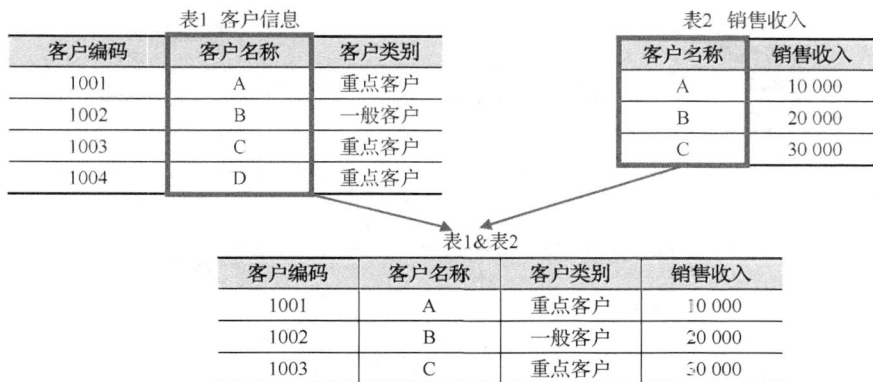

图 4-7 merge()函数连接示例

（1）内连接。

内连接是 merge()函数默认的连接方式，是取两张表公共列的交集进行连接。以图 4-8 为例，若选择此种连接方式，则基于两张表中都有的客户 A 进行连接。

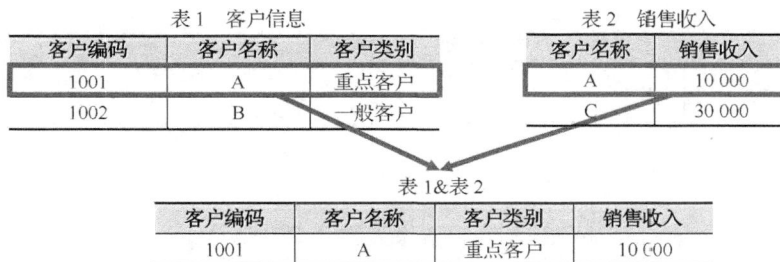

表 1 客户信息

客户编码	客户名称	客户类别
1001	A	重点客户
1002	B	一般客户

表 2 销售收入

客户名称	销售收入
A	10 000
C	30 000

表 1&表 2

客户编码	客户名称	客户类别	销售收入
1001	A	重点客户	10 000

图 4-8 内连接示例

（2）外连接。

与内连接相反，外连接是取两张表公共列的并集进行连接。以图 4-9 为例，若选择此种连接方式，则基于两张表中所有客户 A、B、C 进行连接。

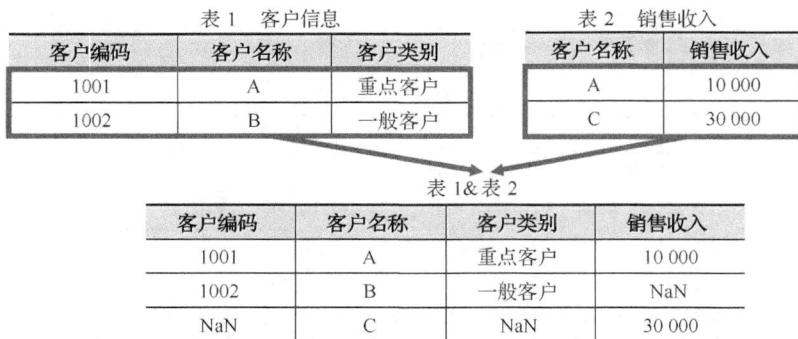

表 1 客户信息

客户编码	客户名称	客户类别
1001	A	重点客户
1002	B	一般客户

表 2 销售收入

客户名称	销售收入
A	10 000
C	30 000

表 1&表 2

客户编码	客户名称	客户类别	销售收入
1001	A	重点客户	10 000
1002	B	一般客户	NaN
NaN	C	NaN	30 000

图 4-9 外连接示例

（3）左连接。

merge()函数连接的两张表分别为左表和右表。左连接是以左表中公共列的值为标准进行连接。以图 4-10 为例，表 1 为左表，表 2 为右表，若选择此种连接方式，则基于表 1 中的所有客户 A、B 进行连接。表 1 中的客户 B 在表 2 中找不到对应的销售收入，则以 NaN 表示。

表 1 客户信息

客户编码	客户名称	客户类别
1001	A	重点客户
1002	B	一般客户

表 2 销售收入

客户名称	销售收入
A	10 000
C	30 000

表1&表2

客户编码	客户名称	客户类别	销售收入
1001	A	重点客户	10 000
1002	B	一般客户	NaN

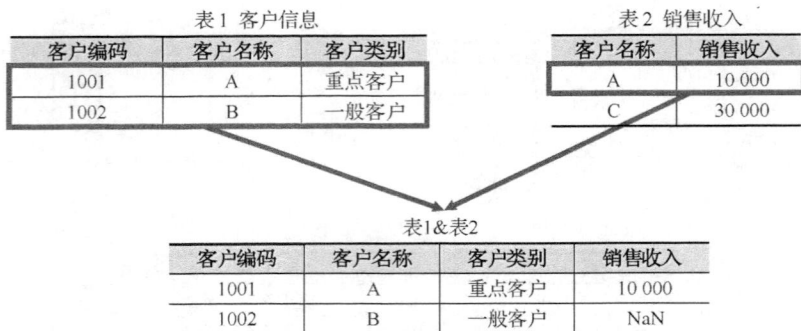

图 4-10 左连接示例

（4）右连接。

与左连接相反，右连接是以右表中公共列的值为标准进行连接。以图 4-11 为例，仍以表 1 为左表，以表 2 为右表，若选择右连接方式，则基于表 2 中的所有客户 A、C 进行连接。表 2 中的客户 C 在表 1 中找不到对应的客户编码和客户类别，则以 NaN 表示。

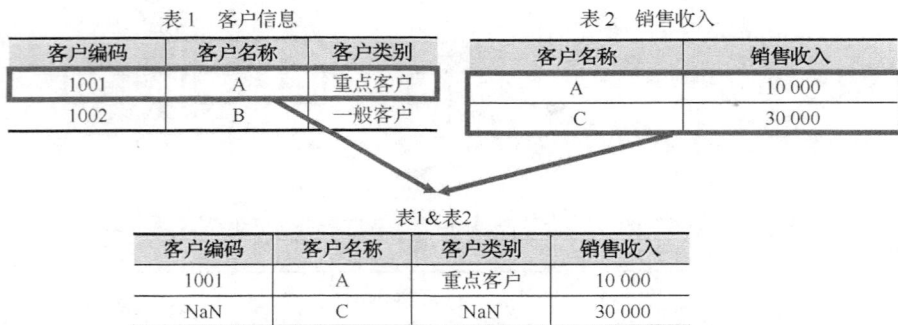

表 1 客户信息

客户编码	客户名称	客户类别
1001	A	重点客户
1002	B	一般客户

表 2 销售收入

客户名称	销售收入
A	10 000
C	30 000

表1&表2

客户编码	客户名称	客户类别	销售收入
1001	A	重点客户	10 000
NaN	C	NaN	30 000

图 4-11 右连接示例

2. merge()函数

merge()函数支持多种数据连接方式，常用参数如表 4-8 所示。其语法规则如下。

```
1    pandas.merge(left, right, how='inner', on=None, left_on=None, right_on=None,
left_index=False, right_index=False, sort=True, suffixes=('_x', '_y'))
```

表 4-8 merge()函数常用参数

参数	说明
left 和 right	表示要进行连接的两个不同的 DataFrame
how	表示连接方式，有 inner（内连接）、left（左连接）、right（右连接）、outer（外连接）4 种，默认为内连接
on	指的是用于连接的列索引名称，必须存在于左、右两个 DataFrame 中。如果没有指定列索引名称且其他参数也没有指定，则以两个 DataFrame 列名交集作为连接键
left_on	左侧 DataFrame 中作为连接键的列名。当左、右列名不同但代表的含义相同时，可以使用该参数
right_on	右侧 DataFrame 中作为连接键的列名
left_index	使用左侧 DataFrame 中的行索引作为连接键
right_index	使用右侧 DataFrame 中的行索引作为连接键
sort	默认为 True，将合并的数据进行排序，设置为 False 可以提高性能
suffixes	字符串值组成的元组，用于指定当左、右 DataFrame 存在相同列名时在列名后面附加的后缀名称，默认为（'_x','_y'）

业务场景 4-1 合并客户收入数据——右连接

Tata 公司财务人员需要根据客户信息表中的客户类别,对销售收入表中的销售收入进行分析,客户信息表如表 4-9 所示,销售收入表如表 4-10 所示。请根据客户名称使用右连接将表 4-9 和表 4-10 连接在一起,以便财务人员做进一步的分析。

表 4-9 客户信息表

客户编码	客户名称	客户类别
1001	天津海文商贸有限公司	重点客户
1002	北京祝强家电有限公司	一般客户
1003	北京精益机电有限公司	一般客户
1004	北京汇普科技有限公司	重点客户
1005	北京极地酒店有限公司	一般客户

表 4-10 销售收入表 单位:元

客户名称	销售收入
天津海文商贸有限公司	483 893
北京祝强家电有限公司	190 505
北京极地酒店有限公司	274 547
北京汇普科技有限公司	492 624

代码实现

➤ **将客户信息表与销售收入表进行右连接**

```
1   # 导入 pandas 模块
2   import pandas as pd
3       # 分别读取客户信息表和销售收入表
4   df1 = pd.read_excel('客户信息表.xlsx', converters = {'客户编码':str})
5   df2 = pd.read_excel('销售收入表.xlsx')
6       # 根据客户名称将两张表连接在一起
7   df3 = pd.merge(df1, df2, how = 'right', on = '客户名称' )
8       # 查看连接后的 DataFrame
9   df3
```

运行结果

	客户编码	客户名称	客户类别	销售收入
0	1001	天津海文商贸有限公司	重点客户	483893
1	1002	北京祝强家电有限公司	一般客户	190505
2	1004	北京汇普科技有限公司	重点客户	492624
3	1005	北京极地酒店有限公司	一般客户	274547

业务场景 4-2 合并不同年度收入数据——外连接

Tata 公司财务人员从 ERP 系统中导出 2019 年和 2020 年的客户销售收入数据,分别如表 4-11、

表 4-12 所示。请使用外连接将两张表连接在一起。

表 4-11	2019 年客户销售收入	单位：元
客户名称	**销售收入**	
天津海文商贸有限公司	483 893	
北京祝强家电有限公司	190 505	
北京极地酒店有限公司	274 547	
北京汇普科技有限公司	492 624	

表 4-12	2020 年客户销售收入	单位：元
客户描述	**销售收入**	
天津海文商贸有限公司	330 710	
北京祝强家电有限公司	240 144	
北京极地酒店有限公司	450 357	
北京汇普科技有限公司	528 684	
北京精益机电有限公司	215 896	

从表 4-11、表 4-12 可以看出，表 4-11 的客户名称和表 4-12 的客户描述实际含义是相同的，因此，使用 merge() 函数连接时，就可以使用 left_on 和 right_on 将两张表含义相同的列作为连接键。另外，为了更好地区分不同年份的销售收入数据，可以使用 suffixes 参数，分别在 2019 年和 2020 年 "销售收入" 列的列名后面添加对应的年份。

代码实现

➤ **将 2019 年客户销售收入表和 2020 年客户销售收入表进行外连接**

```
1   # 导入 pandas 模块
2   import pandas as pd
3   # 分别读取 2019 年和 2020 年客户销售收入表
4   df1 = pd.read_excel('2019年客户销售收入.xlsx')
5   df2 = pd.read_excel('2020年客户销售收入.xlsx')
6   # 根据客户名称和客户描述将两张表连接在一起
7   df3 = pd.merge(df1, df2, how = 'outer', left_on = ['客户名称'], right_on = ['客户描述'], suffixes = ('_2019','_2020'))
8   # 查看连接后的 DataFrame
9   df3
```

运行结果

	客户名称	销售收入_2019	客户描述	销售收入_2020
0	天津海文商贸有限公司	483893	天津海文商贸有限公司	330710
1	北京祝强家电有限公司	190505	北京祝强家电有限公司	240144
2	北京极地酒店有限公司	274547	北京极地酒店有限公司	450357
3	北京汇普科技有限公司	492624	北京汇普科技有限公司	528684
4	NaN	NaN	北京精益机电有限公司	215896

二、数据合并

merge()函数可以根据连接键横向连接两张不同的表，但如果遇到需要将不同门店的营业数据合并的情况，也就是将多张结构相同但内容不同的表格进行纵向合并，该怎么办呢？pandas 提供了另一个函数 concat()，用于实现表格的简单拼接。

1. 数据合并方式

根据轴向不同，concat()函数有上下合并和左右合并两种不同的合并方式。

（1）上下合并。

上下合并是 concat()函数默认的合并方式，可以将多张表以纵向拼接方式合并在一起。以图 4-12 为例，使用此种合并方式，表 1 和表 2 按顺序纵向拼接在一起，各自表中没有的数据均以 NaN 表示。

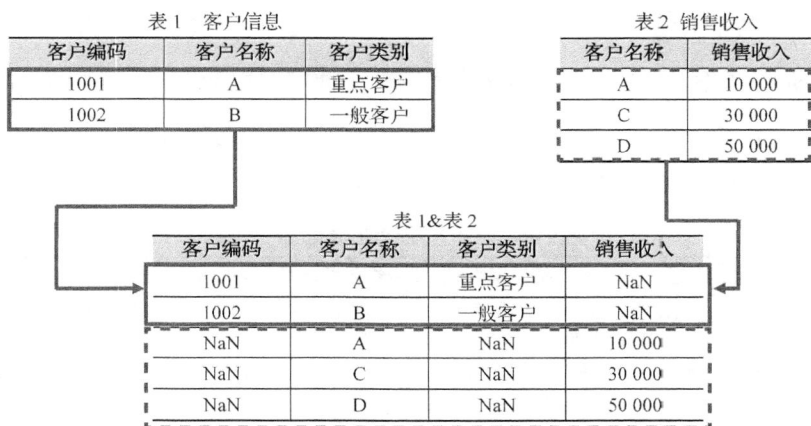

表 1　客户信息

客户编码	客户名称	客户类别
1001	A	重点客户
1002	B	一般客户

表 2　销售收入

客户名称	销售收入
A	10 000
C	30 000
D	50 000

表 1 & 表 2

客户编码	客户名称	客户类别	销售收入
1001	A	重点客户	NaN
1002	B	一般客户	NaN
NaN	A	NaN	10 000
NaN	C	NaN	30 000
NaN	D	NaN	50 000

图 4-12　上下合并示例

（2）左右合并。

左右合并是将多张表以横向拼接方式合并在一起。以图 4-13 为例，使用此种合并方式，表 1 和表 2 按顺序横向拼接在一起，各自表中没有的数据均以 NaN 表示。与 merge()函数根据连接键进行连接不同，该方式只是简单地将表 1 和表 2 拼接在一起，所以拼接后的表会出现第二行所示的"既有客户 B 的信息，又有客户 C 的销售收入"这样的情况。

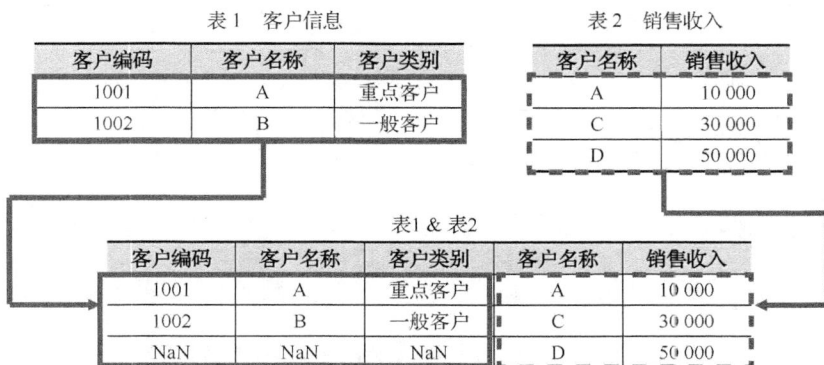

表 1　客户信息

客户编码	客户名称	客户类别
1001	A	重点客户
1002	B	一般客户

表 2　销售收入

客户名称	销售收入
A	10 000
C	30 000
D	50 000

表1 & 表2

客户编码	客户名称	客户类别	客户名称	销售收入
1001	A	重点客户	A	10 000
1002	B	一般客户	C	30 000
NaN	NaN	NaN	D	50 000

图 4-13　左右合并示例

2. concat()函数

concat()函数支持多种数据合并方式，常用参数如表 4-13 所示。其语法规则如下。

```
1   pandas.concat(objs, axis=0, join='outer', join_axes=None, ignore_index=False,
keys=None, levels=None, names=None, verify_integrity=False , sort=None, copy=True)
```

表 4-13　　　　　　　　　　　　　　concat()函数的常用参数

参数	说明
objs	连接对象，如[df1, df2, …]
axis	轴向，0 代表上下合并（纵向拼接），1 代表左右合并（横向拼接），默认为 0
join	连接方式，分 inner（内连接）、outer（外连接）两种
ignore_index	重建索引
sort	默认为 True，将合并的数据进行排序，设置为 False 可以提高性能

业务场景 4-3　合并不同门店数据（上下合并）

2021 年 8 月 1 日，Tata 公司财务人员收到旗下门店的当日营业数据，如表 4-14、表 4-15 所示。请使用纵向拼接方式将门店营业数据合并在一起。

表 4-14　　　　　　　　　　　　　　1 号店营业数据　　　　　　　　　　金额单位：元

门店	日期	产品	销售数量	单价	销售收入
1 号店	2021-8-1	A	8	15	120
1 号店	2021-8-1	B	7	20	140
1 号店	2021-8-1	C	12	5	60
1 号店	2021-8-1	D	8	30	240

表 4-15　　　　　　　　　　　　　　2 号店营业数据　　　　　　　　　　金额单位：元

门店	日期	产品	销售数量	单价	销售收入
2 号店	2021-8-1	B	7	20	140
2 号店	2021-8-1	D	8	30	240
2 号店	2021-8-1	F	12	100	1 200
2 号店	2021-8-1	G	20	50	1 000
2 号店	2021-8-1	H	20	104	2 080

代码实现

➤ 上下合并不同门店营业数据

```
1   # 导入 pandas 模块
2   import pandas as pd
3   # 分别读取 1 号店和 2 号店的营业数据
4   df1 = pd.read_excel('1 号店营业数据.xlsx')
5   df2 = pd.read_excel('2 号店营业数据.xlsx')
6   # 将不同门店营业数据纵向拼接
7   df3 = pd.concat([df1, df2], axis = 0, ignore_index = True, sort = False)
8   # 查看合并后的 DataFrame
9   df3
```

运行结果

	门店	日期	产品	销售数量	单价	销售收入
0	1号店	2021-8-1	A	8	15	120
1	1号店	2021-8-1	B	7	20	140
2	1号店	2021-8-1	C	12	5	60
3	1号店	2021-8-1	D	8	30	240
4	2号店	2021-8-1	B	7	20	140
5	2号店	2021-8-1	D	8	30	240
6	2号店	2021-8-1	F	12	100	1200
7	2号店	2021-8-1	G	20	50	1000
8	2号店	2021-8-1	H	20	104	2080

小贴士

merge()函数只能以横向连接方式连接两张表,而concat()函数可以横向拼接或纵向拼接方式合并多张表。

业务总结

实际业务中,数据来源往往不同,导致数据格式、数据描述、数据类型不一致。财务人员需要根据数据分析目标的要求,灵活利用数据索引、数据连接与合并等方式,完成数据的提取、聚合和清洗等工作,为下一步的数据分析和价值挖掘作准备。

任务五 数据透视

数据透视表是进行多维数据分析的工具,可以快速处理汇总的大量数据,是财务人员在日常数据分析中必不可少的"神器"。比如,现有一张门店销售收入表,里面有100家门店一个月里每天的销售明细数据。要想知道每个门店一个月里每天的销售收入合计,可以使用数据透视功能迅速得到结果,其实现的效果如图4-14所示。

门店	日期	产品	……	收入
1号店	8-1	A	……	100
1号店	8-1	B	……	200
1号店	8-1	A	……	50
……				
1号店	8-2	C	……	40
1号店	8-2	F	……	80
……	……	……		……
2号店	8-1	D	……	120
2号店	8-1	C	……	80
……				
2号店	8-2	B	……	12
……				
3号店	8-1	A	……	300
……				

门店	日期	收入
1号店	8-1	8 000
	8-2	12 000
……	8-3	8 000
2号店	8-1	16 000
	8-3	20 000
3号店	8-1	30 000

图4-14 数据透视表示例效果

与 Excel 中的数据透视表类似，pandas 提供了数据透视函数 pivot_table()，可以快速对数据进行分析。不同的是，Excel 中只需要通过拖曳即可生成数据透视表，而使用 pivot_table()函数则需要指定行、列、值、值计算类型等，但 pivot_table()可以生成更灵活的数据透视表。pivot_table()函数的常用参数如表 4-16 所示。其语法格式如下。

```
1    pd.pivot_table(dataframe, index=None, columns=None, values=None, aggfunc='mean',
fill_value=None, margins=False, dropna=True, margins_name='All', observed=False)
```

表 4-16   pivot_table()函数的常用参数

参数	说明	示例
dataframe	要进行数据透视的表	df1
index	数据透视表的行	index = ['门店']
columns	数据透视表的列	columns = ['日期']
values	数据透视表的值	values = ['收入']
aggfunc	值计算方式	默认是 mean，还可以是 sum、len 等
fill_value	填充 NaN	默认不填充，可以用 0 填充 NaN（fill_value = 0）
margins	是否汇总	margins = True 时汇总
margins_name	汇总栏命名	margins_name = '合计'

业务场景 4-4　分析统计数据——数据透视表应用

Tata 公司 8 月 1 日各门店的销售数据如表 4-17 所示。请使用数据透视表分析各门店当日的销售收入合计。

表 4-17   2021 年 8 月 1 日门店销售数据   金额单位：元

门店	产品	单价	销售数量	销售收入
1 号店	A	15	44	660
	B	20	11	220
	C	5	76	380
	D	30	10	300
	B	20	21	420
	D	30	32	960
	G	25	83	2 075
	H	80	55	4 400
2 号店	B	20	40	800
	C	5	94	470
	D	30	39	1 170
	E	100	90	9 000
	F	50	93	4 650
	E	100	97	9 700
	F	50	12	600
	H	80	46	3 680
3 号店	B	20	70	1 400
	C	5	100	500
	D	30	56	1 680
	E	100	31	3 100
	A	15	62	930
	C	5	64	320
	A	15	46	690
	C	5	97	485
	H	80	76	6 080

代码实现

➤ **使用 pivot_table()函数分析数据**

```
1   # 导入 pandas
2   import pandas as pd
3   # 读取门店销售数据表
4   df = pd.read_excel('门店销售数据.xlsx')
5   # 使用数据透视获取各门店当日销售收入合计，行为"门店"，数据透视的值是"销售收入"，计算销售收入
    的合计用 sum
6   df_pivot = pd.pivot_table(df, index = '门店', values = '销售收入', aggfunc = 'sum')
7   # 查看数据透视表
8   df_pivot
```

运行结果

门店	销售收入
1号店	9415
2号店	30070
3号店	15185

下面通过修改参数调整数据透视表。

（1）columns 参数。

如果想要了解不同门店不同产品的销售收入情况，可以使用 columns 参数。

➤ **pivot_table()函数中 columns 参数的应用**

```
1   # 在上面 pivot_table()已有参数的基础上，补充"产品"列
2   df_pivot = pd.pivot_table(df, index = '门店', columns = '产品', values = '销售收
    入', aggfunc = 'sum')
3   # 查看数据透视表
4   df_pivot
```

运行结果

产品 门店	A	B	C	D	E	F	G	H
1号店	660.0	640.0	380.0	1260.0	NaN	NaN	2075.0	4400.0
2号店	NaN	800.0	470.0	1170.0	18700.0	5250.0	NaN	3680.0
3号店	1620.0	1400.0	1305.0	1680.0	3100.0	NaN	NaN	6080.0

（2）fill_value 参数。

在上一步的运行结果中，有部分数据是 NaN。如果想移除它们，可以使用 fill_value 参数将其设置为 0。

➤ **pivot_table()函数中 fill_value 参数的应用**

```
1   # 在上一步 pivot_table()已有参数的基础上，将 NaN 填充为 0
2   df_pivot = pd.pivot_table(df, index = '门店', columns = '产品', values = '销售收
    入', aggfunc = 'sum', fill_value = 0)
3   # 查看数据透视表
4   df_pivot
```

运行结果

产品 门店	A	B	C	D	E	F	G	H
1号店	660	640	380	1 260	0	0	2075	4400
2号店	0	800	470	1170	18700	5250	0	3680
3号店	1620	1400	1305	1680	3100	0	0	6080

（3）margins 和 margins_name 参数。

如果要查看合计数据，可以使用 margins 和 margins_name 参数，将 margins 设置为 True，并将增加一栏命名为"合计"。

➤ pivot_table()函数中 margins 和 margins_name 参数的应用

```
1   # 在上一步 pivot_table()已有参数的基础上，补充 "合计" 栏
2   df_pivot = pd.pivot_table(df, index = '门店', columns = '产品', values = '销售收入', aggfunc = 'sum', fill_value = 0, margins = True, margins_name = '合计')
3   # 查看数据透视表
4   df_pivot
```

运行结果

产品 门店	A	B	C	D	E	F	G	H	合计
1号店	660	640	380	1260	0	0	2075	4400	9415
2号店	0	800	470	1170	18700	5250	0	3680	30070
3号店	1620	1400	1305	1680	3100	0	0	6080	15185
合计	2280	2840	2155	4110	21800	5250	2075	14160	54670

💡 小贴士

使用数据透视函数 pivot_table()时，既可以调用 pandas，用 pandas.pivot_table(dataframe, index=None, …)进行数据透视，也可以直接用 dataframe.pivot_table (index=None, …)进行数据透视，二者实现的效果是一样的。

业务总结

pandas 是为解决数据分析任务而创建的。pandas 模块纳入了大量库、函数以及数据模型，提供了高效操作大型数据集所需的工具。本项目只介绍了 pandas 基础的数据结构和应用，除了 Series 和 DataFrame 数据结构外，还有 Panel 等数据结构，更多拓展应用可以查看 pandas 官方文档。熟练掌握 pandas，有助于更好地完成后续的数据分析任务，满足财务人员不同场景的应用需求。

拓展阅读

推动数字核心技术攻坚，筑牢数字中国安全底座

在数字经济时代，数据已成为重要的战略资源。从数据中获取有价值信息的能力，包括采集和获取数据、分析和加工数据、应用和挖掘数据的能力，成了新时代人才的必备能力。可以看到，

越来越多的行业坚定科技创新自信，为我国科技强国和网络强国建设贡献力量，为数字中国筑牢安全底座，为全面推进中华民族伟大复兴而团结奋斗。

在军事领域，大数据技术能够将军事活动中产生的大量关联数据进行相关分析，从中发现和掌握作战行动中的规律，进行科学"研判"和"预测"，甚至拓展到"现测"。大数据与云计算、人工智能技术深度融合，将极大程度地提高军事预测的精确性和作战决策的科学性。未来，通过构建基于大数据的网络入侵信息监测模型，将有利于提高网络入侵检测的准确性，提升数据安全和网络安全等保障能力。

在制造领域，数字经济同样成为世界经济发展的新动力和全球新一轮产业变革的核心力量，促进制造业智能化高质量发展。例如，制造业充分发扬工匠精神和企业家精神，积极学习和使用大数据、云计算、人工智能等新技术，将其用于产业结构升级调整，培育数字赋能的制造业生态；积极引导制造业与互联网、大数据、新兴服务业等各方面要素融合共生，为数字经济与制造业的协同发展铺就道路，给予制造业转型迅捷动力，推进数字经济多维融合制造业；发挥云计算在海量数据优化处理中的作用，提升制造业数字化、智能化发展水平，探索数字赋能的制造业新模式，坚定不移推动制造业高质量发展。

资料来源：学习强国

应用篇

Python 数据采集与清洗

项目导读

　　数据分析可通过总结数据规律、挖掘数据价值、预测数据趋势为决策分析提供支持。完整的数据分析过程包括数据的采集、加工、分析和应用等。在实际业务中，采集到的数据往往存在缺失、重复、错误等情况。通过学习本项目，读者将了解完整的数据分析流程，掌握利用 Python 采集数据和清洗数据的常用方法，为数据统计和数据挖掘等做好准备。

任务一　数据采集

　　数据采集是数据分析的基础。数据一般有 3 种获取途径，即数据库、数据接口和网络爬虫。通过数据库获取数据受限较大，要有数据库访问权限才行，基于数据安全考量，一般工作人员很难拥有数据库访问权限。因此，本任务重点介绍通过数据接口和网络爬虫获取数据。

一、数据接口

　　传统意义上的数据接口是指"进行数据传输时向数据连接线输出数据的接口"，而在数据科学领域，数据接口的定义有所不同。这里的数据接口特指"数据平台或其他数据提供方面向数据需求方提供的获取数据的规范与方法"。作为数据用户，需要遵守相应的规范与方法，来获取数据平台或其他数据提供方提供的指定数据。

　　日常生活中，我们接触到的具有数据接口的应用有很多，比如出行前通过百度查询天气情况，而百度上全国各地的天气数据是通过各大气象网站的数据接口获取的；网购时的快递动态，可以通过支付宝查询，支付宝上的相关快递信息是通过各大物流企业的数据接口获取的。从上述描述可知，开放的数据接口都提供了获取数据的方法，以便用户使用。

　　网络上免费、开源的数据平台有很多，下面以从证券宝数据平台 http://baostock.com 获取证券历史行情数据、上市公司财务数据等为例，介绍如何通过数据接口获取数据。

　　证券宝是一个免费、开源的证券数据平台，支持通过 Python 应用程序接口（Application Program Interface，API）获取证券数据信息，返回数据是 pandas 的 DataFrame 格式，可以直接用于数据分析和可视化。

　　（1）了解数据接口的规则。

　　通过数据接口获取数据，需要了解接口的规则。证券宝提供了季频盈利能力 query_profit_data()、季频营运能力 query_operation_data()、季频成长能力 query_growth_data()、季频偿债能力 query_balance_data()、季频现金流量 query_cash_flow_data()、季频杜邦指数 query_dupont_data() 等接口查询企业的季频财务数据信息。若要获取上市公司的季频盈利能力信息，可以单击页面右侧的"季频盈利能力"菜单，获取 query_profit_data()方法的相关说明，以及系统提供的 Python 示范代码，如图 5-1 所示。更多细节可查阅证券宝官方网站。

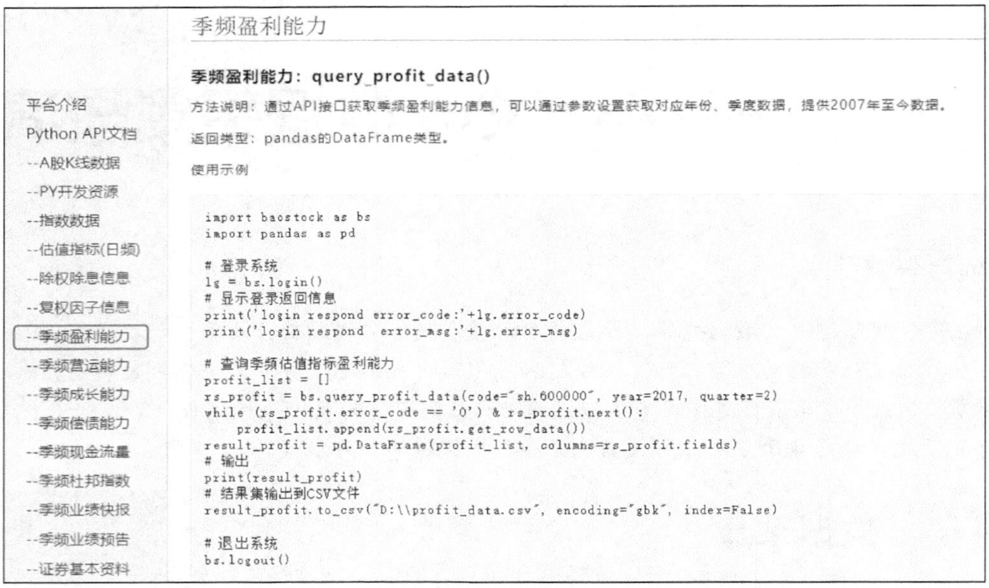

图 5-1　证券宝季频盈利能力方法示例

（2）使用网站提供的示范代码，了解数据接口的运行情况。

动手实操

➤ **利用 query_profit_data()接口获取季频盈利能力数据**

```
1   import baostock as bs
2   import pandas as pd
3   # 登录系统
4   lg = bs.login()
5   # 显示登录返回信息
6   print('login respond error_code:'+lg.error_code)
7   print('login respond error_msg:'+lg.error_msg)
8   # 查询季频盈利能力数据
9   profit_list = []
10  rs_profit = bs.query_profit_data(code="sh.600000", year=2017, quarter=2)
11  while (rs_profit.error_code == '0') & rs_profit.next():
12      profit_list.append(rs_profit.get_row_data())
13  result_profit = pd.DataFrame(profit_list, columns=rs_profit.fields)
14  # 输出
15  print(result_profit)
16  # 退出系统
17  bs.logout()
```

运行结果

```
login success!
login respond error_code:0
login respond error_msg:success
      code     pubDate    statDate   roeAvg  npMargin gpMargin  \
0  sh.600000  2017-08-30  2017-06-30  0.074617  0.342179
```

```
           netProfit      epsTTM          MBRevenue      totalShare  \
0   28522000000.000000    1.939029   83354000000.000000   28103763899.00

        liqaShare
0   28103763899.00
logout success!
```

　　根据运行结果，我们可以看到股票代码为 sh.600000 的上市公司的部分数据，通过
query_profit_data()数据接口返回给用户。为了让结果看起来更直观，可以将返回的数据用 pandas
的 DataFrame 格式展示出来。

动手实操

➢　**以 DataFrame 格式输出返回数据**

```
1   result_profit
```

运行结果

	code	pubDate	statDate	roeAvg	npMargin	gpMargin	netProfit	epsTTM	MBRevenue	totalShare	liqa Share
0	sh.600000	2017-08-30	2017-06-30	0.074617	0.342179		28522000000.000000	1.939029	83354000000.000000	28103763899.00	28103763899.00

　　通过 DataFrame 可以清晰地看到，数据接口返回股票代码为 sh.600000 的上市公司在 2017 年
第二季度的季频盈利能力数据。由于返回的是英文索引，如果用户要了解这些英文索引的含义，
可以参考表 5-1 所示的参数描述。

表 5-1　　　　　　　　　　　　query_profit_data()参数描述

参数名称	参数描述	算法说明
code	证券代码	
pubDate	公司发布财报的日期	
statDate	财报统计季度的最后一天，比如 2022-03-31、2022-06-30	
roeAvg	净资产收益率（平均）	归属母公司股东净利润/[(期初归属母公司股东的权益+期末归属母公司股东的权益)/2]×100%
npMargin	销售净利率	净利润/营业收入×100%
gpMargin	销售毛利率	毛利/营业收入×100%=（营业收入-营业成本）/营业收入×100%
netProfit	净利润	
epsTTM	每股收益	归属母公司股东净利润/最新总股本
MBRevenue	主营业务收入	
totalShare	总股本	
liqaShare	流通股本	

　　（3）修改代码，按需获取其他数据。

　　为了获取不同上市公司不同时期的季频盈利能力数据，可以调整代码中的可变参数，如表 5-2
所示。

表 5-2　　　　　　　　　　　　query_profit_data()的可变参数

参数名称	参数描述	算法说明
code	股票代码	sh.或 sz.与 6 位数字的组合，如 sh.601398。sh 表示上海，sz 表示深圳。此参数不可为空

续表

参数名称	参数描述	算法说明
year	统计年份	为空时默认为当年
quarter	统计季度	可为空，默认当前季度。不为空时只有 4 个取值：1、2、3、4

动手实操

➤ **获取不同上市公司不同时期季频盈利能力数据**

```
1   import baostock as bs
2   import pandas as pd
3   # 登录系统
4   lg = bs.login()
5   # 显示登录返回信息
6   print('login respond error_code:'+lg.error_code)
7   print('login respond error_msg:'+lg.error_msg)
8   # 查询季频盈利能力数据
9   profit_list = []
10  rs_profit = bs.query_profit_data(code="sz.000651", year=2019, quarter=4)
11  while (rs_profit.error_code == '0') & rs_profit.next():
12      profit_list.append(rs_profit.get_row_data())
13  result_profit = pd.DataFrame(profit_list, columns=rs_profit.fields)
14  # 输出
15  print(result_profit)
16  # 退出系统
17  bs.logout()
```

运行结果

```
login success!
login respond error_code:0
login respond error_msg:success
       code      pubDate     statDate    roeAvg     npMargin    gpMargin   \
0  sz.000651   2020-04-30   2019-12-31   0.245151   0.125293    0.275815

         netProfit     epsTTM          MBRevenue      totalShare   \
0  24827243603.970000   4.105343   156888659016.130000   6015730878.00

     liqaShare
0  5969931253.00
logout success!
```

通过修改可变参数，我们可获取股票代码为 sz.000651 的上市公司在 2019 年第四季度的季频盈利能力数据，并以 DataFrame 格式输出结果。

动手实操

➤ **DataFrame 格式输出返回数据**

```
1   result_profit
```

运行结果

	code	pubDate	statDate	roeAvg	npMargin	gpMargin	netProfit	epsTTM	MBRevenue	totalShare	liqaShare
0	sz.000651	2020-04-30	2019-12-31	0.245151	0.125293	0.275815	24827243603.970000	4.105343	156888659016.130000	6015730878.00	5969931253.00

💡 **小贴士**

通过证券宝的 query_profit_data() 数据接口，用户可以轻松获取指定上市公司的季频盈利能力数据，用户可以通过查找自己想了解的上市公司的股票代码，获取相应的数据。使用数据接口获取数据，是一种非常高效的数据获取方式，并且通过数据接口获取的数据是经过提供方整理的，相对会比较规范、完整，能大大减少后期数据处理工作，为后续的分析挖掘做好数据准备。

二、网络爬虫

网络爬虫（又称网页蜘蛛、网络机器人），是一种按照一定规则、自动抓取网络数据的程序或者脚本。

前面我们了解到，通过数据库、数据接口两种方式获取数据需要满足一定的条件，当用户既没有数据库访问权限，又没有合适的第三方数据接口时，网络爬虫提供了另一种数据获取方式。

1. 网络爬虫的基本原理

网络爬虫的基本原理是用户（客户端）向服务器发送访问请求，服务器接收到客户端请求后，验证请求的有效性，然后向客户端发送响应内容，客户端接收并将内容展示出来。

2. 网络爬虫的一般工作流程

网络爬虫有着广泛的应用场景，比如投资者从财经网站上爬取上市公司的交易数据或财务数据，用于个人投资前的分析；高校就业办从招聘网站爬取某市的招聘数据，用于毕业生就业指导工作；电影发行公司从影视网站爬取电影评分与观众评论数据，用于电影票房分析等。那么网络爬虫是如何获取这些数据的呢？以网购流程为例，通常是点击链接进入商城→选择所需商品类目（站内搜索）→浏览商品（价格、详情、评论等）→点击链接→进入下一个商品页面……

图 5-2 展示了网络爬虫的一般工作流程。

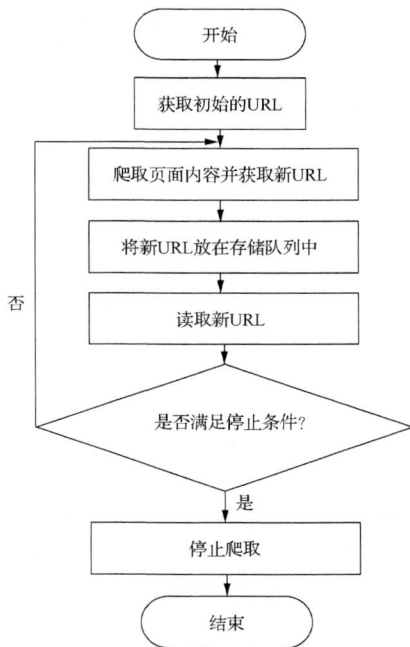

图 5-2　网络爬虫的一般工作流程

3. 网络爬虫的应用展示

本项目以从新浪财经网爬取浦发银行（sh.600000）的利润表数据为例，展示使用 Python 爬取数据的过程。

（1）查看数据所在的网页。

登录新浪财经网主页，搜索"浦发银行"，进入其详情页面，如图 5-3 所示。在左侧导航栏找到"利润表"，进入浦发银行的利润表页面，如图 5-4 所示。

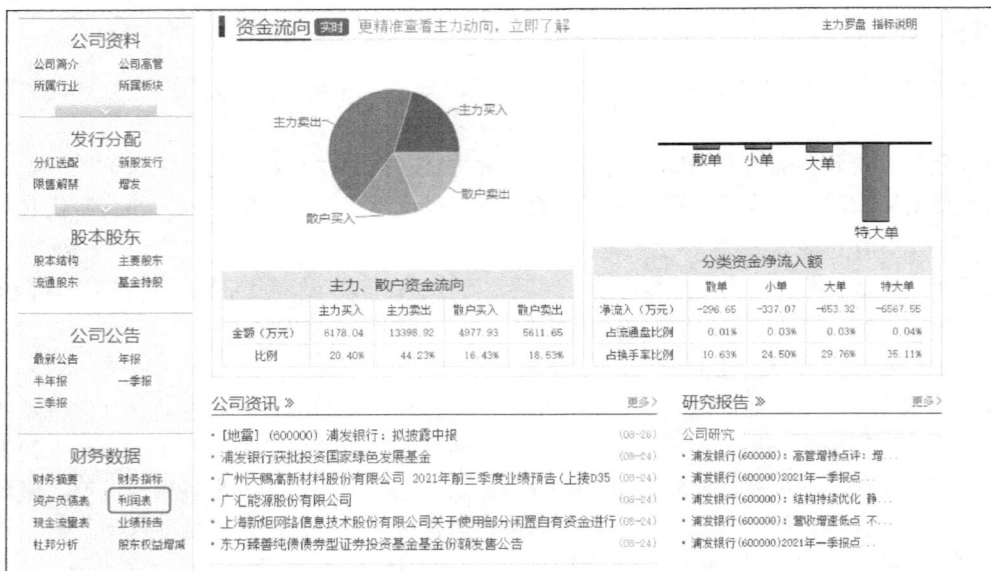

图 5-3　浦发银行详情页面展示

图 5-4　浦发银行利润表展示

（2）编写代码爬取网页内容。

了解了数据所在网页的结构后，需要将这些数据抓取出来。读取 Excel 文件可通过 read_excel()
实现，类似地，读取网页数据可通过 read_html() 实现。由于是读取网页数据，因此需要有相应的
统一资源定位符（Uniform Resource Locator，URL）。

动手实操

➤　**读取浦发银行（sh.600000）的利润表**

```
1    import pandas as pd
2    profitStatement = pd.read_html('http://vip.stock.finance.sina.com.cn/corp/go.
     php/vFD_ProfitStatement/stockid/600000/ctrl/part/displaytype/4.phtml')
3    profitStatement
```

运行结果

```
[           0        1      2
0         名称    价格(元)   涨跌幅
1   尚未添加自选，点击进入     NaN    NaN
2         NaN      NaN    NaN
3      我的自选股>>     NaN    NaN
4      以下为热门股票     NaN    NaN
5         NaN      NaN    NaN,        0     1
0    股市必察   每日提示
1    新股上市   龙虎榜单
2    股市雷达    NaN,        0     1
0    公司简介   股本结构
1    主要股东   流通股东
2    基金持股   公司高管
3    公司章程   相关资料,        0     1
0    分时走势   行情中心
1    大单追踪   成交明细
2    分价图表   持仓分析,        0     1
0    分红配股   新股发行
1    增发情况   招股说明
2    上市公告    NaN,        0
0    财务摘要表
1    资产负债表
2    公司利润表
3    现金流量表,        0
0      业绩预告
1    股东权益增减,        0     1
0    财务指标   杜邦分析,        0     1
0    所属行业   所属指数
1    相关证券   基本资料
2    所属系别   所属板块,        0     1
0    公司公告   年度报告
1    中期报告   第一季度
2    第三季度    NaN,        0     1
0    控股参股   参股券商
1    资产托管   资产置换
2    资产交易   资产剥离,        0
0    股东大会
1    违规记录
2    诉讼仲裁
3    对外担保,                                                   0
0   历年数据: 2021 2020 2019 2018 2017 2016 2015 2014...,      浦发银行(600000) 利润表单位:
万元  Unnamed: 1  Unnamed: 2   Unnamed: 3   Unnamed: 4  \
0         报表日期  2021-06-30  2021-03-31   2020-12-31   2020-09-30
1          NaN         NaN         NaN          NaN          NaN
2      一、营业收入  9736500.00  4952200.00  19638400.00  14873100.00
```

3	利息净收入	6766200.00	3367200.00	13858100.00	9145600.00
4	其中：利息收入	14936100.00	7409100.00	29498500.00	20838600.00
5	减：利息支出	8169900.00	4041900.00	15640400.00	11693000.00
6	手续费及佣金净收入	1526600.00	812400.00	3394600.00	3953500.00
7	其中：手续费及佣金收入	2064400.00	1073000.00	4425700.00	4703600.00
8	减：手续费及佣金支出	537800.00	260600.00	1031100.00	750100.00
9	汇兑收益	24200.00	34600.00	-21500.00	1800.00
10	投资净收益	674500.00	318700.00	1898000.00	1493400.00
11	其中:对联营公司的投资收益	16400.00	2000.00	14600.00	12500.00
12	公允价值变动净收益	614500.00	358200.00	222000.00	78100.00
13	其他业务收入	108300.00	52500.00	216000.00	161300.00
14	二、营业支出	6260700.00	2722700.00	12964800.00	9703800.00
15	营业税金及附加	100000.00	53200.00	211700.00	151600.00
16	业务及管理费用	2324600.00	1118100.00	4670200.00	3319300.00
17	研发费用	--	--	--	--
18	资产减值损失	--	--	--	--
19	其他业务支出	59300.00	26000.00	127600.00	81200.00
20	三、营业利润	3475800.00	2229500.00	6673600.00	5169300.00
21	加：营业外收入	3900.00	2700.00	13700.00	6300.00
22	减：营业外支出	7500.00	1500.00	19100.00	12400.00
23	四、利润总额	3472200.00	2230700.00	6668200.00	5163200.00
24	减:所得税	451800.00	345000.00	768900.00	644200.00
25	五、净利润	3020400.00	1885700.00	5899300.00	4519000.00
26	归属于母公司的净利润	2983800.00	1869700.00	5832500.00	4474200.00
27	少数股东权益	36600.00	16000.00	66800.00	44800.00
28	六、每股收益	NaN	NaN	NaN	NaN
29	基本每股收益 (元/股)	0.9900	0.6100	1.8800	1.4500
30	稀释每股收益 (元/股)	0.9100	0.5600	1.7300	1.3300
31	七、其他综合收益	-4500.00	11400.00	-330700.00	-580600.00
32	八、综合收益总额	3015900.00	1897100.00	5568600.00	3938400.00
33	归属于母公司所有者的综合收益总额	2979400.00	1881100.00	5503400.00	3894500.00
34	归属于少数股东的综合收益总额	36500.00	16000.00	65200.00	43900.00

	Unnamed: 5
0	2020-06-30
1	NaN
2	10140700.00
3	6187500.00
4	13820700.00
5	7633200.00
6	2517400.00
7	3048300.00
8	530900.00
9	-22900.00
10	1229500.00
11	6700.00
12	97200.00
13	105400.00

```
14    6782800.00
15      95200.00
16    2158800.00
17         --
18         --
19      55200.00
20    3357900.00
21       4100.00
22       5400.00
23    3356600.00
24     431200.00
25    2925400.00
26    2895500.00
27      29900.00
28        NaN
29       0.9600
30       0.8800
31      51500.00
32    2976900.00
33    2946900.00
34      30000.00          ,            0            1
0  下载全部历史数据到 excel 中   ↑返回页顶↑]
```

> **说明**
>
>   以上返回内容为爬取数据结果的呈现。根据我国现行《企业会计准则》，"营业税金及附加"
> 科目应为"税金及附加"，后面不再特别说明。

将网页信息与以上返回结果进行对比，我们可以观察到，read_html()没有将整个网页的所有
内容都读取出来，因为 read_html()读取的是网页上的表格数据，非表格数据无法被获取。读者也
可以试试，如果访问的是一个没有表格数据的网站，如百度网，结果会是怎样的。

（3）根据爬取的网页内容筛选出想要的数据。

查看上述代码运行的结果，可以看到返回数据的内容很多，而这里面存在许多冗余数据，我
们需要筛选出想要的数据。

通过前面的知识点可知，从网页抓取到的数据是表格数据，而返回结果显示，很多数据都从
行索引 0 开始，说明返回内容中有很多表格。可以通过 len()方法统计表格数量，从而定位到利润
表所在的位置。

动手实操

➢ **显示 profitStatement 表格数量**

```
1    len(profitStatement)
```

运行结果

```
15
```

返回结果是 15，表示共有 15 张表格。通过输出分隔线可以隔开各表格数据，便于查找利润
表所在的位置。

动手实操

➢ **将 profitStatement 里的表格一一输出**

```
1    for i in profitStatement:
2        print(i)
3        print('———分隔线———')
```

运行结果

	0	1	2
0	名称	价格（元）	涨跌幅
1	尚未添加自选，点击进入	NaN	NaN
2	NaN	NaN	NaN
3	我的自选股>>	NaN	NaN
4	以下为热门股票	NaN	NaN
5	NaN	NaN	NaN

————分隔线————

	0	1
0	股市必察	每日提示
1	新股上市	龙虎榜单
2	股市雷达	NaN

————分隔线————

	0	1
0	公司简介	股本结构
1	主要股东	流通股东
2	基金持股	公司高管
3	公司章程	相关资料

————分隔线————

	0	1
0	分时走势	行情中心
1	大单追踪	成交明细
2	分价图表	持仓分析

————分隔线————

	0	1
0	分红配股	新股发行
1	增发情况	招股说明
2	上市公告	NaN

————分隔线————

	0
0	财务摘要表
1	资产负债表
2	公司利润表
3	现金流量表

————分隔线————

	0
0	业绩预告
1	股东权益增减

————分隔线————

	0	1
0	财务指标	杜邦分析

————分隔线————

	0	1
0	所属行业	所属指数
1	相关证券	基本资料
2	所属系别	所属板块

————分隔线————

```
         0       1
0  公司公告   年度报告
1  中期报告   第一季度
2  第三季度    NaN
————分隔线————
         0       1
0  控股参股   参股券商
1  资产托管   资产置换
2  资产交易   资产剥离
————分隔线————
         0
0  股东大会
1  违规记录
2  诉讼仲裁
3  对外担保
————分隔线————
                                              0
0  历年数据：  2021 2020 2019 2018 2017 2016 2015 2014...
————分隔线————
   浦发银行(600000) 利润表单位：万元   Unnamed: 1  Unnamed: 2  Unnamed: 3  Unnamed: 4  \
0            报表日期   2021-06-30  2021-03-31  2020-12-31  2020-09-30
1             NaN         NaN         NaN         NaN         NaN
2        一、营业收入    9736500.00  4952200.00  19638400.00  14873100.00
3         利息净收入    6766200.00  3367200.00  13858100.00  9145600.00
4      其中：利息收入    14936100.00  7409100.00  29498500.00  20838600.00
5      减：利息支出     8169900.00  4041900.00  15640400.00  11693000.00
6    手续费及佣金净收入   1526600.00  812400.00   3394600.00  3953500.00
7   其中:手续费及佣金收入   2064400.00  1073000.00  4425700.00  4703600.00
8   减：手续费及佣金支出    537800.00   260600.00  1031100.00  750100.00
9          汇兑收益     24200.00    34600.00   -21500.00   1800.00
10         投资净收益    674500.00   318700.00  1898000.00  1493400.00
11   其中:对联营公司的投资收益   16400.00    2000.00    14600.00   12500.00
12    公允价值变动净收益   614500.00   358200.00  222000.00   78100.00
13        其他业务收入   108300.00    52500.00  216000.00   161300.00
14        二、营业支出    6260700.00  2722700.00  12964800.00  9703800.00
15      营业税金及附加    100000.00    53200.00   211700.00   151600.00
16      业务及管理费用    2324600.00  1118100.00  4670200.00  3319300.00
17         研发费用       --         --         --         --
18       资产减值损失       --         --         --         --
19        其他业务支出    59300.00    26000.00   127600.00   81200.00
20        三、营业利润    3475800.00  2229500.00  6673600.00  5169300.00
21      加:营业外收入     3900.00     2700.00    13700.00   6300.00
22      减:营业外支出     7500.00     1500.00    19100.00   12400.00
23        四、利润总额    3472200.00  2230700.00  6668200.00  5163200.00
24         减:所得税    451800.00   345000.00  768900.00   644200.00
25        五、净利润     3020400.00  1885700.00  5899300.00  4519000.00
```

26	归属于母公司的净利润	2983800.00	1869700.00	5832500.00	4474200.00
27	少数股东权益	36600.00	16000.00	66800.00	44800.00
28	六、每股收益	NaN	NaN	NaN	NaN
29	基本每股收益 (元/股)	0.9900	0.6100	1.8800	1.4500
30	稀释每股收益 (元/股)	0.9100	0.5600	1.7300	1.3300
31	七、其他综合收益	-4500.00	11400.00	-330700.00	-580600.00
32	八、综合收益总额	3015900.00	1897100.00	5568600.00	3938400.00
33	归属于母公司所有者的综合收益总额	2979400.00	1881100.00	5503400.00	3894500.00
34	归属于少数股东的综合收益总额	36500.00	16000.00	65200.00	43900.00

	Unnamed: 5
0	2020-06-30
1	NaN
2	10140700.00
3	6187500.00
4	13820700.00
5	7633200.00
6	2517400.00
7	3048300.00
8	530900.00
9	-22900.00
10	1229500.00
11	6700.00
12	97200.00
13	105400.00
14	6782800.00
15	95200.00
16	2158800.00
17	--
18	--
19	55200.00
20	3357900.00
21	4100.00
22	5400.00
23	3356600.00
24	431200.00
25	2925400.00
26	2895500.00
27	29900.00
28	NaN
29	0.9600
30	0.8800
31	51500.00
32	2976900.00
33	2946900.00
34	30000.00

```
———分隔线———
         0        1
0  下载全部历史数据到 excel 中    ↑返回页顶↑
———分隔线———
```

观察返回结果，发现与步骤（2）返回的数据一样，只不过各表格之间多了一条分隔线。通过分隔线可以定位到利润表在第 14 位，但由于系统是从 0 开始计数的，所以利润表数据应通过代码 profitStatement[13] 来实现。

动手实操

➢ **获取需要的利润表数据**

```
1    profitStatement[13]
```

运行结果

浦发银行 (600000) 利润表 单位：万元		Unnamed:1	Unnamed:2	Unnamed:3	Unnamed:4	Unnamed:5
0	报表日期	2021-06-30	2021-03-31	2020-12-31	2020-09-30	2020-06-30
1	NaN	NaN	NaN	NaN	NaN	NaN
2	一、营业收入	9736500.00	4952200.00	19638400.00	14873100.00	10140700.00
3	利息净收入	6766200.00	3367200.00	13858100.00	9145600.00	6187500.00
4	其中：利息收入	14936100.00	7409100.00	29498500.00	20838600.00	13820700.00
5	减：利息支出	8169900.00	4041900.00	15640400.00	11693000.00	7633200.00
6	手续费及佣金净收入	1526600.00	812400.00	3394600.00	3953500.00	2517400.00
7	其中：手续费及佣金收入	2064400.00	1073000.00	4425700.00	4703600.00	3048300.00
8	减：手续费及佣金支出	537800.00	260600.00	1031100.00	750100.00	530900.00
9	汇兑收益	24200.00	34600.00	-21500.00	1800.00	-22900.00
10	投资净收益	674500.00	318700.00	1898000.00	1493400.00	1229500.00
11	其中：对联营公司的投资收益	16400.00	2000.00	14600.00	12500.00	6700.00
12	公允价值变动净收益	614500.00	358200.00	222000.00	78100.00	97200.00
13	其他业务收入	108300.00	52500.00	216000.00	161300.00	105400.00
14	二、营业支出	6260700.00	2722700.00	12964800.00	9703800.00	6782800.00
15	营业税金及附加	100000.00	53200.00	211700.00	151600.00	95200.00
16	业务及管理费用	2324600.00	1118100.00	4670200.00	3319300.00	2158800.00
17	研发费用	--	--	--	--	--
18	资产减值损失	--	--	--	--	--
19	其他业务支出	59300.00	26000.00	127600.00	81200.00	55200.00
20	三、营业利润	3475800.00	2229500.00	6673600.00	5169300.00	3357900.00
21	加：营业外收入	3900.00	2700.00	13700.00	6300.00	4100.00
22	减：营业外支出	7500.00	1500.00	19100.00	12400.00	5400.00
23	四、利润总额	3472200.00	2230700.00	6668200.00	5163200.00	3356600.00
24	减：所得税	451800.00	345000.00	768900.00	644200.00	431200.00
25	五、净利润	3020400.00	1885700.00	5899300.00	4519000.00	2925400.00
26	归属于母公司的净利润	2983800.00	1869700.00	5832500.00	4474200.00	2895500.00
27	少数股东权益	36600.00	16000.00	66800.00	44800.00	29900.00
28	六、每股收益	NaN	NaN	NaN	NaN	NaN
29	基本每股收益 (元/股)	0.9900	0.6100	1.8800	1.4500	0.9600
30	稀释每股收益 (元/股)	0.9100	0.5600	1.7300	1.3300	0.8800
31	七、其他综合收益	-4500.00	11400.00	-330700.00	-580600.00	51500.00
32	八、综合收益总额	3015900.00	1897100.00	5568600.00	3938400.00	2976900.00
33	归属于母公司所有者的综合收益总额	2979400.00	1881100.00	5503400.00	3894500.00	2946900.00
34	归属于少数股东的综合收益总额	36500.00	16000.00	65200.00	43900.00	30000.00

通过以上 3 个步骤，可以成功采集浦发银行 2020 年 6 月 30 日、9 月 30 日、12 月 31 日和 2021

年 3 月 31 日、6 月 30 日的利润表数据。

以上只是针对某只股票某个年份的数据，如果要采集多只股票多个年份的数据，如何编写代码呢？我们可以分析一下上述网址的构成，其中有一串熟悉的数字"600000"，即浦发银行的股票代码。因此，只需要将其修改为其他股票代码，便可获取相应上市公司的利润表数据。

动手实操

➤ **替换股票代码为 600001**

```
1    import pandas as pd
     profitStatement =
2    pd.read_html('http://vip.stock.finance.sina.com.cn/corp/go.php/vFD_Profit
Statement/stockid/600001/ctrl/part/displaytype/4.phtml')
3    profitStatement
```

前面我们查询到的是浦发银行默认最近 5 个季度的利润表数据。如果要查找其他年度的利润表数据，可以在"历年数据"行选择相应的年份，如图 5-5 所示，就会生成一串新的 URL，即获取数据的新地址。

图 5-5　浦发银行历年利润表展示

动手实操

➤ **获取浦发银行 2018—2020 年的利润表数据**

```
1    # 获取 2020 年利润表数据
2    https://money.finance.sina.com.cn/corp/go.php/vFD_ProfitStatement/stockid/
     600000/ctrl/2020/displaytype/4.phtml
3    # 获取 2019 年利润表数据
4    https://money.finance.sina.com.cn/corp/go.php/vFD_ProfitStatement/stockid/
     600000/ctrl/2019/displaytype/4.phtml
5    # 获取 2018 年利润表数据
6    https://money.finance.sina.com.cn/corp/go.php/vFD_ProfitStatement/stockid/
     600000/ctrl/2018/displaytype/4.phtml
```

对比上述 URL 不难发现，只有年份不一致，其他内容都是一样的。这样可以得出结论，如果要从新浪财经网获取某个上市公司某年的利润表数据，只需要修改 URL 中的两个参数就可以了。

动手实操

➤ **分别获取股票代码为 600000、000651、002594 的上市公司在 2018、2019、2020 年第四季度的数据**

```
1    # 导入 pandas
2    import pandas as pd
3    # 股票代码列表
4    gupiaoList = ["600000","000651","002594"]
5    # 年份列表
6    yearList = ["2020","2019","2018"]
```

```
7    for gp in gupiaoList:
8        for year in yearList:
             htmlAddress =
9    "http://money.finance.sina.com.cn/corp/go.php/vFD_ProfitStatement/stockid/{}/
     ctrl/{}/displaytype/4.phtml".format(gp,year)
10           tables = pd.read_html(htmlAddress)
11           lrb = tables[13]
12           print(lrb)
```

运行结果（部分）

浦发银行 (600000) 利润表单位：万元

		报表日期	2020-12-31	2020-09-30	2020-06-30	2020-03-31
0	报表日期	2020-12-31	2020-09-30	2020-06-30	2020-03-31
1	NaN	NaN	NaN	NaN	NaN
2	一、营业收入	19638400.00	14873100.00	10140700.00	5542400.00
3	利息净收入	13858100.00	9145600.00	6187500.00	3209600.00
4	其中：利息收入	29498500.00	20838600.00	13820700.00	6996500.00
5	减：利息支出	15640400.00	11693000.00	7633200.00	3786900.00
6	手续费及佣金净收入	3394600.00	3953500.00	2517400.00	1404700.00
7	其中:手续费及佣金收入	4425700.00	4703600.00	3048300.00	1649600.00
8	减：手续费及佣金支出	1031100.00	750100.00	530900.00	244900.00
9	汇兑收益	-21500.00	1800.00	-22900.00	-7600.00
10	投资净收益	1898000.00	1493400.00	1229500.00	477400.00
11	其中:对联营公司的投资收益	14600.00	12500.00	6700.00	5100.00
12	公允价值变动净收益	222000.00	78100.00	97200.00	395100.00
13	其他业务收入	216000.00	161300.00	105400.00	51300.00
14	二、营业支出	12964800.00	9703800.00	6782800.00	3469900.00
15	营业税金及附加	211700.00	151600.00	95200.00	54900.00
16	业务及管理费用	4670200.00	3319300.00	2158800.00	1044600.00
17	研发费用	--	--	--	--
18	资产减值损失	--	--	--	--
19	其他业务支出	127600.00	81200.00	55200.00	25300.00
20	三、营业利润	6673600.00	5169300.00	3357900.00	2072500.00
21	加:营业外收入	13700.00	6300.00	4100.00	1700.00
22	减:营业外支出	19100.00	12400.00	5400.00	3600.00
23	四、利润总额	6668200.00	5163200.00	3356600.00	2070600.00
24	减:所得税	768900.00	644200.00	431200.00	317600.00
25	五、净利润	5899300.00	4519000.00	2925400.00	1753000.00
26	归属于母公司的净利润	5832500.00	4474200.00	2895500.00	1736100.00
27	少数股东权益	66800.00	44800.00	29900.00	16900.00
28	六、每股收益	NaN	NaN	NaN	NaN
29	基本每股收益 (元/股)	1.8800	1.4500	0.9600	0.5600
30	稀释每股收益 (元/股)	1.7300	1.3300	0.8800	0.5200
31	七、其他综合收益	-330700.00	-580600.00	51500.00	505300.00
32	八、综合收益总额	5568600.00	3938400.00	2976900.00	2258300.00
33	归属于母公司所有者的综合收益总额	5503400.00	3894500.00	2946900.00	2241300.00
34	归属于少数股东的综合收益总额	65200.00	43900.00	30000.00	17000.00

浦发银行 (600000) 利润表单位：万元

		报表日期	2019-12-31	2019-09-30	2019-06-30	2019-03-31
0	报表日期	2019-12-31	2019-09-30	2019-06-30	2019-03-31

1	NaN	NaN	NaN	NaN	NaN
2	一、营业收入	19068800.00	14638600.00	9759900.00	5008400.00
3	利息净收入	12885000.00	9782200.00	6426400.00	3144600.00
4	其中：利息收入	28209400.00	21277600.00	14009700.00	6969700.00
5	减：利息支出	15324400.00	11495400.00	7583300.00	3825100.00
6	手续费及佣金净收入	4044700.00	3125100.00	2269000.00	1197600.00
7	其中：手续费及佣金收入	5119600.00	3902100.00	2751500.00	1438700.00
8	减：手续费及佣金支出	1074900.00	777000.00	482500.00	241100.00
9	汇兑收益	31200.00	107100.00	21800.00	-4000.00
10	投资净收益	1357100.00	1039900.00	861900.00	566400.00
11	其中：对联营公司的投资收益	17100.00	12800.00	9000.00	4700.00
12	公允价值变动净收益	376500.00	330700.00	88600.00	62000.00
13	其他业务收入	178800.00	77800.00	74100.00	37600.00
14	二、营业支出	12082400.00	8861200.00	5932900.00	3075900.00
15	营业税金及附加	194600.00	148300.00	92300.00	46900.00
16	业务及管理费用	4305200.00	3188300.00	2099600.00	1221000.00
17	研发费用	--	--	--	--
18	资产减值损失	--	--	--	--
19	其他业务支出	111900.00	77200.00	47600.00	7100.00
20	三、营业利润	6986400.00	5777400.00	3827000.00	1932500.00
21	加：营业外收入	10600.00	6100.00	2400.00	1300.00
22	减：营业外支出	15300.00	10500.00	7600.00	2100.00
23	四、利润总额	6981700.00	5773000.00	3821800.00	1931700.00
24	减：所得税	1031100.00	886600.00	580700.00	269200.00
25	五、净利润	5950600.00	4886400.00	3241100.00	1662500.00
26	归属于母公司的净利润	5891100.00	4835000.00	3210600.00	1645900.00
27	少数股东权益	59500.00	51400.00	30500.00	16600.00
28	六、每股收益	NaN	NaN	NaN	NaN
29	基本每股收益（元/股）	1.9500	1.6200	1.0700	0.5300
30	稀释每股收益（元/股）	1.9200	1.6200	1.0700	0.5300
31	七、其他综合收益	260900.00	126900.00	19500.00	140000.00
32	八、综合收益总额	6211500.00	5013300.00	3260600.00	1802500.00
33	归属于母公司所有者的综合收益总额	6151900.00	4960400.00	3230100.00	1786100.00
34	归属于少数股东的综合收益总额	59600.00	52900.00	30500.00	16400.00

浦发银行（600000）利润表单位：万元

0	报表日期	2018-12-31	2018-09-30	2018-06-30	2018-03-31
1	NaN	NaN	NaN	NaN	NaN
2	一、营业收入	17154200.00	12710900.00	8225600.00	3962900.00
3	利息净收入	11184400.00	8080900.00	5129700.00	2627900.00
4	其中：利息收入	26748800.00	19979600.00	13262300.00	6672300.00
5	减：利息支出	15564400.00	11898700.00	8132600.00	4044400.00
6	手续费及佣金净收入	3900900.00	2997100.00	1986000.00	1058000.00
7	其中：手续费及佣金收入	4620500.00	3474900.00	2266300.00	1190200.00
8	减：手续费及佣金支出	719600.00	477800.00	280300.00	132200.00
9	汇兑收益	115500.00	-728100.00	-747700.00	41400.00
10	投资净收益	1476500.00	1111600.00	938200.00	369600.00

11	其中:对联营公司的投资收益	16400.00	11700.00	7600.00	2500.00
12	公允价值变动净收益	79800.00	952900.00	723400.00	-210100.00
13	其他业务收入	340500.00	264000.00	17140C.00	70200.00

> **小贴士**
>
> 　　数据爬取的关键是分析了解网页结构，结合业务需求获取、筛选数据。当拥有数据接口时，可以调整接口参数，获取不同维度的数据；当网络爬虫爬取的数据内容较多时，可以通过 pandas 将数据写入 Excel 文件，将数据存储到表格中，便于查看；当需要重复获取不同数据时，也可结合实际情况，通过循环等流程控制，实现多次爬取。获取数据后便可利用 pandas 等工具对数据进行处理，从而获得自己需要的特定格式的数据集合，为数据分析做好准备。

任务二　数据清洗

　　任务一讲解了常用的数据采集方式，通过这些方式采集到的数据称为原生数据，也叫不规整数据。原生数据往往无法满足用户对数据的基本需求，需要对其进行数据清洗，转化为后续分析工作所需的较为规整的数据。通过数据清洗，可得到能直接进行分析处理的高质量数据。

　　在进行数据清洗之前，需要先了解这些数据包含哪些内容。可以使用以下几种方法了解数据包含的内容。

　　（1）预览表格头部或尾部。

　　通过 head() 查阅开头几行数据或者通过 tail() 查看末尾几行数据，了解数据的基本构成及其行列的具体意义。

　　（2）统计表格中非空数据的数量。

　　通过 count() 统计每列非空数据的数量，如果每列的数据不一致，说明存在空值，需要找出空值原因，判断是否需要处理。

　　（3）统计数据概要情况。

　　通过 describe() 生成数据描述性统计结果，执行代码可以输出数据计数结果、最大值、最小值等信息。

一、处理缺失数据

　　缺失值是指现有数据集中某个或某些属性的值是不完整的。在数据分析工作中，缺失数据经常出现，可能是数据没有采集成功，也可能是传输、存储出现故障等造成的。在 pandas 中，缺失值表示为 NaN，即 Not a Number（不是一个数字）。

　　对缺失数据进行处理，第一步要查找缺失值。当发现数据显示为 NaN 时，代表数据集中存在缺失值。当数据量很小时，可以用肉眼快速识别；但当数据量很大时，无法进行快速准确定位，需要依靠程序处理。

　　pandas 检测缺失值主要有两个函数，分别是 isnull() 和 notnull()，即"是缺失值"和"不是缺失值"，默认会返回布尔值 True 或 False 用于判断。

1. 缺失值查找

　　期末考试结束，班主任得到一张成绩表（此处为了展示得更直观，仅以少量数据举例），如表 5-3 所示。

表 5-3   成绩表缺失值列示

姓名	语文	数学	英语
陈爱萍	88	97	94
李丽华	97	84	76
陈建贵	85		89
杨炎	68	76	78
张梦林	98	89	99
李丽华	97	84	76

班主任需要根据"成绩表"文件查找其中的缺失值。

动手实操

➢ **读取成绩表并判断是否存在缺失值**

```
1    import pandas as pd
2    pd.read_excel('成绩表.xlsx')           # 读取成绩表数据
3    df.isnull()
```

运行结果

```
    姓名   语文   数学    英语
0  False  False  False  False
1  False  False  False  False
2  False  False  True   False
3  False  False  False  False
4  False  False  False  False
5  False  False  False  False
```

动手实操

➢ **判断是否不存在缺失值**

```
1    df.notnull()
```

运行结果

```
    姓名   语文   数学    英语
0  True   True   True   True
1  True   True   True   True
2  True   True   False  True
3  True   True   True   True
4  True   True   True   True
5  True   True   True   True
```

以上是 isnull() 与 notnull() 的运行结果，通过对比可以发现，最终查找的缺失值一致。

有时，我们通过肉眼很难找出哪些行有缺失值，在这种情况下，可以采用以下方法查找。

```
1    DataFrame[DataFrame.isnull().T.any()]
```

这里，用 isnull() 能够判断数据中的元素是否为缺失值；T 表示转置；用 any() 能够判断该行是否有缺失值。沿用上述案例，筛选出含有缺失值的行。

动手实操

➢　**筛选出含有缺失值的行**

```
1    df[df.isnull().T.any()]
```

运行结果

	姓名	语文	数学	英语
0	陈建贵	85	NaN	89

2. 缺失值处理

找出缺失值之后，应根据业务需求，判断是否对这些缺失值进行处理。常用的处理方法有两种，分别是删除缺失值和填充缺失值。

（1）删除缺失值。

删除缺失值是最简单、直接的处理方法之一。它适用于 3 种情况。

① 缺失值少，对数据集的影响可以忽略不计。

比如包含数万条数据的数据集中只有个别缺失值，这些缺失的数据对于数据集的影响微乎其微，可以忽略不计。这时候，直接删除缺失值所在行是很好的选择。

② 缺失数据量大，已无法处理。

比如一个数据集有 2 万行、6 个特征列，其中某一特征列有 90%左右的数据缺失，这表明该列已没有存在的意义，需要对该列数据进行删除。

③ 该缺失值无法被填充。

比如我国人口普查的数据，其中一列为性别，该列不能随意更改，如果某几项值缺失，无法随意使用其他数值填充。所以，这种数据行也没有存在的意义，直接删除往往是最好的选择。

pandas 提供的 dropna()方法可以快速删除缺失值所在的列或行。若要删除缺失值所在的列，使用 dropna(axis=1)；若要删除缺失值所在的行，使用 dropna(axis=0)。如果 dropna()没有设置 axis 参数，默认是 axis=0，即删除缺失值所在的行。

结合上述案例，假设班主任核对查找到的缺失值，发现陈建贵并不属于该班，可直接删除陈建贵的数据。

动手实操

➢　**删除缺失值所在的行**

```
1    df1 = df.dropna()
2    df1
```

运行结果

	姓名	语文	数学	英语
0	陈爱萍	88	97	94
1	李丽华	97	84	76
3	杨炎	68	76	78
4	张梦林	98	89	99
5	李丽华	97	84	76

通过与表 5-3 进行对比，发现原第三行"陈建贵"的数据已经被删除。

（2）填充缺失值。

除删除缺失值外，另一种方法是填充缺失值。如果第一次接触缺失值处理，可能会认为填充缺失值优于删除缺失值。实际上，填充缺失值会直接改变原有数据集，可能影响后续预测分析的结果。因此，填充缺失值时一定要更加谨慎。

一般情况下，填充缺失值有 3 种方法。

① 手动填充。

手动填充虽然是笨方法，但往往效果最好。手动填充非常适合一种情形，那就是缺失值可以被人为有效确定。比如某个班级的期末考试成绩，老师发现张三同学在语文考试时因有事请假缺考，那么手动填充就比较合适。手动填充充分展现灵活性，但费时费力。

如果数据集的缺失值本身就没有数据，显示 NaN 会影响整体数据的计算，这时候可以将全部缺失值用 0 填充，直接设置 df.fillna(0)。

动手实操

➢ **缺失值用 0 填充**

```
1    df2 = df.fillna(0)
2    df2
```

运行结果

	姓名	语文	数学	英语
0	陈爱萍	88	97	94
1	李丽华	97	84	76
2	陈建贵	85	0	89
3	杨炎	68	76	78
4	张梦林	98	89	99
5	李丽华	97	84	76

② 临近填充。

临近填充，顾名思义就是用与缺失值相邻的数据填充缺失值。临近填充比较适合填充零散的不确定数据。零散指的是不会连续缺失数十个或上百个数据值。如果连续缺失的值太多，用临近填充将它们填充为同一数据值，将对整个数据集产生非常大的影响。不确定数据指的是无法被人为确定或没有明显规律的数据。

pandas 提供了用于临近填充的 fillna()函数。其常用参数如表 5-4 所示。

表 5-4   fillna()函数的常用参数

参数	解释
inplace	True：直接修改原对象。 False：创建一个副本，修改副本，原对象不变（默认）
method	pad/ffill：用前一个非缺失值去填充该缺失值。 backfill/bfill：用下一个非缺失值填充该缺失值。 None：指定一个值去填充缺失值（默认）
limit	限制填充个数
axis	axis=1：按行来填充。 axis=0：按列来填充（默认）

沿用上述案例，假设老师核对查找出来的缺失值发现，该学生因特殊原因无法参加考试，结合平常表现，老师决定使用临近学生的数据进行填充。

动手实操

➤ **临近填充**

```
1   df3 = df.fillna(method='pad')
2   df3
```

运行结果

	姓名	语文	数学	英语
0	陈爱萍	88	97	94
1	李丽华	97	84	76
2	陈建贵	85	84	89
3	杨炎	68	76	78
4	张梦林	98	89	99
5	李丽华	97	84	76

对照缺失值数据，可以看到它被使用前一个临近值填充了。如果第一行有缺失值，第一行将无法被有效填充；也可以更换 method='backfill'或 method='bfill' 参数，使用后一个临近值进行填充。如果最后一行有缺失值的话，最后一行将无法被有效填充。

③ 平均值填充。

还可以使用 mean()进行平均值填充。

动手实操

➤ **平均值填充**

```
1   df4 = df.fillna(df.mean())
2   df4
```

运行结果

	姓名	语文	数学	英语
0	陈爱萍	88	97	94
1	李丽华	97	84	76
2	陈建贵	85	86	89
3	杨炎	68	76	78
4	张梦林	98	89	99
5	李丽华	97	84	76

上述代码取"数学"列的平均值对缺失值进行填充。其中，fillna()默认会返回新对象，如果要对原对象进行修改，需要设置 inplace=True。

> 💡**小贴士**
>
> 通过数据接口或者网络爬虫获取的数据集可能有很多缺失值。实际业务处理中，应根据数据分析目标，仔细分析数据结构，灵活应用 pandas 提供的方法，判断是否存在缺失值，然后根据实际需要采用删除、填充等方式处理，从而保证数据集中数据的合理性和有效性，降低因数据缺失对数据分析产生的负面影响。

二、处理重复数据

重复值一般是指数据集中存在的重复数据行。重复值的产生有可能是系统错误导致的，也有可能是多次输入导致的。比如账务处理中，如果企业没有纳入电子发票核验系统，出现电子发票重复打印，可能会导致同一原始凭证重复入账，这样就会产生重复记录，影响核算结果。

当数据集较为庞大时，可以通过 pandas 的 pd.DataFrame.duplicated() 快速识别重复数据。如果存在重复数据行，运行结果会返回布尔值 True。继续沿用上述案例。

动手实操

➢ **查看重复行**

```
1    pd.DataFrame.duplicated(df)
```

运行结果

```
0    False
1    False
2    False
3    False
4    False
5    True
dtype: bool
```

通过运行结果可以看到，序号为 5 的这一行返回 True，说明这一行数据是重复的。重复值有可能会影响数据分析结果，特别是存在大量重复时，需要查找重复原因。一般情况下，如果确定重复值是冗余数据，最直接的做法就是删除重复值。删除重复值可以通过 drop_duplicates() 实现。

动手实操

➢ **删除上例中重复的行**

```
1    pd.DataFrame.drop_duplicates(df)
```

运行结果

	姓名	语文	数学	英语
0	陈爱萍	88	97	94
1	李丽华	97	84	76
2	陈建贵	85	NaN	89
3	杨炎	68	76	78
4	张梦林	98	89	99

与表 5-3 对比可以发现，运行结果中已经没有重复的数据，原表中最后一行数据已被删除。

> 💡**小贴士**
>
> 重复值会增加某些数据对整个数据集的权重，影响最后的数据分析结果。但需要注意的是，在删除重复值时，需要了解重复值出现的原因。实际业务中，确实有很多出现重复数据的情况，比如同名销售人员某月销售业绩相同等。因此，在处理重复数据前，需要先判断出现重复数据是人为失误还是客观存在，以防误删数据。

三、处理异常数据

除上述介绍的缺失值、重复值之外，获取的数据还可能存在异常值。

异常值是指那些偏离正常范围的值，它并不是错误值。异常值出现的概率较低，但会对实际数据分析造成影响。

　　异常值检测是处理数值型数据时必须重视的一项工作。那些在收集、输入过程中产生的异常数据，如果不及时剔除，很可能对后续的预测分析带来不良影响。

　　识别异常值可以借助图形法（如箱线图、正态分布图）和建模法（如线性回归、聚类算法、K 近邻算法）实现。

　　异常值可以通过简单直观的箱线图检测法查看。箱线图也称箱形图，是用来观测数据集分布的一种图形。箱形图中，从上到下依次有 6 个数据节点，分别是上界、上四分位数、均值、中位数、下四分位数、下界，如图 5-6 所示。而那些超过上界的值就会被标记为离群点，也就是异常数据。

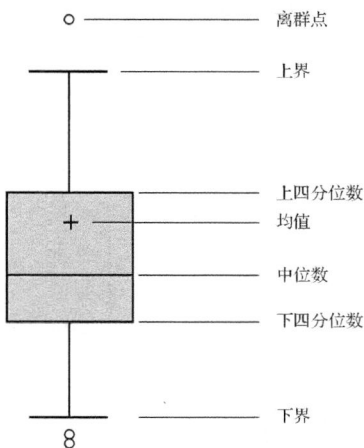

图 5-6　箱形图

动手实操

➢　**绘制成绩表数据箱形图**

```
1  from matplotlib import pyplot as plt
2  %matplotlib inline
3  data = pd.read_excel('学生成绩.xlsx', header=0)
4  score = data["英语"]
5  plt.boxplot(score)
6  P = plt.boxplot(score)
7  outlier = P['fliers'][0].get_ydata()
8  outlier
```

运行结果

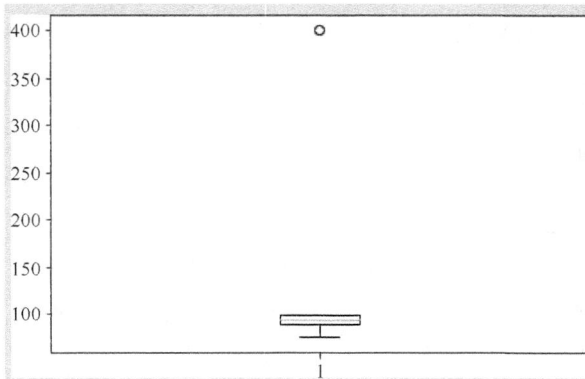

返回结果显示，有个离群点在 400 附近，说明这个数据是异常数据，需要对它进行处理。

以上只是对"英语"成绩进行检测。如果要对整个成绩表进行检测，可以使用 boxplot() 函数将所有数据的箱形图绘制在同一张图中进行对比。

动手实操

➢　**使用箱形图查找异常数据**

```
1  from matplotlib import pyplot as plt
2  plt.matplotlib.rcParams['font.sans-serif'] = ['SimHei']
3  data = pd.read_excel('学生成绩.xlsx', header=0)
4  data.boxplot()
```

运行结果

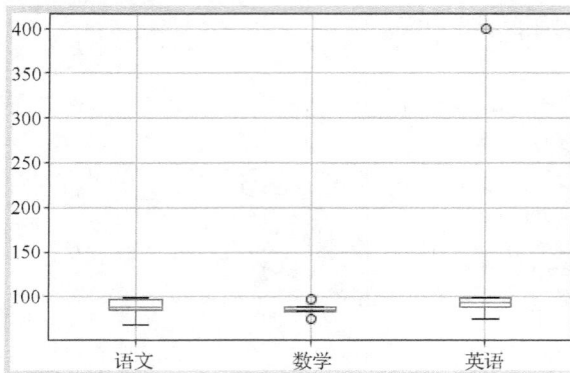

针对异常值，其处理方法同缺失值一样，都可以根据实际情况对数据进行删除或填充。

> **小贴士**
>
> 在数据分析中，异常值会对数据分析产生影响，造成判断和决策失误，因此需要对异常值进行及时清洗。清洗的方法参照缺失值处理的方法，可以对异常值进行删除或者填充。同样地，无论是缺失数据、重复数据还是异常数据，在进行处理前，需要明确数据分析的目标，了解数据的基本结构，避免对数据进行误操作，导致不仅不能实现数据清洗效果，反而影响最终的数据分析结果。

拓展阅读

浙江杭州：城市大脑，打造智慧驱动未来城市

近年来，杭州将"城市大脑"与网格化管理、数字化应用和社会协同治理的充分融合，推进城市治理的系统改革与现代化转型。

首先，利用"城市大脑"+网格化，精准回应城市公共治理需求。通过建立一套完整的城市治理信息数据库，开展城市治理所涉场所、人员、组织、部件等服务对象的基础信息采集，关联行政处罚与行政审批信息，有效实现数据库的合理归集与使用；以城市治理信息数据库为依托，进一步打通城市信息数据孤岛和体制机制壁垒，实现跨区域、跨层级、跨领域的多源数据汇总，为更高一级的人工智能应用提供全面的数据支撑；通过数据展示平台、实时监测平台、视频平台、业务工作平台四大平台，建立城市街面问题处置快速响应机制，减少中间环节，实现行政流程最大化精简，提高问题处置效率，精准服务人民群众。

其次，利用"城市大脑"+协同化，整体回应城市公共治理需求。通过广泛运用数字技术，搭建参与平台。通过"城市大脑"将城市原有平台如智慧交通、智慧房管、智慧警务、智慧城管、智慧旅游、智慧医疗、智慧环保等进行整合，建立"城市合伙人"制度，拓宽全民有序参与城市治理的渠道，使得政府与民众之间的互动与开放联系变得更加便捷；搭建共享平台，将数据全面融合，利用数据共享政策，整合省市综合信用、工商注册、不动产、企业库、法人库和人口库等数据信息，以及相关部门的视频资源，同时联合第三方公司在 5G 与 AI 技术上再创新，逐步实现城市管理资源共享与整合，使得社会组织及社会个体都可以从开放数据接口中获得需要数据；通过搭建协作平台，部门联动处置，将具有经济调节、市场监管、公共服务、社会管理、生态环境

保护等多种职能的部门进行再梳理、再确权，形成城市统筹、部门联动的协同管理体系，真正做到整体回应公共治理需求。

最后，利用"城市大脑"+应用化，有效回应城市公共治理需求。将"城市大脑"应用场景化，通过各类自带算法的视频设备搭建城市的"类脑视觉系统"，通过超声波探测等声音采集系统搭建城市的"类听觉系统"，通过大数据、云计算技术对感知系统收集的数据进行智能化分析，构建"类脑思维能力"。实现应用场景的多元化，其中：城市交通监测场景，通过跨域数据全网融合，基于多源数据与智能算法，对交通信号实现弹性调控，提升城市交通流动性；城市公共安全场景，通过"城市大脑"实现疫情舆情监测分析、重要节点全视频监控、手机信令大数据分析、互联网大数据预测，在社区、企业、楼宇与重要路口、路段之间实现整体性监测，同时通过警情自动监测，提高城市安全稳定性；城市生态环保场景，通过"城市大脑"算力，实现全天候、全覆盖环境空气监测感知，为公众提供身边更精准的空气质量数据，为管理部门提供快速识别局部性偶发空气污染的依据；城市社会管理场景，通过统一地址服务实现动态地址采集、更新、救济、入格、上图闭环；通过人口动态"分析仪"，找准市域范围内的实有、迁徙、流动人口特征；通过特定人员"望远镜"，对易走失的老人、幼童等进行轨迹跟踪和自动寻位。

资料来源：《中国社会科学报》

Python 数据可视化

项目导读

　　日常财务工作中，完成数据分析处理后，需要将数据以图形的方式展现出来，以便更直观地了解数据的变动趋势、分布情况等。这种以图形、图像进行数据分析、挖掘的方式是数据可视化的重要内容。Python 提供了许多可以快速实现数据可视化的第三方模块。通过本项目的学习，读者将了解如何通过 matplotlib 模块和 pyecharts 模块实现数据可视化，并掌握应用 Python 实现数据可视化的基本逻辑和方法。

任务一　matplotlib 初级应用

　　在项目三中已经提到，matplotlib 是 Python 的第三方模块，能够绘制各式各样的图形。matplotlib 还有很多子模块，其中的 pyplot 子模块是它的核心模块之一。几乎所有样式的 2D 图形都可以通过 pyplot 子模块绘制。pyplot 子模块绘制基础图形的常用函数如表 6-1 所示。

表 6-1　　　　　　　　　　　　　　pyplot 子模块的常用函数

函数	描述
plt.plot()	绘制折线图
plt.scatter()	绘制散点图
plt.hist()	绘制直方图
plt.pie()	绘制饼图
plt.bar()	绘制柱形图
plt.boxplot()	绘制箱形图
plt.barh()	绘制水平柱形图

一、matplotlib 绘图步骤

　　使用 matplotlib 模块绘图，一般步骤如图 6-1 所示。首先，需要创建一个画布（figure），类似于画画时预先准备的图纸。有了画布，还需要创建一个或多个坐标系（axes），类似于画画时将图纸分为左右两个区域。同理，在 matplotlib 中，可以根据需要在画布中创建一个或多个坐标系，以便在不同坐标系绘制不同的图形。最后，选择图表类型，完成图形绘制。

图 6-1 matplotlib 绘图步骤

实际作图时，如果不创建画布，系统会自动创建一个画布，并在画布上自动创建一个坐标系。但默认创建的画布上只有一个坐标系，只能绘制一个图形，如果绘制多个图形，需要自行创建坐标系。

二、matplotlib 图形绘制

使用 matplotlib 绘制图形时，其基本要素包括画布、坐标系、坐标轴（axis）、图形标题（title）、坐标轴标签（label）等，如图 6-2 所示。

使用 matplotlib 模块，可以方便地绘制各类图形。下面以折线图、柱形图、饼图 3 种常见图形为例，讲解用 matplotlib 绘制图形的一般方法。

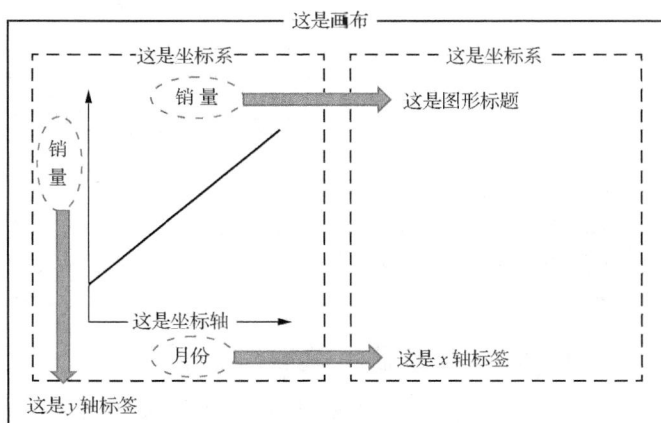

图 6-2 matplotlib 绘制图形的要素

1. 折线图

如果想了解某产品一段时间内的销量变化情况，可以绘制折线图。在 matplotlib 中使用 pyplot 子模块的 plot()函数绘制折线图，其语法格式如下。

```
1  pyplot.plot(x,y)        # x、y 分别表示 x 轴、y 轴数据
```

业务场景 6-1 绘制折线图

Tata 公司 2021 年 1—6 月分别销售冰箱 100、150、120、200、240、220 台，业务部据此绘制折线图，展示各月的销量变化情况。

代码实现

➤ **绘制折线图**

```
1   #（1）导入 matplotlib.pyplot 模块
2   from matplotlib import pyplot as plt
3   #（2）设置中文字体为黑体、中文状态下负号正常显示
4   plt.rcParams['font.family'] = 'Simhei'
5   plt.rcParams['axes.unicode_minus'] = False
6   #（3）根据已知条件设置 x 轴、y 轴数据
7   x = ['1月','2月','3月','4月','5月','6月']
8   y = [100, 150, 120, 200, 240, 220]
9   #（4）绘制折线图
10  plt.plot(x,y)
11  #（5）显示折线图
12  plt.show()
```

运行结果（见图 6-3）

图 6-3　使用 matplotlib 绘制折线图

2. 柱形图

柱形图通过柱状条高度展示数据差异，可以让用户在了解数据大小的同时，清晰地看到各数据间的差距。在 matplotlib 中使用 pyplot 子模块的 bar() 函数绘制柱形图，其语法格式如下。

```
1   pyplot.bar(x,y)        # x、y 分别表示 x 轴、y 轴数据
```

业务场景 6-2　绘制柱形图

只需将业务场景 6-1 中绘制折线图的函数 plot()修改为 bar()，即可绘制简单柱形图。

代码实现

➤　绘制柱形图

```
1   #（1）导入 matplotlib.pyplot 模块
2   from matplotlib import pyplot as plt
3   #（2）设置中文字体为黑体、中文状态下负号正常显示
4   plt.rcParams['font.family'] = 'Simhei'
5   plt.rcParams['axes.unicode_minus'] = False
6   #（3）根据已知条件设置 x 轴、y 轴数据
7   x = ['1月','2月','3月','4月','5月','6月']
8   y = [100, 150, 120, 200, 240, 220]
9   #（4）绘制柱形图
10  plt.bar(x,y)
11  #（5）显示柱形图
12  plt.show()
```

运行结果（见图 6-4）

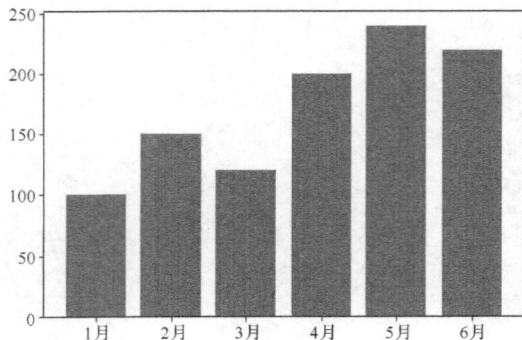

图 6-4　使用 matplotlib 绘制柱形图

3. 饼图

饼图可以用来展示各个类别数据占总体的比例。比如想知道 Tata 公司各产品销售收入占总收入的比例，就可使用饼图展示。在 matplotlib 中使用 pyplot 子模块的 pie()函数绘制饼图，其语法格式如下。

```
1  pyplot.pie(x)    # x 表示数据
```

业务场景 6-3　绘制饼图

Tata 公司本月各门店的销售收入如表 6-2 所示。根据表 6-2 的数据绘制饼图以展示各门店对总销售收入的贡献比例。

表 6-2　　　　　　　　　　　各门店销售收入　　　　　　　　　　单位：万元

门店	销售收入
1 号店	1 200
2 号店	800
3 号店	1 000
4 号店	600
5 号店	2 000

代码实现

➤ **绘制饼图**

```
1   #（1）导入 matplotlib.pyplot 模块
2   from matplotlib import pyplot as plt
3   #（2）设置中文字体为黑体、中文状态下负号正常显示
4   plt.rcParams['font.family'] = 'Simhei'
5   plt.rcParams['axes.unicode_minus'] = False
6   #（3）根据已知条件设置饼图基础数据
7   No = ['1 号店', '2 号店', '3 号店', '4 号店', '5 号店']
8   x = [1200, 800, 1000, 600, 2000]
9   #（4）绘制饼图，设置各扇区标签为 No（门店）
10  plt.pie(x,labels = No)
11  #（5）显示饼图
12  plt.show()
```

运行结果（见图 6-5）

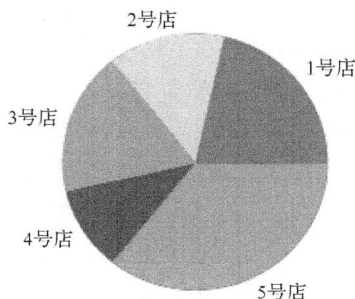

图 6-5　使用 matplotlib 绘制饼图

本任务介绍了用 Python 绘制折线图、柱形图、饼图等基础图形的方法。实际上，matplotlib

模块提供了很多不同类型、不同样式的图表绘制方法，其中也有很多不同的参数设置方式。用户可根据需要灵活设置参数，组合图形，为后续数据分析的可视化呈现打好基础。

任务二　matplotlib 绘图进阶

实际应用中，简单图形往往不能满足数据展示的目的，真实业务的需求会更加多样化。比如，美化图表样式，在同一坐标系中叠加多个图形以体现财务数据之间的关联，或者是在同一画布中绘制多个关联的图形以更全面地展示数据流转的逻辑等。matplotlib 模块提供了许多方法，可以更好地满足用户的绘图需求。

一、matplotlib 图形样式设置

matplotlib 模块支持对图形样式，如线型、颜色、透明度、标签样式等，进行个性化设置，以实现多样化效果。不同图形的样式参数略有差别。下面以折线图、柱形图和饼图的样式设置为例进行介绍，更多设置可参考 Python 官方文档。

1. 折线图样式设置

使用 pyplot.plot() 绘制折线图时，其语法格式如下。

```
1   pyplot.plot(x, y, linewidth, linestyle, color, label, marker, alpha, …)
```

参数 x、y 分别表示 x 轴和 y 轴的数据，其他常用参数如下。

（1）linewidth（或 lw）：该参数用于设置线型宽度，可缺省。

（2）linestyle（或 ls）：该参数用于设置线型样式，参数值如表 6-3 所示。

表 6–3　　　　　　　　　　　pyplot.plot()线型样式参数值

参数值	描述
'-'	实线（默认）
'--'	虚线
'-.'	间断线
':'	点状线

（3）color：该参数用于设置线型颜色，常用值如表 6-4 所示。

表 6–4　　　　　　　　　　　pyplot.plot()线型颜色参数值

参数值	描述
'b'	蓝色
'g'	绿色
'r'	红色
'c'	青色
'm'	洋红色
'y'	黄色
'k'	黑色
'w'	白色

> 💡 小贴士
>
> 线型颜色也可以使用对应英文表示，如 blue（蓝色）、green（绿色）、black（黑色）等；或者用十六进制颜色代码表示，如"#C71585"（紫红色），"#FFFF00"（黄色），"#808000"（橄榄绿色）等；还支持使用 RGB 值或 RGBA 值等进行设置。

（4）label：该参数用于设置线型标签。比如某条折线表示销量，则可以设置 label = '销量'。

（5）marker：该参数用于设置标记点样式。常用标记点样式如表 6-5 所示。

表 6-5 　　　　　　　　　　　pyplot.plot()常用标记点样式参数值

参数值	描述
'.'	点
'o'	圆
'*'	星号
'<'	左三角
'>'	右三角

（6）alpha：该参数用于设置线型透明度，取值范围为 0～1。

业务场景 6-4　绘制指定样式的折线图

沿用业务场景 6-1 的数据，根据冰箱销量绘制折线图，设置线型颜色为蓝色、线型样式为虚线、线宽为 1.5、线型透明度为 0.8、线型标签为"销量"、标记点样式为圆，并显示图例。

代码实现

➢ **绘制进阶折线图**

```
1   #（1）导入 matplotlib.pyplot 模块
2   from matplotlib import pyplot as plt
3   #（2）设置中文字体为黑体、中文状态下负号正常显示
4   plt.rcParams['font.family'] = 'Simhei'
5   plt.rcParams['axes.unicode_minus'] = False
6   #（3）根据已知条件设置 x 轴、y 轴数据
7   x = ['1月','2月','3月','4月','5月','6月']
8   y = [100, 150, 120, 200, 240, 220]
9   #（4）绘制折线图，并根据要求设置参数
10  plt.plot(x, y, color = 'b', linestyle = '--', linewidth = 1.5, alpha = 0.8, label = '销量', marker = 'o')
11  #（5）设置 x 轴标签为"月份"，y 轴标签为"销量"
12  plt.xlabel('月份')
13  plt.ylabel('销量')
14  #（6）设置折线图标题为"冰箱销量"
15  plt.title('冰箱销量')
16  plt.show()
```

运行结果（见图 6-6）

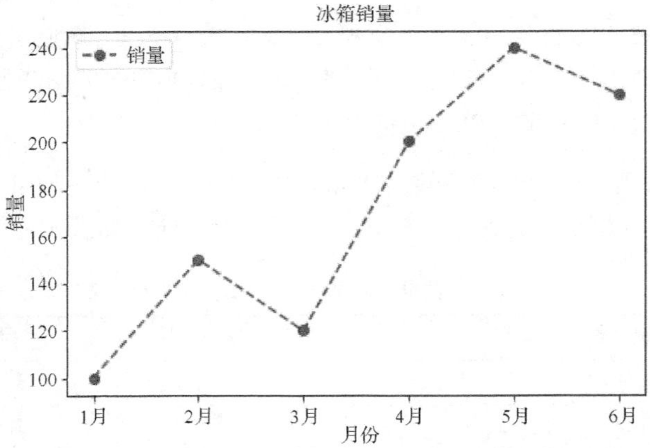

图 6-6　使用 matplotlib 绘制指定样式的折线图

图 6-6 中左上角的 "-•-销量" 即图例。当一个坐标系中有多个图形时，使用图例可以帮助用户更好地区分不同图形的含义。

2.　柱形图样式设置

使用 pyplot.bar() 绘制柱形图，常用参数如表 6-6 所示，其语法格式如下。

```
1  pyplot.bar(x, y, facecolor, edgecolor, width, label, alpha, …)
```

表 6-6　　　　　　　　　　　　　　　　　pyplot.bar() 的常用参数

常用参数	说明
x	x 轴数据
y	y 轴数据
label	设置柱形条标签
alpha	设置柱形条透明度
facecolor	设置柱形条的颜色，参数值设置方式与折线图参数 color 的类似
edgecolor	设置柱形条边框的颜色，参数值设置方式与折线图参数 color 的类似
width	设置柱形条的宽度，默认宽度为 0.8

业务场景 6-5　绘制指定样式的柱形图

沿用业务场景 6-2 的数据，根据冰箱销量绘制柱形图，设置柱形条颜色为蓝色、柱形条边框颜色为黑色、柱形条宽度为 0.6、柱形条透明度为 0.5、柱形条标签为 "销量"，并显示图例。

代码实现

➤　**绘制进阶柱形图**

```
1  # (1) 导入 matplotlib.pyplot 模块
2  from matplotlib import pyplot as plt
3  # (2) 设置中文字体为黑体、中文状态下负号正常显示
4  plt.rcParams['font.family'] = 'Simhei'
5  plt.rcParams['axes.unicode_minus'] = False
6  # (3) 根据已知条件设置 x 轴、y 轴数据
7  x = ['1月','2月','3月','4月','5月','6月']
8  y = [100, 150, 120, 200, 240, 220]
```

```
9    #（4）绘制柱形图，并根据要求设置参数
10   plt.bar(x, y, facecolor = 'b', edgecolor = 'k', width = 0.6, alpha = 0.5, label =
'销量')
11   #（5）设置 x 轴标签为"月份"，y 轴标签为"销量"
12   plt.xlabel('月份')
13   plt.ylabel('销量')
14   #（6）设置柱形图标题为"冰箱销量"
15   plt.title('冰箱销量')
16   #（7）显示图例
17   plt.legend()
18   #（8）显示图形
19   plt.show()
```

运行结果（见图 6-7）

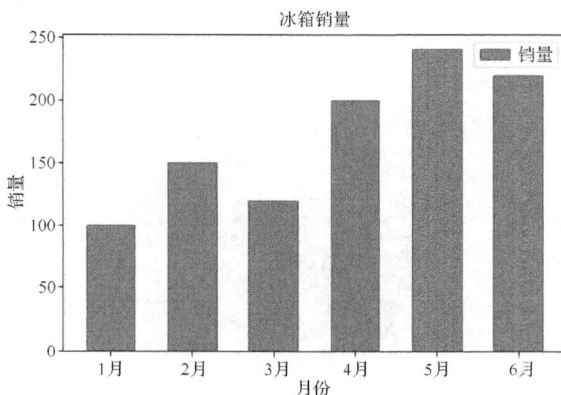

图 6-7　用 Python 绘制指定样式的柱形图

与折线图一样，柱形图也可以使用相同的方式设置图表标题、x 轴标签、y 轴标签等。

3. 饼图样式设置

使用 pyplot.pie() 绘制饼图时，其语法格式如下。常用参数如表 6-7 所示。

```
1    pyplot.pie(x, labels, explode, autopct, colors, …)
```

表 6-7　　　　　　　　　　　　pyplot.pie() 的常用参数

常用参数	说明
x	饼图基础数据
labels	各数据对应的标签
explode	每个扇区与圆心的距离
autopct	饼图内标签的文本样式
colors	各扇区颜色

业务场景 6-6　绘制指定样式的饼图

沿用业务场景 6-3 的数据，绘制饼图以展现各门店对总销售收入的贡献比例，设置 5 号店对应扇区距离圆心 0.1 厘米，各门店对总销售收入贡献比例以百分比显示并保留 2 位小数。

代码实现

➤　绘制进阶饼图

```
1    #（1）导入 matplotlib.pyplot 模块
```

```
2    from matplotlib import pyplot as plt
3    #（2）设置中文字体为黑体、中文状态下负号正常显示
4    plt.rcParams['font.family'] = 'Simhei'
5    plt.rcParams['axes.unicode_minus'] = False
6    #（3）根据已知条件设置饼图基础数据
7    No = ['1号店', '2号店', '3号店', '4号店', '5号店']
8    x = [1200, 800, 1000, 600, 2000]
9    #（4）绘制饼图,并按要求设置explode参数（5号店对应扇区距离圆心0.1厘米,则将列表[0,0,0,0,0.1]
     中第五个值设置为0.1）及autopct参数
10   plt.pie(x, labels = No, explode = [0,0,0,0,0.1], autopct = '%.2f%%')
11   #（5）设置饼图标题
12   plt.title('门店销售收入贡献比例图')
13   #（6）显示图形
14   plt.show()
```

运行结果（见图 6-8）

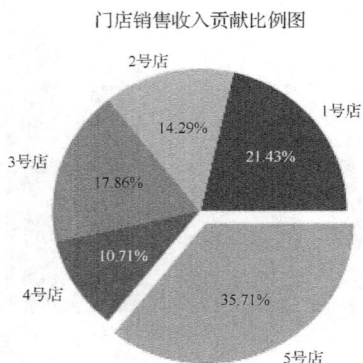

图 6-8　使用 matplotlib 绘制指定样式的饼图

二、matplotlib 组合图绘制

实际绘制图形时，可能需要将关联数据放在同一个坐标系中，以便更好地呈现数据之间的联系，比如在同一坐标系中分别绘制不同年份的费用发生额，才能更加直观地比较费用变化情况。这种在同一个坐标系中绘制的多个图形就是组合图。

绘制组合图的代码比较简单，将需要组合的图形的代码放在一起即可，但需要注意，组合图中的图形必须使用同一个横坐标轴，才能实现组合图效果。

业务场景 6-7　绘制组合图

Tata 公司 2021 年 1—6 月冰箱和洗衣机的销售收入如表 6-8 所示。根据表 6-8 所示的数据绘制组合图，展示冰箱和洗衣机的销售收入，样式要求如表 6-9 所示。

表 6-8　　　　　　　　　　　　2021 年 1—6 月销售收入　　　　　　　　　　　　单位：万元

月份	冰箱	洗衣机
1	100	60
2	80	40
3	120	80
4	150	100
5	90	80
6	150	90

表 6-9　　　　　　　　　　　　　pyplot.pie()组合图样式要求

样式要求	冰箱	洗衣机
图表类型	折线图	折线图
线宽	2	2
线型颜色	淡蓝色（lightblue）	钢青色（steelblue）
线型样式	虚线	实线
标记点样式	星号	星号
线型标签	冰箱销售收入	洗衣机销售收入

代码实现

➤ **绘制组合图**

```
1   #（1）导入 matplotlib.pyplot 模块
2   from matplotlib import pyplot as plt
3   #（2）设置中文字体为黑体、中文状态下负号正常显示
4   plt.rcParams['font.family'] = 'Simhei'
5   plt.rcParams['axes.unicode_minus'] = False
6   #（3）根据已知条件设置 x 轴、y 轴数据
7   x = ['1月', '2月', '3月', '4月', '5月', '6月']
8   y1 = [100, 80, 120, 150, 90, 150]
9   y2 = [60, 40, 80, 100, 80, 90]
10  #（4）绘制折线图，展示冰箱销售收入
11  plt.plot(x, y1, linewidth = 2, color = 'lightblue', linestyle = '--', marker = '*',
    label = '冰箱销售收入')
12  #（5）绘制折线图，展示洗衣机销售收入
13  plt.plot(x, y2, linewidth = 2, color = 'steelblue', marker = '*', label = '洗衣
    机销售收入')
14  #（6）设置组合折线图标题
15  plt.title('冰箱销售收入 vs 洗衣机销售收入')
16  #（7）显示图例
17  plt.legend()
18  #（8）显示组合折线图
19  plt.show()
```

运行结果（见图 6-9）

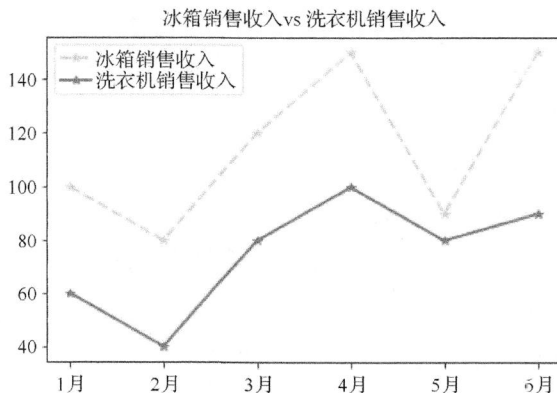

图 6-9　使用 matplotlib 绘制组合图

三、matplotlib 子图绘制

与组合图不同，子图是将多个图形分别绘制在同一个画布的多个坐标系中。实际应用时，用户可以根据需要在画布中设置子图的位置。图 6-10 列举了两种子图的结构示例。

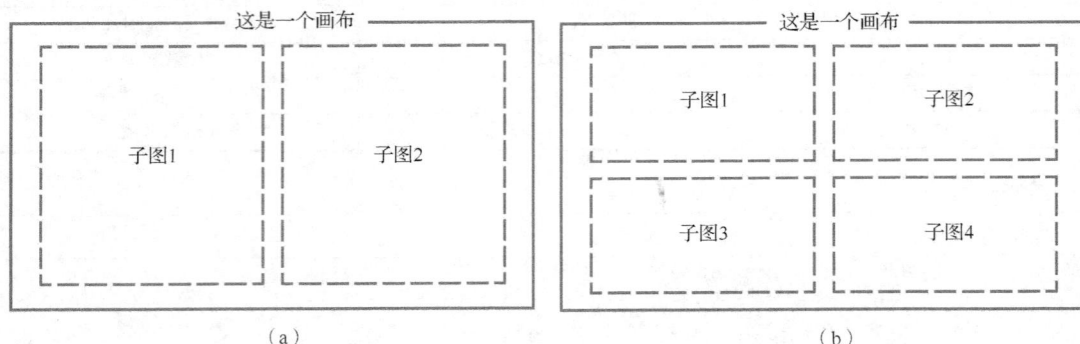

图 6-10　Python 子图结构示例

子图的绘制方法有很多种，下面介绍两种常用的方法。

1. pyplot.subplot()

使用 pyplot.subplot() 绘制子图，其语法格式如下。常用参数如表 6-10 所示。

```
1  pyplot.subplot(nrows, ncols, index, …)
```

表 6-10　　　　　　　　　　　　pyplot.subplot() 常用参数

参数	说明
nrows	子图网格的行数
ncols	子图网格的列数
index	索引，从左上角的 1 开始，向右增加

pyplot.subplot(2,2,1) 表示创建一个 2×2 的网格，并取第一个网格作为子图的位置，如图 6-11 所示。

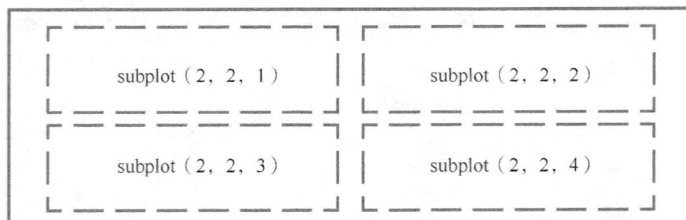

图 6-11　子图位置

业务场景 6-8　用 pyplot.subplot() 绘制子图

Tata 公司 2021 年 1—6 月销售收入如表 6-11 所示，销售收入构成如表 6-12 所示。要求使用 pyplot.subplot() 方法绘制两个子图，分别展示 1—6 月销售收入变化及销售收入分布情况，子图设置要求如表 6-13 所示。

表 6-11   2021 年 1—6 月销售收入   单位：万元

月份	销售收入
1	100
2	180
3	120
4	150
5	90
6	150
合计	790

表 6-12   2021 年 1—6 月销售收入构成   单位：万元

产品	销售收入
冰箱	250
洗衣机	150
空调	390
合计	790

表 6-13   子图设置要求

项目	子图 1	项目	子图 2
图表类型	折线图	图表类型	饼图
颜色	钢青色（steelblue）	百分比格式	.2f%
线宽	1.5	图表标题	销售收入分布
标记点样式	点	子图位置	右边
图表标题	1—6 月销售收入		
子图位置	左边		

代码实现

➢ **绘制子图**

```
1   # (1) 导入 matplotlib.pyplot 模块
2   from matplotlib import pyplot as plt
3   # (2) 设置中文字体为黑体、中文状态下负号正常显示
4   plt.rcParams['font.family'] = 'Simhei'
5   plt.rcParams['axes.unicode_minus'] = False
6   # (3) 创建一个画布，并指定画布的大小
7   plt.figure(figsize=(8,4))
8   # (4) 根据已知条件设置子图 1 的 x 轴、y 轴数据
9   x = ['1月', '2月', '3月', '4月', '5月', '6月']
10  y1 = [100, 180, 120, 150, 90, 150]
11  # (5) 定义子图 1 位置
12  plt.subplot(1,2,1)
13  # (6) 绘制子图 1，并设置子图 1 的标题
14  plt.plot(x, y1, color = 'steelblue', linewidth = 1.5, marker = '.')
15  plt.title('1—6 月销售收入')
16  # (7) 根据已知条件设置子图 2 的数据
17  lab = ['冰箱', '洗衣机', '空调']
18  y2 = [250, 150, 390]
19  # (8) 定义子图 2 的位置
```

```
20    plt.subplot(1,2,2)
21    #（9）绘制子图2，并设置子图2的标题
22    plt.pie(y2, labels = lab, autopct = '%.2f%%')
23    plt.title('销售收入分布')
24    #（10）显示子图
25    plt.show()
```

运行结果（见图 6-12）

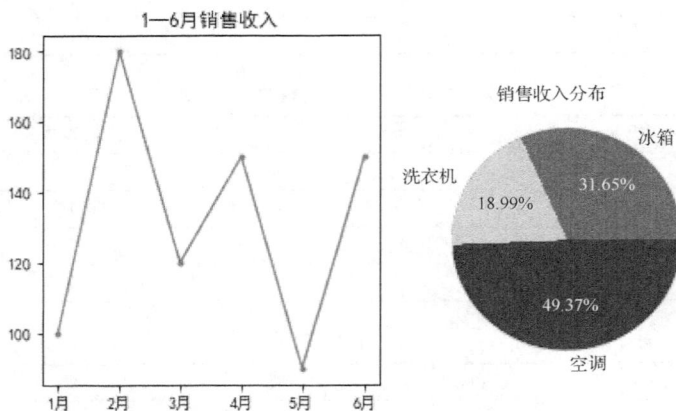

图 6-12　使用 pyplot.subplot() 方法绘制子图

> 💡 小贴士
>
> 　　pyplot.subplot() 中的参数可以使用简写方法，如 pyplot.subplot(2,2,1) 可以写成 pyplot.
> subplot(221)，但这种简写方法只适用于不超过 9 个子图的情况。

2. pyplot.subplots()

使用 pyplot.subplots() 创建子图，其语法格式如下。常用参数如表 6-14 所示。

```
1    pyplot.subplots(nrows, ncols, figsize, sharex, sharey,…)
```

表 6-14　　　　　　　　　　　　pyplot.subplots() 常用参数

参数	说明
nrows	子图网格的行数
ncols	子图网格的列数
figsize	图形大小，默认 figsize =（6.4,4.8），以英寸为单位
sharex	是否共享 x 轴，默认 sharex = False
sharey	是否共享 y 轴，默认 sharey = False

　　若 pyplot.subplots(2,1) 表示创建一个 2×1 的网格，可通过索引设置子图位置，也可以在定义时直接用元组接收子图对象，其语法格式如下。

```
1    # 方法一：使用索引获取子图位置
2    fig, ax = pyplot.subplots(2,1)
3    ax[0]、ax[1]
4    # 方法二：以元组(ax1,ax2)接收子图对象
5    fig, (ax1,ax2) = pyplot.subplots(2,1)
```

小贴士

　　pyplot.subplot()和 pyplot.subplots()都可以用来创建多个子图，但两者的使用方式略有不同。pyplot.subplot()可以在定义好的画布上绘制多个子图，但每条 subplot 命令只创建一个子图，而 pyplot.subplots()可以一次绘制多个子图。更多细节可查看 Python 官方文档。

业务场景 6-9　用 pyplot.subplots()绘制子图

沿用业务场景 6-8 的数据，使用 pyplot.subplots()方法绘制左右结构的子图。

代码实现

➢　**绘制子图**

```
1   #（1）导入 matplotlib.pyplot 模块
2   from matplotlib import pyplot as plt
3   #（2）设置中文字体为黑体、中文状态下负号正常显示
4   plt.rcParams['font.family'] = 'Simhei'
5   plt.rcParams['axes.unicode_minus'] = False
6   #（3）创建一个 1×2 画布
7   fig, ax = plt.subplots(1,2)
8   #（4）根据已知条件设置子图 1 的 x 轴、y 轴数据
9   x = ['1月', '2月', '3月', '4月', '5月', '6月']
10  y1 = [100, 180, 120, 150, 90, 150]
11  #（5）根据索引取第一个网格 ax[0]作为子图 1 的位置，绘制子图 1，并设置子图 1 的标题
12  ax[0].plot(x, y1, color = 'steelblue', linewidth = 1.5, marker = '.')
13  ax[0].set_title('1—6月销售收入')
14  #（6）根据已知条件设置子图 2 的数据
15  lab = ['冰箱', '洗衣机', '空调']
16  y2 = [250, 150, 390]
17  #（7）根据索引取第二个网格 ax[1]作为子图 2 的位置，绘制子图 2，并设置子图 2 的标题
18  ax[1].pie(y2, labels = lab, autopct = '%.2f%%')
19  ax[1].set_title('销售收入分布')
20  #（8）显示子图
21  plt.show()
```

运行结果（见图 6-13）

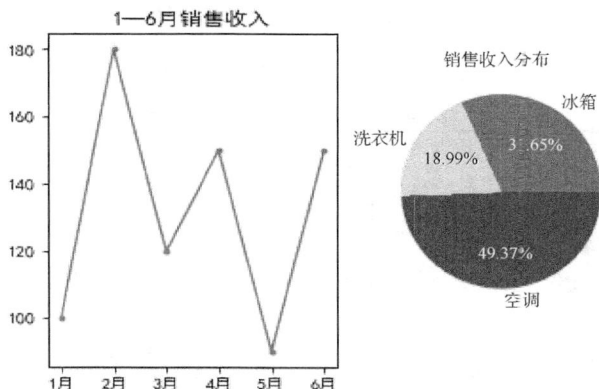

图 6-13　使用 pyplot.subplots()方法绘制子图

使用 matplotlib 模块中的方法可以对图形的线型、颜色、标签等样式进行设置，从而实现图形的个性化展示，也可通过组合图和子图的方式更好地反映数据的逻辑关系。需要注意的是，数据可视化是为了更好地展示数据分析的结果，因此，图形没有好坏之分。简洁、可读、易用是绘制图表的基本要求，能够快速呈现数据内在规律的图表才是最好的选择，而不是越复杂、越多样就越好。

任务三　pyecharts 初级应用

pyecharts 也是 Python 中实现数据可视化的第三方模块。与 matplotlib 模块相比，pyecharts 生成的图表可以实现动态交互的可视化效果，从而让用户了解更多数据细节。不足之处是 pyecharts 不支持数组作图，也就是不能使用 numpy、pandas 数据类型，只支持列表、元组等 Python 原生数据类型。

一、pyecharts 绘图逻辑

使用 pyecharts 作图，其基本绘图逻辑如图 6-14 所示。首先，在作图前导入相关内置模块。pyecharts 的 charts 子模块包含各式各样的作图类，如 Line（折线图）、Bar（柱形图/条形图）、Pie（饼图）等，可根据需要导入对应的作图类。接着，添加图表基础数据，然后进行样式设置。options 模块是 pyecharts 中最重要的模块之一，里面封装了众多关于定制图表组件和样式的配置项，配置前需导入 options 模块。设置完成后就可以渲染图表最终的呈现效果了。

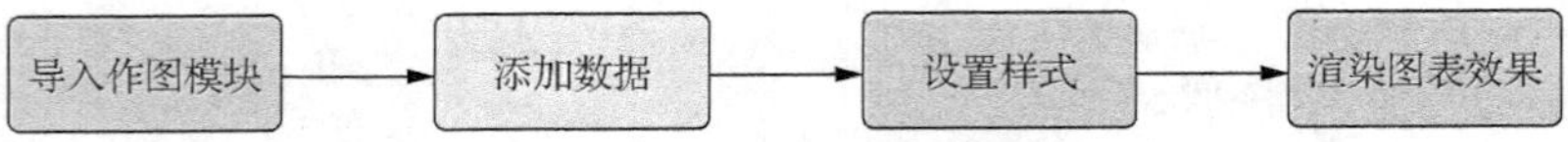

导入作图模块 → 添加数据 → 设置样式 → 渲染图表效果

图 6-14　pyecharts 绘图逻辑

二、pyecharts 图表绘制

pyecharts 模块中包括 30 多种常见图表，部分图表类型如表 6-15 所示。下面以直角坐标系图表和饼图为例讲解用 pyecharts 绘制简单图表的方法。

表 6-15　　　　　　　　　　　pyecharts 图表类型

作图类	说明	作图类	说明
Bar	柱形图/条形图	Pie	饼图
Line	折线/面积图	Polar	极坐标系
Kline/Candlestick	K 线图	Radar	雷达图
HeatMap	热力图	Tree	树图
Scatter	散点图	Map	地图
Gauge	仪表盘	Bar3D	3D 柱形图

1. 直角坐标系图表

pyecharts 模块中的直角坐标系图表包括柱形图、折线图、散点图等。以折线图为例，其基本语法格式如下。

```
1   # (1) 从 pyecharts.charts 导入折线图类，并实例化一个折线图对象
2   from pyecharts.charts import Line
3   line = Line()
```

```
4    #（2）添加 x 轴和 y 轴数据
5    line.add_xaxis(x)
6    line.add_yaxis('系列名称',y )
7    #（3）显示折线图
8    line.render_notebook()
```

业务场景 6-10　在直角坐标系中绘制折线图

Tata 公司 2021 年 1—6 月的产品销量分别为 1 000 台、800 台、1 200 台、1 500 台、900 台、1 500 台，业务部门据此绘制折线图，展示产品销量趋势。

代码实现

➤　**在直角坐标系中绘制折线图**

```
1    #（1）导入折线图类，并实例化一个折线图对象
2    from pyecharts.charts import Line
3    line = Line()
4    #（2）根据根据已知条件设置 x 轴、y 轴数据
5    x = ['1月','2月','3月','4月','5月','6月']
6    y = [1000, 800, 1200, 1500, 900, 1500]
7    #（3）添加 x 轴、y 轴数据
8    line.add_xaxis(x)
9    line.add_yaxis('销量', y)
10   #（4）显示折线图
11   line.render_notebook()
```

运行结果（见图 6-15）

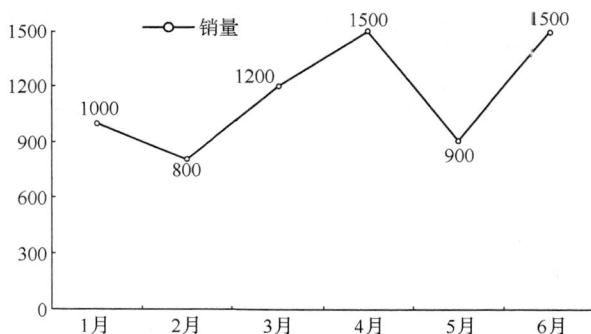

图 6-15　使用 pyecharts 绘制折线图

业务总结

pyecharts 的所有方法均支持链式调用。链式调用是指简化同一对象多次访问属性或调用方法的编码方式，以避免多次重复使用同一对象变量，可使代码变得更加简洁、易懂。其语法格式类似 Line().add_xaxis().add_yaxis()，业务场景 6-10 中的代码也可以按以下方式编写，运行结果同图 6-15。

```
1    #（1）导入折线图类
2    from pyecharts.charts import Line
3    #（2）根据已知条件设置 x 轴、y 轴数据
4    x = ['1月','2月','3月','4月','5月','6月']
5    y = [1000, 800, 1200, 1500, 900, 1500]
6    #（3）添加 x 轴、y 轴数据，并显示折线图
7    Line().add_xaxis(x).add_yaxis('销量', y).render_notebook()
```

业务场景 6-11　在直角坐标系中绘制柱形图

沿用业务场景 6-10 的数据，绘制柱形图。

代码实现

➤ 在直角坐标系中绘制柱形图

```
1   #（1）导入柱形图类，并实例化一个柱形图对象
2   from pyecharts.charts import Bar
3   bar = Bar()
4   #（2）根据已知条件设置 x 轴、y 轴数据
5   x = ['1月','2月','3月','4月','5月','6月']
6   y = [1000, 800, 1200, 1500, 900, 1500]
7   #（3）添加 x 轴、y 轴数据
8   bar.add_xaxis(x)
9   bar.add_yaxis('销量',y)
10  #（4）显示柱形图
11  bar.render_notebook()
```

运行结果（见图 6-16）

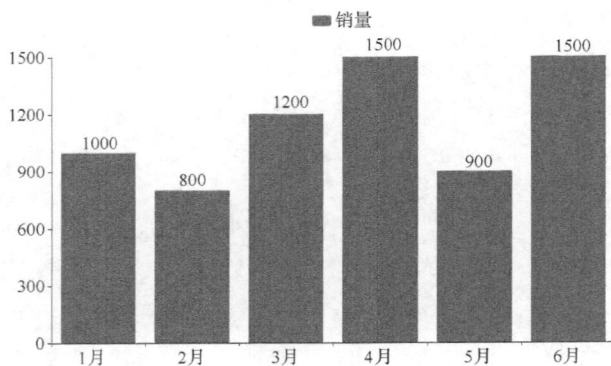

图 6-16　使用 pyecharts 绘制柱形图

可以看到，绘制柱形图与绘制折线图类似，只是将作图类由 Line() 改为 Bar()，并按同样的方式添加 *x* 轴、*y* 轴数据，进而生成柱形图。

2. 饼图

在 pyecharts 中使用 Pie() 方法绘制饼图。与直角坐标系图表不同，饼图的基础数据可以使用"[(key1, value1), (key2, value2)]"格式进行设置，其基本语法格式如下。

```
1   #（1）从 pyecharts.charts 导入饼图类，并实例化一个饼图对象
2   from pyecharts.charts import Pie
3   pie = Pie()
4   #（2）添加系列数据
5   pie.add('系列名称', [(key1, value1), (key2, value2)])
6   #（3）显示饼图
7   pie.render_notebook()
```

业务场景 6-12　绘制饼图展示销售收入构成

Tata 公司 2021 年 1—6 月各产品销售收入如表 6-16 所示。业务部门据此绘制饼图以展示销售

收入构成情况。

表 6-16　　　　　　　　　　2021 年 1—6 月销售收入构成　　　　　　　　单位：万元

产品	销售收入
冰箱	250
洗衣机	150
空调	390

代码实现

➢ **绘制饼图**

```
1  #（1）从 pyecharts.charts 导入饼图类，并实例化一个饼图对象
2  from pyecharts.charts import Pie
3  pie = Pie()
4  #（2）根据已知条件设置饼图系列数据
5  y = [('冰箱', 250), ('洗衣机', 150), ('空调', 390)]
6  #（3）添加系列数据
7  pie.add('销售收入', y)
8  #（4）显示饼图
9  pie.render_notebook()
```

运行结果（见图 6-17）

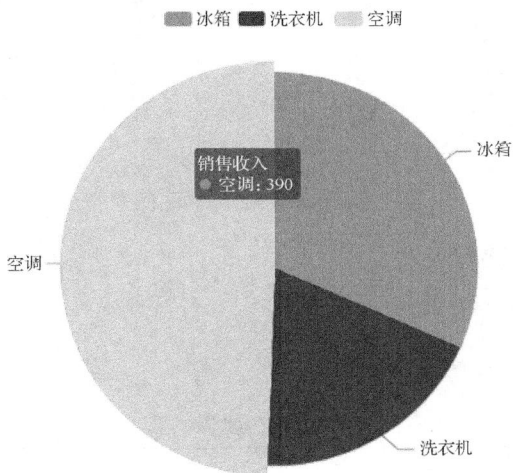

图 6-17　使用 pyecharts 绘制饼图

业务总结

　　matplotlib 和 pyecharts 模块都能实现基础数据的可视化呈现，但 pyecharts 支持动态交互，移动鼠标即可动态呈现具体的数据信息，更便于用户了解数据内容。在实际业务处理过程中，要分析原数据的特征和结构，熟练掌握绘图逻辑，选择合适的绘图模块和图表类型，从而强化数据分析结果的应用和价值挖掘。

任务四　pyecharts 绘图进阶

　　与 matplotlib 模块一样，pyecharts 模块也提供了高度灵活的配置项和多种组合图表类型，可

以帮助用户实现想要的可视化效果。

一、pyecharts 样式设置

使用 pyecharts 中的 options 子模块可实现图表样式的各种配置。根据配置内容不同，配置项可以分为全局配置项和局部配置项，并遵循"先配置后使用"的原则。

1. 全局配置项

全局配置项是针对图表通用属性进行配置的配置项，包括初始化配置项、标题配置项、图例配置项、提示框配置项、工具箱配置项等。全局配置项通过 set_global_opts()方法配置（初始化配置项除外），每个配置项都对应一个类，如图 6-18 所示。

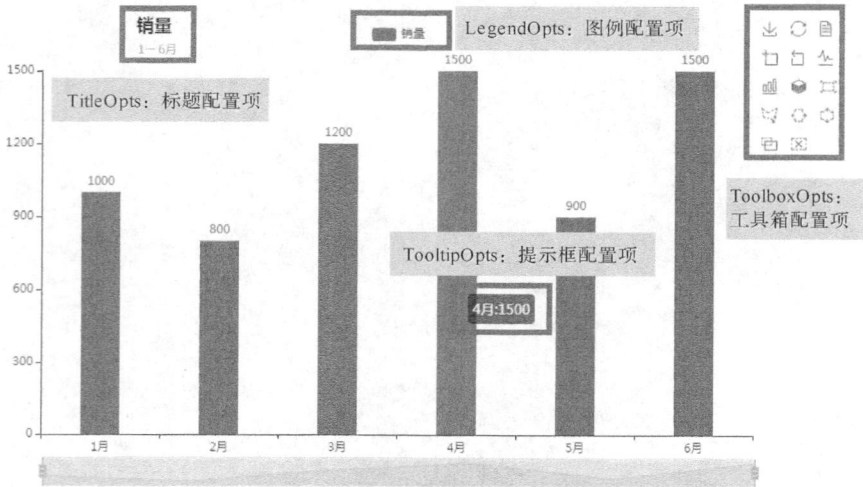

图 6-18 pyecharts 绘图配置项

（1）InitOpts：初始化配置项。

InitOpts 配置项主要用于设置图表画布的大小、图表主题等。以折线图为例，其语法格式如下。常用参数如表 6-17 所示。

```
1    Line(init_opts = opts.InitOpts())
```

表 6-17   InitOpts()的常用参数

常用参数	说明
width	图表画布的宽度
height	图表画布的高度
theme	图表主题

动手实操

➢ **设置画布大小**

```
1    Line(init_opts = opts.InitOpts(width = '900px', height = '500px')
```

width 和 height 参数值也可直接用 cm（厘米）、mm（毫米）等单位进行设置。

（2）TitleOpts：标题配置项。

TitleOpts 配置项主要用于设置图表的标题文本、标题位置等，其语法格式如下。常用参数如表 6-18 所示。

```
1    Line().set_global_opts(title_opts = opts.TitleOpts())
```

表 6-18　　　　　　　　　　　　　　　　TitleOpts()的常用参数

常用参数	说明
title	主标题文本
subtitle	副标题文本
pos_left	title 组件所在的区域被称为容器，该参数用于设置标题距离容器左侧的位置，参数值可以是像 2%这样的相对于容器高宽的百分比，也可以是像 20 这样的具体值，还可以是 left、center、right
pos_right	设置标题距离容器右侧的位置，参数值可以是像 2%这样的相对于容器高宽的百分比，也可以是像 20 这样的具体值
pos_top	设置标题距离容器上侧的位置，参数值可以是像 2%这样的相对于容器高宽的百分比，也可以是像 20 这样的具体值，还可以是 top、middle、bottom
pos_bottom	设置标题距离容器下侧的位置，参数值可以是像 2%这样的相对于容器高宽的百分比，也可以是像 20 这样的具体值

动手实操

➢ **显示主标题和副标题**

```
1    Line().set_global_opts(title_opts = opts.TitleOpts(title = '销量', subtitle = '1—6月'))
```

（3）LegendOpts：图例配置项。

LegendOpts 配置项主要用于设置图例是否显示、图例位置等，其语法格式如下。常用参数如表 6-19 所示。

```
1    Line().set_global_opts(legend_opts = opts.LegendOpts())
```

表 6-19　　　　　　　　　　　　　　　LegendOpts()的常用参数

常用参数	说明
is_show	是否显示图例组件
pos_left	参数值设置同标题配置项
pos_right	
pos_top	
pos_bottom	

动手实操

➢ **显示图例，设置图例的相对位置**

```
1    Line().set_global_opts(legend_opts = opts.LegendOpts(is_show = True, pos_top = '2%'))
```

（4）ToolboxOpts：工具箱配置项。

ToolboxOpts 配置项主要用于设置工具箱是否显示、工具箱位置等，其语法格式如下。常用参数如表 6-20 所示。

```
1    Line().set_global_opts(toolbox_opts = opts.ToolboxOpts())
```

表 6-20　　　　　　　　　　　　　　　ToolboxOpts()的常用参数

常用参数	说明
is_show	是否显示工具箱组件
pos_left	参数值设置同标题配置项
pos_right	
pos_top	
pos_bottom	

动手实操

➤ **显示工具箱，设置工具箱的相对位置**

```
1   Line().set_global_opts(toolbox_opts = opts.ToolboxOpts(is_show = True, pos_top =
    '2%')
```

☕ 业务场景 6-13   绘制折线图展示各月费用发生额趋势

Tata 公司 2021 年 1—6 月的费用发生额如表 6-21 所示。绘制折线图，将折线颜色设置为钢青色（steelblue），并按表 6-22 的要求设置图表样式。

表 6-21 　　　　　　　　　　　　2021 年 1—6 月费用发生额　　　　　　　　　　　　单位：万元

月份	费用发生额
1 月	12
2 月	6
3 月	8
4 月	9
5 月	8
6 月	6

表 6-22 　　　　　　　　　　　　　　　　样式设置要求

配置项	要求
初始化配置项	设置画布大小为 16cm×12cm（宽 16cm，高 12cm）
标题配置项	主标题设置为"费用发生额"，副标题设置为"1—6 月"，标题距离左侧的相对位置为 5%
图例配置项	显示图例，图例距离上侧的相对位置为 2%
工具箱配置项	显示工具箱，工具箱距离左侧的相对位置为 80%

代码实现

➤ **根据 Tata 公司 1—6 月份费用发生额绘制折线图**

```
1   # (1) 导入折线图类和 options 模块
2   from pyecharts.charts import Line
3   from pyecharts import options as opts
4   # (2) 根据已知条件设置 x 轴、y 轴数据
5   X = ['1 月','2 月','3 月','4 月','5 月','6 月']
6   Y = [12, 6, 8, 9, 8, 6]
7   # (3) 实例化一个折线图对象，并设置画布大小为 16cm×12cm
8   line = Line(init_opts = opts.InitOpts(width = '16cm', height = '12cm'))
9   # (4) 添加 x 轴、y 轴数据，并将折线颜色设置为钢青色
10  line.add_xaxis(X)
11  line.add_yaxis('金额',Y, color = 'steelblue')
12  # (5) 设置全局配置项，将主标题设置为"费用发生额（万元）"，副标题设置为"1—6 月"，主标题距离左
    侧的相对位置为 5%
13  line.set_global_opts(title_opts = opts.TitleOpts(title = '费用发生额', subtitle =
    '1—6 月', pos_left = '5%'),
14  # 显示图例，图例距离上侧的相对位置为 2%
15  legend_opts = opts.LegendOpts(is_show = True, pos_top = '2%'),
16  # 显示工具箱，工具箱距离左侧的相对位置为 80%
17  toolbox_opts = opts.ToolboxOpts(is_show = True, pos_left = '80%'))
```

```
18  #（6）显示折线图
19  line.render_notebook()
```

运行结果（见图 6-19）

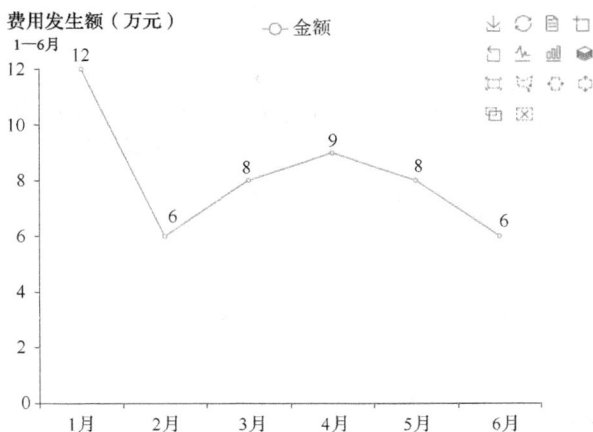

图 6-19　使用 pyecharts 绘制折线图——全局设置

2．系列配置项

系列配置项是针对图表特定元素属性的配置项，包括标签配置项、标记点配置项、线型配置项等。系列配置项通过 set_series_opts()方法设置，每个配置项都对应一个类。

（1）LabelOpts：标签配置项。

LabelOpts 配置项主要用于设置是否显示图表标签，以及设置标签的字体、字号等，其语法格式如下。常用参数如表 6-23 所示。

```
1  Line().set_series_opts(label_opts = opts.LabelOpts())
```

表 6-23　　　　　　　　　　　　　LabelOpts()的常用参数

常用参数	说明
is_show	是否显示标签
color	标签文字的颜色
font_size	标签文字的大小
font_family	标签文字的字体

动手实操

➢　设置标签格式

```
1  Line().set_series_opts(label_opts = opts.LabelOpts(is_show = True, font_family =
'楷体', font_size = 10))
```

（2）MarkPointOpts：标记点配置项。

MarkPointOpts 配置项主要用于设置标记点数据项，其语法格式如下。常用参数如表 6-24 所示。

```
1  Line().set_series_opts(markpoint_opts = opts.MarkPointOpts(data = [opts. Mark
PointItem()]))
```

表 6-24　　　　　　　　　　　　　MarkPointOpts()的常用参数

常用参数	说明
name	标注名称
type_	特殊的标注类型，用于标注最大值、最小值等。可选 min（最小值）、max（最大值）、average（平均值）

动手实操

➤ **标记最大值**

```
1   Line().set_series_opts(markpoint_opts = opts.MarkPointOpts(data=[opts.
Mark PointItem(type_ = 'max', name = '最大值')]))
```

（3）LineStyleOpts：线型配置项。

LineStyleOpts 配置项主要用于设置线型，其语法格式如下。常用参数如表 6-25 所示。

```
1   Line().set_series_opts(linestyle_opts = opts.LineStyleOpts())
```

表 6-25   LineStyleOpts()的常用参数

常用参数	说明
is_show	是否显示
width	线宽
opacity	图形透明度，支持 0~1 的数字，为 0 时不绘制该图形
type_	线的类型，可选 solid（实线）、dashed（虚线）、dotted（点线）
color	线的颜色

动手实操

➤ **设置线型为虚线，线宽为 2**

```
1   Line().set_series_opts(linestyle_opts = opts.LineStyleOpts(width = 2, type_ = 
'dashed'))
```

业务场景 6-14   优化图表样式

沿用业务场景 6-13 的数据，并按表 6-26 的要求进行样式设置。

表 6-26   样式设置要求

配置项	要求
标签配置项	显示标签，字体为黑体，字号 16
线型配置项	线为点线，线宽为 4
标记点配置项	显示最小值，标记点名称为最小值

基于业务场景 6-13 的代码，增加以下代码及说明。

代码实现

➤ **增加图表样式设置**

```
1   # 设置标签字体为黑体，字号为 16
2   line.set_series_opts(label_opts = opts.LabelOpts(is_show = True, font_family = 
'黑体', font_size = 16),
3   # 设置线型为点线，线宽为 4
4   linestyle_opts = opts.LineStyleOpts(type_ = 'dotted', width = 4),
5   # 添加最小值标记点
6   markpoint_opts = opts.MarkPointOpts(data = [opts. MarkPointItem(type_ = 'min', 
name = '最小值')]))
7   # 显示折线图
8   line.render_notebook()
```

运行结果（见图 6-20）

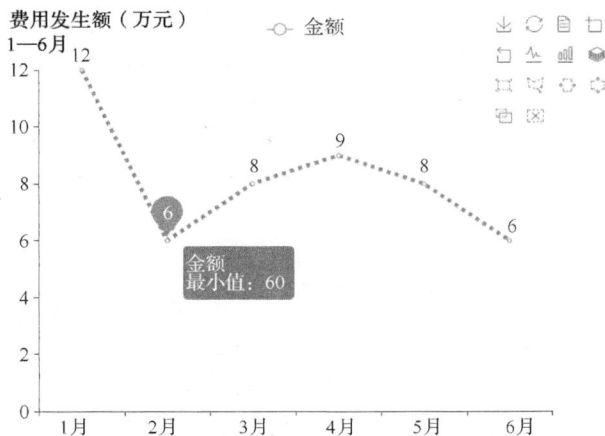

图 6-20 使用 pyecharts 绘制折线图——系列配置

3. 图表配置项

除了全局配置项和系列配置项，对不同类型的图表也可进行个性化设置。以饼图为例，在饼图中可以设置饼图的半径、饼图的中心坐标等，其语法格式如下。常用参数如表 6-27 所示。

```
1    Pie().add('系列名称', data_pair, color=None, radius=None, center=None, rosetype=None, is_clockwise=True,…)
```

表 6-27 使用 pyecharts 绘制饼图的常用参数

常用参数	说明
color	系列标签颜色
radius	饼图的半径，数组的第一项是内半径，第二项是外半径，默认设置成百分比
center	饼图的中心（圆心）坐标，数组的第一项是横坐标，第二项是纵坐标，默认设置成百分比
rosetype	是否展示成南丁格尔玫瑰图，通过半径区分数据大小，有 radius 和 area 两种模式。 ① radius：扇区圆心角展现数据的百分比，半径展现数据的大小。 ② area：所有扇区圆心角相同，仅通过半径展现数据的大小
is_clockwise	饼图的扇区是否按顺时针排布，参数值为 True 时，扇区顺时针排布

业务场景 6-15 绘制饼图并设置样式

Tata 公司 2021 年 8 月各类家电产品的销售收入如表 6-28 所示，绘制饼图，将饼图主标题设置为"家电产品销售收入"，并按表 6-29 的要求进行样式设置。

表 6-28 2021 年 8 月家电产品销售收入 单位：万元

产品类别	销售收入
冰箱	200
洗衣机	180
空调	360
电视机	160
微波炉	120
吸尘器	90

表 6-29 样式设置要求

序号	要求
1	饼图内半径的参数值设置为 30%，外半径的参数值设置为 60%
2	饼图扇区圆心角展现数据的百分比，半径展现数据的大小
3	饼图扇区逆时针排布
4	不显示图例

代码实现

➢ **绘制饼图，设置样式**

```
1   #（1）从 pyecharts.charts 导入饼图类、options 模块，并实例化一个饼图对象
2   from pyecharts.charts import Pie
3   from pyecharts import options as opts
4   pie = Pie()
5   #（2）根据已知条件设置饼图系列数据
6   list1 = [('冰箱', 200), ('洗衣机', 180), ('空调', 360), ('电视机', 160), ('微波炉',
120), ('吸尘器', 90) ]
7   #（3）添加系列数据
8   pie.add('销售收入', list1,
9               # 设置饼图内半径与外半径
10              radius=['30%', '60%'],
11              # 设置南丁格尔玫瑰图模式为 radius
12              rosetype = 'radius',
13              # 设置扇区逆时针排布
14              is_clockwise = False)
15  #（4）设置饼图主标题
16  pie.set_global_opts(title_opts = opts.TitleOpts(title = '家电产品销售收入'),
17                      # 设置不显示图例
18                      legend_opts = opts.LegendOpts(is_show =False))
19  #（5）显示饼图
20  pie.render_notebook()
```

运行结果（见图 6-21）

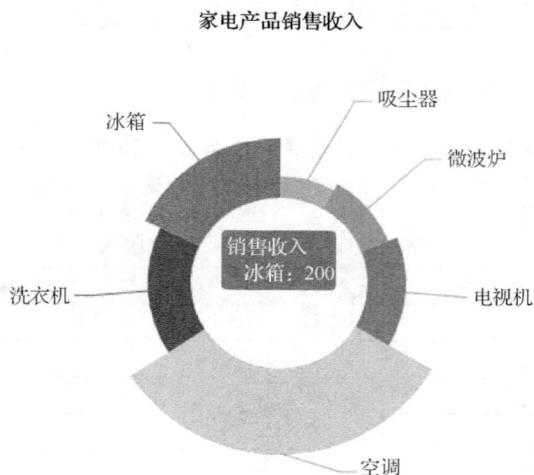

图 6-21　pyecharts 饼图——样式设置

二、pyecharts 层叠图绘制

层叠图是将多个图形叠加在同一个视图区，比如柱形图与折线图叠加，或者折线图与散点图叠加。在 pyecharts 中绘制层叠图时，可先分别绘制需叠加的图形，然后使用 overlap()方法将绘制好的图形叠加在一起，以柱形图和折线图组合为例，其语法格式如下。

```
1  bar.overlap(line)
```

业务场景 6-16　绘制层叠图

Tata 公司 2021 年 1—6 月微波炉和烤箱的销售收入如表 6-30 所示，分别绘制微波炉销售收入折线图、烤箱销售收入柱形图，并使用 overlap()方法将图形叠加在一起。图形样式设置要求如表 6-31 所示。

表 6-30　　　　　　　　　　2021 年 1—6 月微波炉、烤箱销售收入　　　　　　　单位：万元

月份	微波炉	烤箱
1	100	50
2	80	90
3	120	60
4	150	80
5	90	60
6	150	70

表 6-31　　　　　　　　　　　　　　　样式设置要求

	柱形图		折线图	
标题	微波炉 vs 烤箱销售收入（单位：万元）		线宽	2
柱形颜色	钢青色（steelblue）			

代码实现

➤ **绘制层叠图**

```
1   # (1) 导入柱形图类、折线图类和 options 模块
2   from pyecharts.charts import Bar, Line
3   from pyecharts import options as opts
4   # (2) 根据已知条件设置 x 轴、y 轴数据
5   x = ['1月','2月','3月','4月','5月','6月']
6   y1 = [100, 80, 120, 150, 90, 150]
7   y2 = [50, 90, 60, 80, 60, 70]
8   # (3) 实例化一个柱形图对象
9   bar = Bar()
10  # (4) 添加柱形图数据（z = 0 表示柱形图在折线图下层显示）
11  bar.add_xaxis(x)
12  bar.add_yaxis('烤箱', y2 , color = 'steelblue', z = 0)
13  # (5) 将柱形图标题设置为"微波炉 vs 烤箱销售收入（单位：万元）"
14  bar.set_global_opts(title_opts = opts.TitleOpts(title = '微波炉 vs 烤箱销售收入（单位：万元）'))
15  # (6) 实例化一个折线图对象
16  line = Line()
17  # (7) 添加折线图数据
18  line.add_xaxis(x)
19  line.add_yaxis('微波炉', y1)
```

```
20   # (8) 将折线线宽设置为 2
21   line.set_series_opts(linestyle_opts = opts.LineStyleOpts(width = 2))
22   # (9) 使用 overlap() 方法将柱形图和折线图叠加在一起
23   bar.overlap(line)
24   # (10) 显示层叠图
25   bar.render_notebook()
```

运行结果（见图 6-22）

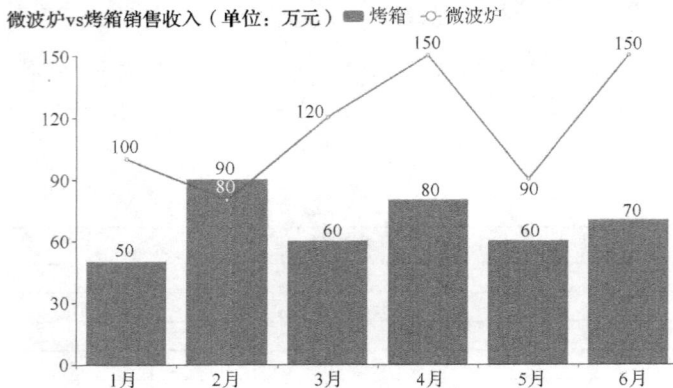

图 6-22　使用 pyecharts 绘制层叠图

三、并行图

与层叠图不同，并行图是指在同一视图区中分开显示多张图表，类似 matplotlib 模块中的子图。pyecharts 中使用 Grid() 作图类实现并行图绘制，假设要在同一视图区绘制柱形图和折线图，其语法格式如下。

```
1   # 导入 Grid 作图类
2   from pyecharts.charts import Grid
3   # 实例化一个 Grid 对象
4   grid = Grid()
5   # 使用 add() 方法分别添加已绘制的柱形图、折线图，并调整图形位置
6   grid.add(bar, grid_opts = opts.GridOpts(pos_left = None, pos_right = None, pos_top
= None, pos_bottom = None,…))
7   grid.add(line, grid_opts = opts.GridOpts(pos_left = None, pos_right = None, pos_top
= None, pos_bottom = None,…))
```

导入 GridOpts（直角坐标系网格配置项）调整图形位置时，可使用 pos_left、pos_right、pos_top、pos_bottom 分别调整左、右、上、下的距离，位置参数如表 6-32 所示。

表 6-32　　　　　　　　　　　　　　　　GridOpts() 的位置参数

参数	说明
pos_left	grid 组件距离容器左侧的位置。参数值可以是像 2% 这样的相对于容器高宽的百分比，也可以是像 20 这样的具体值，还可以是 left、center、right
pos_right	grid 组件距离容器右侧的位置。参数值可以是像 2% 这样的相对于容器高宽的百分比，也可以是像 20 这样的具体值
pos_top	grid 组件距离容器上侧的位置。参数值可以是像 2% 这样的相对于容器高宽的百分比，也可以是像 20 这样的具体值，还可以是 top、middle、bottom
pos_bottom	grid 组件距离容器下侧的位置。参数值可以是像 2% 这样的相对于容器高宽的百分比，也可以是像 20 这样的具体值

业务场景 6-17 绘制并行图

沿用业务场景 6-16 的数据，绘制并行图，布局采用左右类型，即折线图显示在左，柱形图显示在右，要求折线图标题为 "1—6 月微波炉销售收入"，柱形图标题为 "1—6 月烤箱销售收入"，二者均不显示图例。

思路分析

1	分别设置折线图和柱形图的标题，并修改标题位置，以避免两个图形的标题重叠（标题默认都显示在左上角，可将右侧柱形图的标题位置设置为 pos_left = '60%'）
2	导入 Grid() 作图类绘制并行图

代码实现

➤ **绘制并行图**

```
1   # （1）导入柱形图类、折线图类、Grid 作图类和 options 模块
2   from pyecharts.charts import Bar, Line, Grid
3   from pyecharts import options as opts
4   # （2）根据已知条件设置 x 轴、y 轴数据
5   x = ['1月','2月','3月','4月','5月','6月']
6   y1 = [100, 80, 120, 150, 90, 150]
7   y2 = [50, 90, 60, 80, 60, 70]
8   # （3）实例化一个柱形图对象
9   bar = Bar()
10  # （4）添加柱形图数据
11  bar.add_xaxis(x)
12  bar.add_yaxis('烤箱', y2 , color = 'steelblue')
13  # （5）将柱形图标题设置为 "1—6 月烤箱销售收入（万元）"，标题距离左侧 60%
14  bar.set_global_opts(title_opts = opts.TitleOpts(title = '1—6 月烤箱销售收入（万元）',
    pos_left = '60%'),
15                           # 设置不显示图例
16                      legend_opts = opts.LegendOpts(is_show= False))
17  # （6）实例化一个折线图对象
18  line = Line()
19  # （7）添加折线图数据
20  line.add_xaxis(x)
21  line.add_yaxis('微波炉', y1)
22  # （8）将折线图标题设置为 "1—6 月微波炉销售收入（万元）"
23  line.set_global_opts(title_opts = opts.TitleOpts(title = '1—6 月微波炉销售收入（万元）'),
24                           # 设置不显示图例
25                      legend_opts = opts.LegendOpts(is_show= False))
26  # （9）将折线线宽设置为 2
27  line.set_series_opts(linestyle_opts = opts.LineStyleOpts(width = 2))
28  # （10）实例化一个 Grid 对象
29  grid = Grid()
30  # （11）使用 add() 方法添加折线图，设置图形距离右侧 60%
31  grid.add(line, grid_opts = opts.GridOpts(pos_right = '50%'))
32  # （12）使用 add() 方法添加柱形图，设置图形距离左侧 60%
33  grid.add(bar, grid_opts = opts.GridOpts(pos_left = '60%'))
34  # （13）显示并行图
35  grid.render_notebook()
```

运行结果（见图 6-23）

1—6月微波炉销售收入（万元）

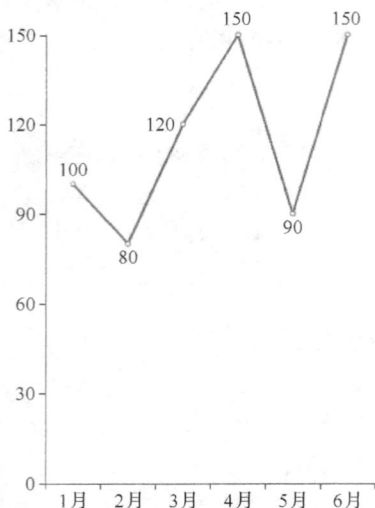

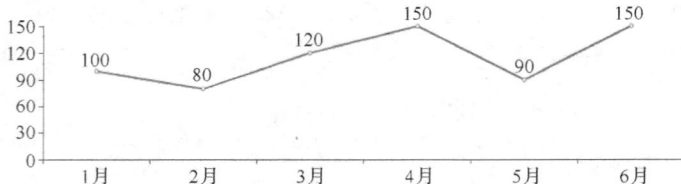

1—6月烤箱销售收入（万元）

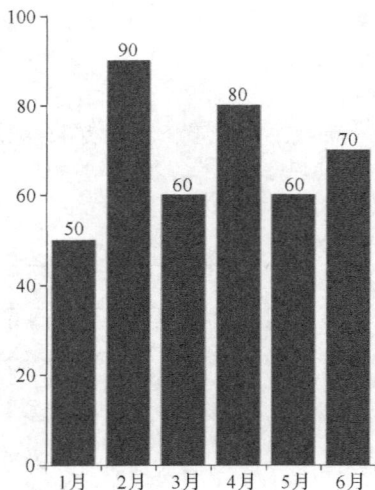

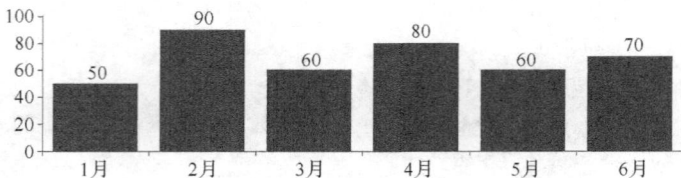

图 6-23　Python 绘制并行图——左右类型

如果想要实现折线图在上、柱形图在下的布局，可以设置折线图的位置为 pos_bottom = '60%'，设置柱形图的位置为 pos_top = '60%'，并调整柱形图的标题位置，实现图 6-24 所示的效果。

1—6月微波炉销售收入（万元）

1—6月烤箱销售收入（万元）

图 6-24　Python 绘制并行图——上下类型

业务总结

不论是企业决策还是趋势预测，数据可视化都可以为非财会人员提供更直观易懂的方式，帮助他们了解企业经营和发展情况。Python 中的 matplotlib、pyecharts 等第三方绘图模块，为财会人员提供了更加多样化的可视化方法，将财务报表、经营数据等拆解成直观的分析结果，并以多种图表样式展现数据的内在规律。当然，市场上也有大量成熟的可视化工具供用户选择，但需注意的是，财务大数据可视化工具和方法的选择与企业需求、信息系统构建、人才结构等息息相关。企业应根据自身对数据编辑、数据可视化展示、数据运算建模的实际需要，结合企业战略规划，综合考虑成本效益原则，选择合适的可视化工具，为管理决策提供支持。

拓展阅读

"数字地球"预测人类生态前景

大量研究结果表明,人类通过图形获取信息的速度比通过阅读文字获取信息的速度要快很多。相较于其他形式,数据可视化展示可以帮助人类更形象、直观地观察和理解数据,有助于多角度、多层次地分析看待事物,并试着用所学知识去理解现象背后的事物本质。

每年的 4 月 22 日是世界地球日,2021 年世界地球日的主题是"修复我们的地球"。如今,随着全球温室气体浓度超过 400ppm 的临界值,由此引发愈加频繁的气候灾难。我们只有一个地球,面对这场关乎人类命运的气候危机,必须慎之又慎。为此,欧洲科学家提出建立"数字孪生地球"的想法,试图在数字世界为地球建造一个孪生体,帮助预测人类当前的生态前景,并检验环境政策的真实作用。

2020 年 6 月,我国南方多省连续 31 天拉响"暴雨警报",250 条江河干流水位超历史极值;到了 12 月末,一场 60 年不遇的"霸王级寒潮"袭击大江南北,"冻透"大约八成国土;2021 年 2 月初,美国得克萨斯州遭遇罕见强度的"寒潮"袭击,数以千万人口断水断电……根据世界气象组织发布的《2020 年全球气候状况》报告,这些极端气候灾难的矛头都指向一个结论——全球气候变暖。和工业革命爆发前的地球平均温度相比,全球平均温度已经至少升高 1.5 摄氏度。人类活动是全球气候变暖的最大变量。如果对此视若无睹,未来这个可怕的趋势将再难"回头"。

数字孪生地球,提供了丈量环境治理提案在未来会指向何方的尺子,是在虚拟数字世界中构建一个和真实地球一模一样的孪生体,通过数字世界的"分身"清晰感知或提前预判真实的地球运转状况。事实上,地球的这个孪生兄弟不仅仅是真实地球的简单镜像,还能和物理实体保持实时互动。它不仅会忠实地描述地球在过去和当下的运行状态和轨迹,还会结合过去的经验数据和自身的模型演算,将人类活动对生态环境的所有影响都清晰准确地呈现出来。

随着大数据、云计算、人工智能等新一代信息技术的发展,加上地理信息技术与航空航天产业的深度融合,构建数字化地球成为可能。2021 年 2 月,上海市将百年历史建筑南京大楼升级成一座"活着"的数字孪生大楼,利用数字孪生技术,将构成城市微小单元的建筑变成了一个能感知、会思考、可进化、有温度的"生命体"。

工业革命以来,技术进步让人类感到前所未有的自信甚至傲慢,仿佛自然是一个可以轻易征服的对象。人们肆无忌惮地砍伐、焚烧、排放,而伤痕累累的地球则用山呼海啸、干旱洪灾、酷热寒潮给人类以惊醒。利用数字孪生技术可以为世界万物,甚至地球建造数字孪生体。相信在未来,随着越来越精确的气象监测,以及人类活动等大数据源源不断地更新,数字孪生地球将提供越来越准确的星球生态监测及未来场景预测。

资料来源:浙江大学环境与资源学院

进阶篇

Python 在财务会计中的应用

项目导读

在财务核算过程中，财务人员会遇到不同的数据表，如财务报表、科目余额表、明细账、工资表、纳税申报表等。当企业规模不大或数据量不大时，Excel 是财务人员处理简单运算的常用工具。但是，随着数据规模的增长，大量重复性的财务核算任务增加，企业也提出更多的数据处理需求，如多平台数据表的读取、分组、排序，以及构建复杂财务模型，进行统计分析等，这时企业可以借助 Python 中的数据处理模块 pandas 进行高阶的数据处理。本项目以常见的会计核算任务，如薪酬计算、薪酬分析、销售收入与发票数据的勾稽等为业务场景，讲解如何利用 Python 的 pandas 模块进行数据采集、数据加工等操作，以及如何利用 matplotlib 模块将数据进行可视化呈现。同时，本项目以固定资产折旧业务为例，讲解如何利用 Python 数据分析结果进行决策，提升财务管理效率。

任务一 薪酬计算

薪酬计算是企业薪酬管理的基础。准确计算员工薪酬数据，全员全额明细申报个人所得税，合法合规计提缴纳社保，是企业健康运营的基本保障，也是保障企业纳税信用的基本要求。

业务场景 7-1 计算员工薪酬

Tata 公司 2021 年 6 月的职工薪酬相关数据如表 7-1 所示，财务人员每个月都要计算公司所有员工的社会保险费、住房公积金、应发工资、个人所得税、实发工资等数据。

表 7-1　　　　　　　　　　　　　　　　职工薪酬数据　　　　　　　　　　　　　　　单位：元

员工工号	姓名	部门	出勤天数	基本工资	绩效工资	月奖金	津贴	社保缴纳基数	专项附加扣除	上期累计应纳税所得额	职工福利费	职工教育经费
wzw001	张奕成	行政部	20	18 000			500	22 000	2 000	61 485	500	
wzw002	林海之	财务部	22	11 000			200	10 800		33 511	500	
wzw003	张晨	财务部	22	12 000			200	11 500	1 000	33 272	500	
wzw004	李丽琴	行政部	18	9 000			200	8 800	1 000	16 194	500	
wzw005	林雨	采购部	20	10 300			200	9 800		18 793	500	
wzw006	曾国华	销售部	19	18 500	2 500		200	17 800	2 000	76 520	500	
wzw007	刘成宇	销售部	22	18 500	1 000		500	18 000		77 851	500	
wzw008	陈晨	销售部	19	16 500			200	16 000	2 000	52 734	500	
wzw009	汪洋	生产部	22	15 000			500	23 400	2 000	97 007		800

续表

员工工号	姓名	部门	出勤天数	基本工资	绩效工资	月奖金	津贴	社保缴纳基数	专项附加扣除	上期累计应纳税所得额	职工福利费	职工教育经费
wzw010	张韩煜	生产部	19	11 500			200	11 000		36 442		800
wzw011	李晓梅	生产部	20	12 000			200	10 800	1 000	33 511		800
wzw012	周凯	生产部	21	10 500			200	9 800	2 000	18 852		800
wzw013	王益帅	生产部	21	11 000			200	10 600	1 000	27 579		800
wzw014	张浩	生产部	20	13 200			200	12 700		46 062		800
wzw015	周怡	生产部	22	11 800			200	11 200		38 174		800
wzw016	林晓峰	生产部	21	13 200			200	12 800		46 028		800

常见的职工薪酬项目如图 7-1 所示。

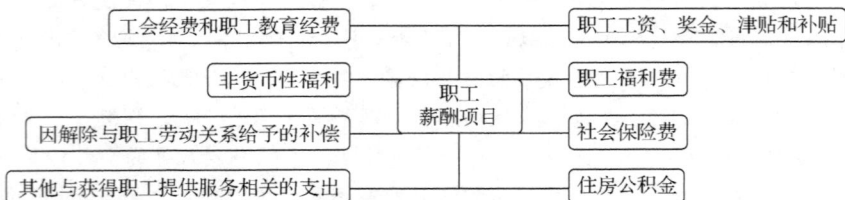

图 7-1 职工薪酬项目构成

思路分析

1　计算实发工资，首先应根据职工薪酬项目计算出员工的应发工资，在此基础上扣除应由员工个人承担的社会保险费、住房公积金及个人所得税，所得结果即实发工资

代码实现

（1）导入 pandas 模块。

➤ 导入模块

```
1  import pandas as pd
```

（2）将"7-1 职工薪酬.xlsx"存放到 Python 程序所在路径下，并读取职工薪酬表（也可以直接引用绝对路径）。

➤ 数据准备

```
1  file = '7-1 职工薪酬.xlsx'
2  df = pd.read_excel(file, sheet_name = '职工薪酬')
3  df.fillna(0,inplace=True)    # 将缺失值填充为 0
4  df.head(5)    # 查看前 5 条记录
```

运行结果

	工号	姓名	部门	出勤天数	基本工资	绩效工资	月奖金	津贴	社保缴纳基数	专项附加扣除	上期累计应纳税所得额	职工福利费	职工教育经费
0	wzw001	张奕成	行政部	20	18000	0.0	0.0	500	22000	2000.0	61485	500.0	0.0
1	wzw002	林海之	财务部	22	11000	0.0	0.0	200	10800	0.0	33511	500.0	0.0
2	wzw003	张晨	财务部	22	12000	0.0	0.0	200	11500	1000.0	33272	500.0	0.0
3	wzw004	李丽琴	行政部	18	9000	0.0	0.0	200	8800	1000.0	16194	500.0	0.0
4	wzw005	林雨	采购部	20	10300	0.0	0.0	200	9800	0.0	18793	500.0	0.0

（3）计算缺勤扣款及应发工资，计算公式如下。

$$日工资=基本工资/21.75$$

$$缺勤扣款=（实际工作日-出勤天数）×日工资$$

$$应发工资=基本工资+绩效工资+月奖金+津贴-缺勤扣款$$

➤ **计算缺勤扣款、应发工资**

```
1  df['缺勤扣款'] = round((22 - df['出勤天数']) * (df['基本工资'] / 21.75), 2)
2  df['应发工资'] = df['基本工资'] + df['绩效工资'] + df['月奖金'] + df['津贴'] - df['缺勤扣款']
3  df.head()
```

运行结果

	工号	姓名	部门	出勤天数	基本工资	绩效工资	月奖金	津贴	社保缴纳基数	专项附加扣除	上期累计应纳税所得额	职工福利费	职工教育经费	缺勤扣款	应发工资
0	wzw001	张奕成	行政部	20	18000	0.0	0.0	500	22000	2000.0	61485	500.0		1655.17	16844.83
1	wzw002	林海之	财务部	22	11000	0.0	0.0	200	10800	0.0	33511	500.0		0.00	11200.00
2	wzw003	张晨	财务部	22	12000	0.0	0.0	200	11500	1000.0	33272	500.0		0.00	12200.00
3	wzw004	李丽琴	行政部	18	9000	0.0	0.0	200	8800	1000.0	16194	500.0		1655.17	7544.83
4	wzw005	林雨	采购部	20	10300	0.0	0.0	200	9800	0.0	18793	500.0		947.13	9552.87

（4）分别计算应由个人和单位承担的社会保险费及住房公积金，计算公式如下。每个地区的缴纳基数上下限额及缴纳比例都有不同的规定，本例中的 15.2%和 32.79%仅供参考。

$$三险一金（个人）=社保缴纳基数×个人缴纳比例（15.2\%）$$

$$四险一金（单位）=社保缴纳基数×公司缴纳比例（32.79\%）$$

➤ **计算个人和单位承担的社会保险费及住房公积金**

```
1  df['三险一金(个人)'] = round(df['社保缴纳基数'] * 0.152, 2)
2  df['四险一金(单位)'] = round(df['社保缴纳基数'] * 0.3279, 2)
3  df.head()
```

为便于查看，提取工号、姓名、应发工资、三险一金、四险一金等数据。

➤ **筛选指定数据**

```
1  df1 = pd.concat([df['工号'], df['姓名'], df.loc[:,'应发工资':]], axis=1)
2  df1.head()
```

运行结果

	工号	姓名	应发工资	三险一金(个人)	四险一金(单位)
0	wzw001	张奕成	16844.83	3344.0	7213.80
1	wzw002	林海之	11200.00	1641.6	3541.32
2	wzw003	张晨	12200.00	1748.0	3770.85
3	wzw004	李丽琴	7544.83	1337.6	2885.52
4	wzw005	林雨	9552.87	1489.6	3213.42

（5）计算本期应纳税所得额及累计应纳税所得额，计算公式如下。

$$本期应纳税所得额 = 应发工资-减除费用（5\,000 元）-三险一金（个人）-专项附加扣除$$

$$累计应纳税所得额 = 上期累计应纳税所得额 + 本期应纳税所得额$$

创建自定义函数，计算本期应纳税所得额（本期应纳税所得额小于 0 的，按 0 计算）。

➤ **自定义 tax_income()函数**

```
1  def tax_income (inc):
2      if inc > 0:
3          return inc
4      else:
5          return 0
```

调用自定义的 tax_income()函数，计算本期应纳税所得额，并计算累计应纳税所得额。

➤ **调用自定义 tax_income()函数**

```
1  df['本期应纳税所得额'] = (df['应发工资'] - 5000 - df['三险一金(个人)'] - df['专项附加
扣除']).map(tax_income)
2  df['累计应纳税所得额'] = df['上期累计应纳税所得额'] + df['本期应纳税所得额']
3  df.head()
4  df['本期应纳税所得额'] = (df['应发工资'] - 5000 - df['三险一金(个人)'] - df['专项附加
扣除']).map(tax_income)
```

为便于查看，提取工号、姓名、应发工资、累计应纳税所得额等数据。

➤ **筛选指定数据**

```
1  df2 = pd.concat([df['工号'], df['姓名'], df.loc[:,'应发工资':]], axis=1)
2  df2.head()
```

运行结果

	工号	姓名	应发工资	三险一金（个人）	四险一金（单位）	本期应纳税所得额	累计应纳税所得额
0	wzw001	张奕成	16844.83	3344.0	7213.80	6500.83	67985.83
1	wzw002	林海之	11200.00	1641.6	3541.32	4558.40	38069.40
2	wzw003	张晨	12200.00	1748.0	3770.85	4452.00	37724.00
3	wzw004	李丽琴	7544.83	1337.6	2885.52	207.23	16401.23
4	wzw005	林雨	9552.87	1489.6	3213.42	3063.27	21856.27

（6）创建自定义 tax()函数，计算个人所得税。个人所得税税率（综合所得适用）如表 7-2 所示。

表 7-2　　　　　　　　　个人所得税税率（综合所得适用）

级数	全年应纳税所得额	税率/%	速算扣除数
1	不超过 36 000 元的	3	0
2	超过 36 000 元至 144 000 元的部分	10	2 520
3	超过 144 000 元至 300 000 元的部分	20	16 920
4	超过 300 000 元至 420 000 元的部分	25	31 920
5	超过 420 000 元至 660 000 元的部分	30	52 920
6	超过 660 000 元至 960 000 元的部分	35	85 920
7	超过 960 000 元的部分	45	181 920

根据个人所得税税率表，自定义 tax()函数，实现计税功能。

➤ **自定义 tax()函数**

```
1  def tax(x):
2      if x > 960000:
```

```
3              return round(x * 0.45 - 181920, 2)
4        elif x > 660000:
5              return round(x * 0.35 - 85920, 2)
6        elif x > 420000:
7              return round(x * 0.3 - 52920, 2)
8        elif x > 300000:
9              return round(x * 0.25 - 31920, 2)
10       elif x > 144000:
11             return round(x * 0.2 - 16920, 2)
12       elif x > 36000:
13             return round(x * 0.1 - 2520, 2)
14       else:
15             return round(x * 0.03, 2)
```

（7）调用自定义的 tax()函数，计算当月应纳税额，计算公式如下。

当月应纳税额=累计应纳税额−上期累计应纳税额

➤ **调用自定义的 tax()函数**

```
1   df['上期累计应纳税额'] = df['上期累计应纳税所得额'].map(tax)
2   df['累计应纳税额'] = df['累计应纳税所得额'].map(tax)
3   df['当月应纳税额'] = df['累计应纳税额'] - df['上期累计应纳税额']
4   df.head()
```

为便于查看，提取工号、姓名、应发工资、当月应纳税额等数据。

➤ **筛选指定数据**

```
1   df3 = pd.concat([df['工号'], df['姓名'], df.loc[:,'应发工资':]], axis=1)
2   df3.head()
```

运行结果

	工号	姓名	应发工资	三险一金（个人）	四险一金（单位）	本期应纳税所得额	累计应纳税所得额	上期累计应纳税额	累计应纳税额	当月应纳税额
0	wzw001	张奕成	16844.83	3344.0	7213.80	6500.83	67985.83	3628.50	4278.58	650.08
1	wzw002	林海之	11200.00	1641.6	3541.32	4558.40	38069.40	1005.33	1286.94	281.61
2	wzw003	张晨	12200.00	1748.0	3770.85	4452.00	37724.00	998.16	1252.40	254.24
3	wzw004	李丽琴	7544.83	1337.6	2885.52	207.23	16401.23	485.82	492.04	6.22
4	wzw005	林雨	9552.87	1489.6	3213.42	3063.27	21856.27	563.79	655.69	91.90

（8）计算实发工资，计算公式如下。

实发工资=应发工资−三险一金（个人）−当月应纳税额

➤ **计算实发工资**

```
1   df['实发工资'] = df['应发工资'] - df['三险一金(个人)'] - df['当月应纳税额']
2   df.head()
```

为便于查看，提取工号、姓名、当月应纳税额、实发工资等数据。

➤ **筛选指定数据**

```
1   df4 = pd.concat([df['工号'], df['姓名'], df.loc[:, '应发工资':]], axis=1)
2   df4.head()
```

运行结果

	工号	姓名	应发工资	三险一金（个人）	四险一金（单位）	本期应纳税所得额	累计应纳税所得额	上期累计应纳税额	累计应纳税额	当月应纳税额	实发工资
0	wzw001	张奕成	16844.83	3344.0	7213.80	6500.83	67985.83	3628.50	4278.58	650.08	12850.75
1	wzw002	林海之	11200.00	1641.6	3541.32	4558.40	38069.40	1005.33	1286.94	281.61	9276.79
2	wzw003	张晨	12200.00	1748.0	3770.85	4452.00	37724.00	998.16	1252.40	254.24	10197.76
3	wzw004	李丽琴	7544.83	1337.6	2885.52	207.23	16401.23	485.82	492.04	6.22	6201.01
4	wzw005	林雨	9552.87	1489.6	3213.42	3063.27	21856.27	563.79	655.69	91.90	7971.37

（9）将计算结果保存为 Excel 文件，命名为"2021 年 6 月薪酬数据明细.xlsx"。

➤ **计算实发工资**

```
1   df.to_excel('2021 年 6 月薪酬数据明细.xlsx')
# 利用 to_excel()将计算结果输出到 Excel 中，方便数据分析
2   df.head()
```

业务总结

薪酬计算方法有很多，ERP 工资薪金管理系统、Excel 等都提供了不同的计算方式。本业务场景提供了基于 Python 计算薪酬的方法，企业可结合自身的规模、现有管理信息系统软件的应用等实际情况，灵活调用不同工具，从而提高薪酬计算效率，提升财务管理水平。

任务二 职工薪酬分析

薪酬管理是企业管理的重要模块之一，也是企业吸引、激励和留住人才的重要手段。对职工薪酬数据进行分析，有助于企业优化薪酬结构，及时调整薪酬方案，以及设置有效的绩效目标。企业应结合职工薪酬分析结果，在控制运营成本的同时，兼顾激发员工的工作积极性，最终实现企业利益最大化。

业务场景 7-2 分析职工薪酬

Tata 公司管理人员想了解单位工资的构成情况，财务人员按照图 7-2 所示的职工薪酬税前扣除标准，对 2021 年 6 月的职工薪酬相关数据进行处理，同时也分别按部门、职工薪酬项目等维度对薪酬数据进行分析。

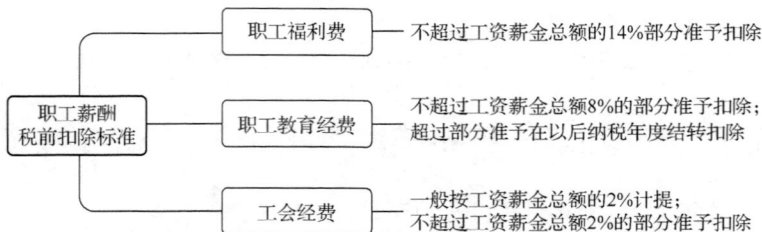

图 7-2 职工薪酬税前扣除标准

思路分析

1	按部门维度汇总职工薪酬支出，以便可视化图表呈现
2	按职工薪酬项目维度汇总职工薪酬支出，以便可视化图表呈现

代码实现

（1）导入 pandas 模块。

➤ **导入模块**

```
1    import pandas as pd
```

（2）读取业务场景 7-1 中的计算结果，即"2021 年 6 月薪酬数据明细"。

➤ **数据准备**

```
1    file = '2021年6月薪酬数据明细.xlsx'
2    df = pd.read_excel(file)
3    df.fillna(0,inplace=True)      # 将缺失值填充为0
4    df.head(5)      # 查看前5条记录
```

（3）按应发工资的 2%计提工会经费，为方便查看，只保留部分关键数据。

➤ **计提工会经费**

```
1    df['工会经费'] = round(df['应发工资'] * 0.02, 2)
2    df1 = pd.concat([df['工号'], df['姓名'], df.loc[:,'应发工资':]], axis=1)
3    df1.head()
```

运行结果

	工号	姓名	应发工资	三险一金（个人）	四险一金（单位）	本期应纳税所得额	累计应纳税所得额	上期累计应纳税额	累计应纳税额	当月应纳税额	实发工资	工会经费
0	wzw001	张奕成	16844.83	3344.0	7213.80	6500.83	67985.83	3628.50	4278.58	650.08	12850.75	336.90
1	wzw002	林海之	11200.00	1641.6	3541.32	4558.40	38069.40	1005.33	1286.94	281.61	9276.79	224.00
2	wzw003	张晨	12200.00	1748.0	3770.85	4452.00	37724.00	998.16	1252.40	254.24	10197.76	244.00
3	wzw004	李丽琴	7544.83	1337.6	2885.52	207.23	16401.23	485.82	492.04	6.22	6201.01	150.90
4	wzw005	林雨	9552.87	1489.6	3213.42	3063.27	21856.27	563.79	655.69	91.90	7971.37	191.06

（4）根据计算结果，提取员工工号、部门、应发工资、四险一金（单位）、工会经费、职工福利费、职工教育经费等数据。

➤ **筛选指定数据**

```
1    employeeSalary = df[['工号','部门','应发工资','四险一金(单位)','工会经费','职工福利费','职工教育经费']]
2    employeeSalary.head()
```

运行结果

	工号	部门	应发工资	四险一金（单位）	工会经费	职工福利费	职工教育经费
0	wzw001	行政部	16844.83	7213.80	336.90	500	0
1	wzw002	财务部	11200.00	3541.32	224.00	500	0
2	wzw003	财务部	12200.00	3770.85	244.00	500	0
3	wzw004	行政部	7544.83	2885.52	150.90	500	0
4	wzw005	采购部	9552.87	3213.42	191.06	500	0

（5）按部门汇总公司的职工薪酬支出。

➤ **按部门汇总职工薪酬**

```
1    dep_salary = employeeSalary.pivot_table(index='部门', aggfunc='sum')
```

```
2   dep_salary['薪酬合计'] = dep_salary['应发工资'] + dep_salary['四险一金(单位)'] +
dep_salary['工会经费'] + dep_salary['职工福利费'] + dep_salary['职工教育经费']
3   dep_salary
```

运行结果

	四险一金（单位）	工会经费	应发工资	职工教育经费	职工福利费	薪酬合计
部门						
生产部	33544.17	1892.01	94601.14	6400	0	136437.32
行政部	10099.32	487.80	24389.66	0	1000	35976.78
财务部	7312.17	468.00	23400.00	0	1000	32180.17
采购部	3213.42	191.06	9552.87	0	500	13457.35
销售部	16985.22	1061.45	53072.42	0	1500	72619.09

（6）为了更直观地看到各部门薪资合计的情况，将以上数据绘制成柱形图。

➤ **绘制柱形图，展示不同部门薪资合计**

```
1   import matplotlib.pyplot as plt
2   plt.rcParams['font.family'] = 'SimHei'       # 设置中文字体为黑体
3   plt.rcParams['axes.unicode_minus'] = False       # 中文状态下负号正常显示
4   # 绘图需要先导入相应的 matplotlib 模块
5   plt.figure(figsize=(10, 8), dpi=200)       # 设置图表的大小
6   x = dep_salary.index       # 设置 x 轴为部门名称
7   y = dep_salary['薪酬合计']       # 设置 y 轴为部门薪酬合计数据
8   plt.bar(x, y, width=0.5, color=['b','r','g','y','c'])       # 设置图形数据、宽度和颜色
9   plt.title('各部门薪资合计比较')       # 设置图表名称
10  plt.show()
```

运行结果（见图 7-3）

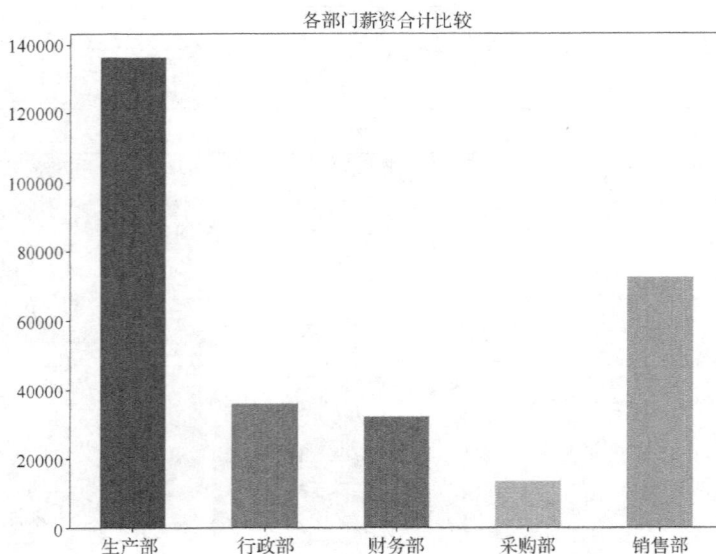

图 7-3　各部门薪资合计比较图

（7）计算各部门的职工薪酬支出占总职工薪酬支出的比例。这里通过自定义 formatPercent() 函数，按百分比输出职工薪酬支出占总职工薪酬支出的比例。

> **自定义 formatPercent()函数**

```
1  def formatPercent(x):
2      return "{:.2f}%".format(x*100)
```

调用自定义函数 formatPercent()，格式化输出占比。

> **调用自定义 formatPercent()函数**

```
1  dep_salary['占比'] = (dep_salary['薪酬合计'] / dep_salary['薪酬合计'].sum()).
map(formatPercent)
2  dep_salary
```

运行结果

部门	四险一金（单位）	工会经费	应发工资	职工教育经费	职工福利费	薪酬合计	占比
生产部	33544.17	1892.01	94601.14	6400	0	136437.32	46.94%
行政部	10099.32	487.80	24389.66	0	1000	35976.78	12.38%
财务部	7312.17	468.00	23400.00	0	1000	32180.17	11.07%
采购部	3213.42	191.06	9552.87	0	500	13457.35	4.63%
销售部	16985.22	1061.45	53072.42	0	1500	72619.09	24.98%

（8）按职工薪酬项目汇总公司的职工薪酬支出。

> **按职工薪酬项目汇总职工薪酬支出**

```
1  departmentSum = employeeSalary.pivot_table(index='部门', aggfunc='sum', fill_
value=0, margins=True, margins_name='合计').T
2  departmentSum
```

运行结果

部门	生产部	行政部	财务部	采购部	销售部	合计
四险一金（单位）	33544.17	10099.32	7312.17	3213.42	16985.22	71154.30
工会经费	1892.01	487.80	468.00	191.06	1061.45	4100.32
应发工资	94601.14	24389.66	23400.00	9552.87	53072.42	205016.09
职工教育经费	6400.00	0.00	0.00	0.00	0.00	6400.00
职工福利费	0.00	1000.00	1000.00	500.00	1500.00	4000.00

（9）计算各项目支出占总职工薪酬支出的比例。调用自定义函数 formatPercent()，格式化输出占比。

> **调用自定义 formatPercent()函数计算占比**

```
1  departmentSum['占比'] = (departmentSum['合计'] / departmentSum['合计'].sum()).map
(formatPercent)
2  departmentSum
```

运行结果

部门	生产部	行政部	财务部	采购部	销售部	合计	占比
四险一金（单位）	33544.17	10099.32	7312.17	3213.42	16985.22	71154.30	24.48%
工会经费	1892.01	487.80	468.00	191.06	1061.45	4100.32	1.41%
应发工资	94601.14	24389.66	23400.00	9552.87	53072.42	205016.09	70.53%
职工教育经费	6400.00	0.00	0.00	0.00	0.00	6400.00	2.20%
职工福利费	0.00	1000.00	1000.00	500.00	1500.00	4000.00	1.38%

（10）为了更直观地看到薪酬项目的构成情况，绘制饼图。

> **绘制饼图，展示薪酬项目的构成**

```
1    labels = ['四险一金(单位)','工会经费','应发工资','职工教育经费','职工福利费']   # 设置标签
2    percent = departmentSum['合计'] / departmentSum['合计'].sum()   # 计算比例
3    plt.pie(percent,labels=labels,autopct='%1.2f%%',shadow=False,startangle=150)
# 绘制饼图
4    plt.title("薪酬项目构成")   # 设置图表标题
5    plt.show()
```

运行结果（见图 7-4）

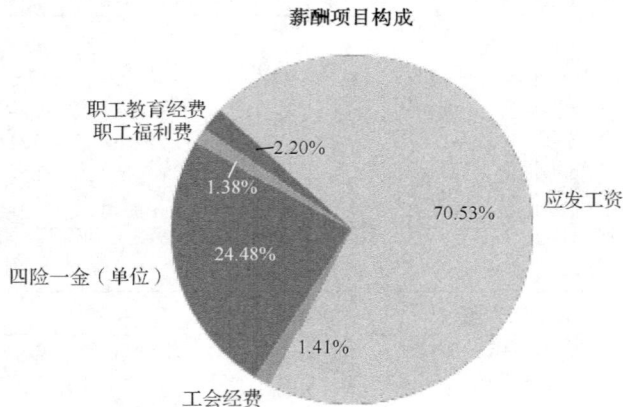

图 7-4　薪酬项目构成

（11）采用嵌套的 for 循环语句，批量读取不同部门的薪酬项目数据，批量完成多个图表的绘制。

> **批量绘制饼图**

```
1    import matplotlib.pyplot as plt
2    %matplotlib inline
3    plt.rcParams['font.family'] = 'SimHei'   # 设置中文字体为黑体
4    plt.rcParams['axes.unicode_minus'] = False     # 中文状态下负号正常显示
5    labels = departmentSum.index
6    yitem =('合计','生产部','行政部','财务部','采购部','销售部')
7    fig , axs = plt.subplots(nrows=2,ncols=3,figsize=(18,12))
8    index=0
9    for i in range(2):
10        for j in range(3):
11            item=yitem[index]
12            index+=1
13            percent=departmentSum[item]/departmentSum[item].sum()       # 计算比例
14            axs[i,j].set_title("薪酬项目构成-"+str(item),fontsize=20)       # 设置图
表标题
15            patches,l_text,p_text=axs[i,j].pie(percent,labels=labels,autopct=
'%1.2f%%', shadow=False,startangle=150)     # 绘制饼图
16            for t in l_text:
17                t.set_size(10)
18            for t in p_text:
19                t.set_size(15)     # 设置图例文字大小
```

运行结果（见图 7-5）

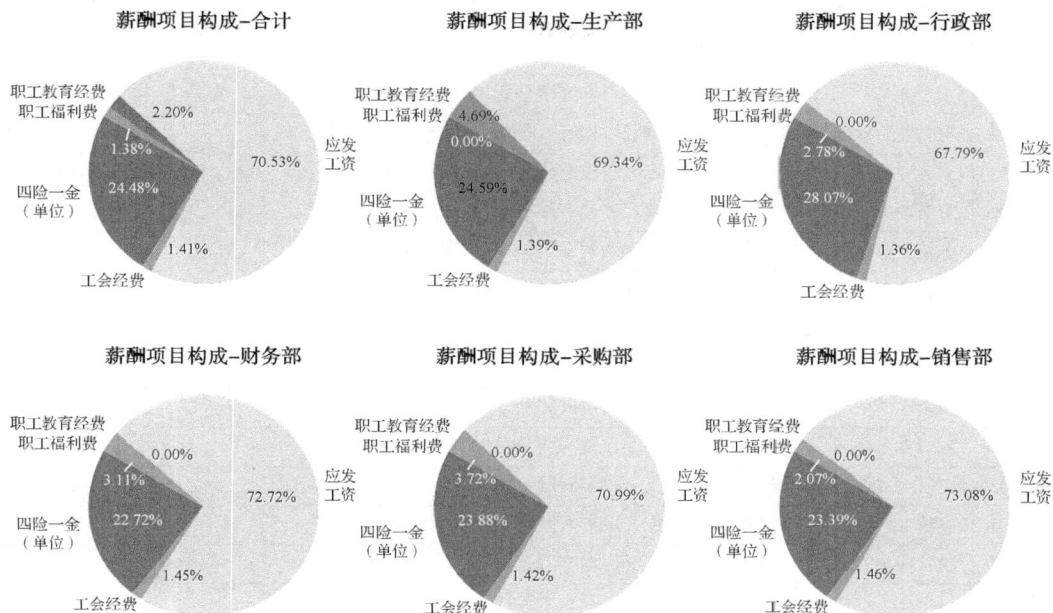

图 7-5 各部门薪酬构成

业务总结

基于薪酬计算的需求，本业务场景讲解了利用 Python 从计算到可视化呈现结果的全过程，便于企业管理者更加直观地了解各部门的薪酬构成情况。随着企业规模的不断扩大，业务复杂性不断增加，有效地进行人员薪酬管理，完善配套绩效管理制度，激发员工潜能，是企业可持续发展的关键。

任务三 收入与发票核对

2021 年 3 月，中共中央办公厅、国务院办公厅印发《关于进一步深化税收征管改革的意见》，文件指出要全面推进税收征管数字化升级和智能化改造，助推税收大数据体系日趋全面和完善，信息管税、风险治税成为企业经营面临的新挑战。发票是企业会计核算的重要原始凭证，也是审计机关、税务机关稽查的重要依据。在经营过程中，企业应进一步加强发票管理，合规确认收入，杜绝产生税收风险。而及时发现收入与发票的差异，并找到异常原因，是建立企业纳税风险防范体系的第一步。

业务场景 7-3 核对收入与发票

2017 年，财政部修订发布《企业会计准则第 14 号——收入》，给企业收入核算提出新的要求。企业通过定期核对收入和发票数据，可以有效监测异常数据，从而防范纳税风险。2021 年 7 月，Tata 公司财务人员从企业 ERP 系统的账务模块导出 2021 年 1—6 月的收入记账凭证，如表 7-3 所示；从开票系统导出该期间的发票明细数据，如表 7-4 所示。现要将账务系统导出的收入记账凭证与开票系统导出的发票明细数据进行核对，查找差异数据，并查明原因，由相关责任人跟踪解决。

表 7-3   2021 年 1—6 月收入记账凭证

科目代码	科目名称	客户名称	日期	凭证号	摘要	借方	贷方
60010101	主营业务收入-开票收入	北京加旺电器有限公司	2021-1-3				4 360 195.45
60010101	主营业务收入-开票收入	北京精益机电有限公司	2021-1-16				2 884 938.12
60010201	主营业务收入-开票收入	北京加旺电器有限公司	2021-1-16				199 999.00
60010101	主营业务收入-开票收入	北京汇普科技有限公司	2021-1-17				2 094 825.36
60010101	主营业务收入-开票收入	上海兴宏车床有限公司	2021-1-18				1 942 093.75
60010101	主营业务收入-开票收入	天津海文商贸有限公司	2021-1-19				1 649 447.03
60010101	主营业务收入-无票收入	北京祝强家电有限公司	2021-1-20				1 020 000.00
60510101	其他业务收入-开票收入	北京汇普科技有限公司	2021-3-15				4 189 039.65
60510101	其他业务收入-开票收入	北京精益机电有限公司	2021-3-16				4 956 366.69
60010101	主营业务收入-开票收入	北京精益机电有限公司	2021-3-18				1 766 969.47
60010101	主营业务收入-无票收入	北京精益机电有限公司	2021-3-18				175 145.00
60010101	主营业务收入-开票收入	北京祝强家电有限公司	2021-3-20				1 323 123.00
60010101	主营业务收入-开票收入	北京加旺电器有限公司	2021-3-21				1 740 000.00
60010201	主营业务收入-无票收入	北京加旺电器有限公司	2021-1-16				−199 999.00
60010101	主营业务收入-开票收入	北京加旺电器有限公司	2021-1-16				199 999.00
60010101	主营业务收入-开票收入	天津成海加工有限公司	2021-3-23				138.78
60010101	主营业务收入-开票收入	天津成海加工有限公司	2021-3-24				1 278.07
60010101	主营业务收入-开票收入	天津成海加工有限公司	2021-3-25				127 865.14
60010101	主营业务收入-开票收入	天津成海加工有限公司	2021-4-15				65 730 947.40
60010201	主营业务收入-无票收入	北京米纳有限公司	2021-4-16				12 557 128.43
60010101	主营业务收入-开票收入	北京极地酒店有限公司	2021-6-5				12 124 124.00

表 7-4   2021 年 1—6 月发票明细

发票代码	发票号码	商品名称等	开票日期	购方名称	购方税号	金额	税率	税额	作废
			2021-1-1	北京加旺电器有限公司		1 740 000.00	13%	226 200.00	
			2021-1-1	北京加旺电器有限公司		4 560 194.45	13%	592 825.28	
			2021-1-15	北京精益机电有限公司		2 884 938.12	13%	375 041.96	
			2021-1-16	北京汇普科技有限公司		2 094 825.36	13%	272 327.30	
			2021-1-17	上海兴宏车床有限公司		1 942 093.75	13%	252 472.19	
			2021-1-18	天津海文商贸有限公司		16 494 470.33	13%	2 144 281.14	2021-1-18
			2021-1-18	天津海文商贸有限公司		1 649 447.03	13%	214 428.11	
			2021-1-19	北京祝强家电有限公司		1 020 000.00	13%	132 600.00	
			2021-3-14	北京精益机电有限公司		4 956 366.69	13%	644 327.67	
			2021-3-15	北京汇普科技有限公司		4 189 039.65	13%	544 575.15	
			2021-3-16	北京精益机电有限公司		1 766 969.47	13%	229 706.03	
			2021-3-17	天津海文商贸有限公司		1 651 518.46	13%	214 697.40	
			2021-3-18	北京祝强家电有限公司		1 323 123.00	13%	172 005.99	

续表

发票代码	发票号码	商品名称等	开票日期	购方名称	购方税号	金额	税率	税额	作废
			2021-3-19	天津成海加工有限公司		138.78	13%	18.04	
			2021-3-20	天津成海加工有限公司		1 278.07	13%	166.15	
			2021-4-14	天津成海加工有限公司		127 865.14	13%	16 622.47	
			2021-4-15	天津成海加工有限公司		65 730 947.40	13%	8 545 023.16	
			2021-6-3	北京极地酒店有限公司		12 124 124.00	13%	1 576 136.12	

为查找账务系统确认的收入数据和开票系统的发票明细之间的差异，按以下思路展开分析。

思路分析

1　按照不同客户将账务系统的数据和开票系统的数据汇总
2　从客户维度比较每个客户数据在两个系统之间存在的差异

代码实现

（1）导入 pandas、warnings 模块，并将数据输出格式设置为保留 2 位小数。

➤　**导入模块**

```
1  import pandas as pd
2  import warnings
3  warnings.filterwarnings("ignore")
4  pd.options.display.float_format = '{:.2f}'.format
```

（2）将原始数据"7-3 收入与发票数据.xlsx"存放到 Python 程序所在路径下（也可以直接引用绝对路径），分别读取账务系统导出的收入记账凭证数据和开票系统导出的发票明细数据。

➤　**读取收入记账凭证数据**

```
1  file = '7-3 收入与发票数据.xlsx'
2  df_income = pd.read_excel(file, sheet_name='收入记账凭证')
3  df_income.fillna(0,inplace=True)     # 将缺失值填充为 0
4  df_income
```

运行结果

	科目代码	科目名称	客户名称	日期	凭证号	摘要	借方	贷方
0	60010101	主营业务收入-开票收入	北京加旺电器有限公司	2021-01-03	0.00	0.00	0.00	4360195.45
1	60010101	主营业务收入-开票收入	北京精益机电有限公司	2021-01-16	0.00	0.00	0.00	2884938.12
2	60010201	主营业务收入-开票收入	北京加旺电器有限公司	2021-01-16	0.00	0.00	0.00	199999.00
3	60010101	主营业务收入-开票收入	北京汇普科技有限公司	2021-01-17	0.00	0.00	0.00	2094825.36
4	60010101	主营业务收入-开票收入	上海兴宏车床有限公司	2021-01-18	0.00	0.00	0.00	1942093.75
5	60010101	主营业务收入-开票收入	天津海文商贸有限公司	2021-01-19	0.00	0.00	0.00	1649447.03
6	60010101	主营业务收入-无票收入	北京祝强家电有限公司	2021-01-20	0.00	0.00	0.00	1020000.00
7	60510101	其他业务收入-开票收入	北京汇普科技有限公司	2021-03-15	0.00	0.00	0.00	4189039.65
8	60510101	其他业务收入-开票收入	北京精益机电有限公司	2021-03-16	0.00	0.00	0.00	4956366.69
9	60010101	主营业务收入-开票收入	北京精益机电有限公司	2021-03-18	0.00	0.00	0.00	1766969.47
10	60010101	主营业务收入-无票收入	北京精益机电有限公司	2021-03-18	0.00	0.00	0.00	175145.00
11	60010101	主营业务收入-开票收入	北京祝强家电有限公司	2021-03-20	0.00	0.00	0.00	1323123.00
12	60010101	主营业务收入-开票收入	北京加旺电器有限公司	2021-03-21	0.00	0.00	0.00	1740000.00

13	60010201	主营业务收入-无票收入	北京加旺电器有限公司	2021-01-16	0.00	0.00	0.00		-199999.00
14	60010101	主营业务收入-开票收入	北京加旺电器有限公司	2021-01-16	0.00	0.00	0.00		199999.00
15	60010101	主营业务收入-开票收入	天津成海加工有限公司	2021-03-23	0.00	0.00	0.00		138.78
16	60010101	主营业务收入-开票收入	天津成海加工有限公司	2021-03-24	0.00	0.00	0.00		1278.07
17	60010101	主营业务收入-开票收入	天津成海加工有限公司	2021-03-25	0.00	0.00	0.00		127865.14
18	60010101	主营业务收入-开票收入	天津成海加工有限公司	2021-04-15	0.00	0.00	0.00		65730947.40
19	60010201	主营业务收入-无票收入	北京米纳有限公司	2021-04-16	0.00	0.00	0.00		12557128.43
20	60010101	主营业务收入-开票收入	北京极地酒店有限公司	2021-07-05	0.00	0.00	0.00		12124124.00

读取开票系统导出的发票明细数据。

➤ **读取发票明细数据**

```
1    df_invoice = pd.read_excel(file, sheet_name='开票数据')
2    df_invoice.fillna(0,inplace=True)      # 将缺失值填充为 0
3    df_invoice
```

运行结果

	发票代码	发票号码	商品名称等	开票日期	购方名称	购方税号	开票金额	税率	税额	作废
0	0.00	0.00	0.00	2021-01-01	北京加旺电器有限公司	0.00	1740000.00	0.13	226200.00	0
1	0.00	0.00	0.00	2021-01-01	北京加旺电器有限公司	0.00	4560194.45	0.13	592825.28	0
2	0.00	0.00	0.00	2021-01-15	北京精益机电有限公司	0.00	2884938.12	0.13	375041.96	0
3	0.00	0.00	0.00	2021-01-16	北京汇普科技有限公司	0.00	2094825.36	0.13	272327.30	0
4	0.00	0.00	0.00	2021-01-17	上海兴宏车床有限公司	0.00	1942093.75	0.13	252472.19	0
5	0.00	0.00	0.00	2021-01-18	天津海文商贸有限公司	0.00	16494470.33	0.13	2144281.14	2021-01-18
6	0.00	0.00	0.00	2021-01-18	天津海文商贸有限公司	0.00	1649447.03	0.13	214428.11	0
7	0.00	0.00	0.00	2021-01-19	北京祝强家电有限公司	0.00	1020000.00	0.13	132600.00	0
8	0.00	0.00	0.00	2021-03-14	北京精益机电有限公司	0.00	4956366.69	0.13	644327.67	0
9	0.00	0.00	0.00	2021-03-15	北京汇普科技有限公司	0.00	4189039.65	0.13	544575.15	0
10	0.00	0.00	0.00	2021-03-16	北京精益机电有限公司	0.00	1766969.47	0.13	229706.03	0
11	0.00	0.00	0.00	2021-03-17	天津海文商贸有限公司	0.00	1651518.46	0.13	214697.40	0
12	0.00	0.00	0.00	2021-03-18	北京祝强家电有限公司	0.00	1323123.00	0.13	172005.99	0
13	0.00	0.00	0.00	2021-03-19	天津成海加工有限公司	0.00	138.78	0.13	18.04	0
14	0.00	0.00	0.00	2021-03-20	天津成海加工有限公司	0.00	1278.07	0.13	166.15	0
15	0.00	0.00	0.00	2021-04-14	天津成海加工有限公司	0.00	127865.14	0.13	16622.47	0
16	0.00	0.00	0.00	2021-04-15	天津成海加工有限公司	0.00	65730947.40	0.13	8545023.16	0
17	0.00	0.00	0.00	2021-06-03	北京极地酒店有限公司	0.00	12124124.00	0.13	1576136.12	0

（3）Tata 公司在进行会计核算时，将收入分为开票收入和无票收入，因此，只保留科目名称中包含"开票收入"的记账凭证进行核对，同时计算凭证金额。计算公式为：凭证金额=贷方金额–借方金额。

➤ **筛选开票收入数据，计算凭证金额**

```
1    df_income1 = df_income[df_income['科目名称'].str.contains('开票收入')]
2    df_income1['凭证金额'] = df_income1['贷方']-df_income1['借方']
3    df_income1
```

运行结果

	科目代码	科目名称	客户名称	日期	凭证号	摘要	借方	贷方	凭证金额
0	60010101	主营业务收入-开票收入	北京加旺电器有限公司	2021-01-03	0.00	0.00	0.00	4360195.45	4360195.45
1	60010101	主营业务收入-开票收入	北京精益机电有限公司	2021-01-16	0.00	0.00	0.00	2884938.12	2884938.12
2	60010201	主营业务收入-开票收入	北京加旺电器有限公司	2021-01-16	0.00	0.00	0.00	199999.00	199999.00
3	60010101	主营业务收入-开票收入	北京汇普科技有限公司	2021-01-17	0.00	0.00	0.00	2094825.36	2094825.36
4	60010101	主营业务收入-开票收入	上海兴宏车床有限公司	2021-01-18	0.00	0.00	0.00	1942093.75	1942093.75
5	60010101	主营业务收入-开票收入	天津海文商贸有限公司	2021-01-19	0.00	0.00	0.00	1649447.03	1649447.03
6	60510101	其他业务收入-开票收入	北京汇普科技有限公司	2021-03-15	0.00	0.00	0.00	4189039.65	4189039.65
7	60510101	其他业务收入-开票收入	北京精益机电有限公司	2021-03-16	0.00	0.00	0.00	4956366.69	4956366.69
8	60010101	主营业务收入-开票收入	北京精益机电有限公司	2021-03-18	0.00	0.00	0.00	1766969.47	1766969.47
9	60010101	主营业务收入-开票收入	北京祝强家电有限公司	2021-03-20	0.00	0.00	0.00	1323123.00	1323123.00
10	60010101	主营业务收入-开票收入	北京加旺电器有限公司	2021-03-21	0.00	0.00	0.00	1740000.00	1740000.00
11	60010101	主营业务收入-开票收入	北京加旺电器有限公司	2021-01-16	0.00	0.00	0.00	199999.00	199999.00
12	60010101	主营业务收入-开票收入	天津成海加工有限公司	2021-03-23	0.00	0.00	0.00	138.78	138.78
13	60010101	主营业务收入-开票收入	天津成海加工有限公司	2021-03-24	0.00	0.00	0.00	1278.07	1278.07
14	60010101	主营业务收入-开票收入	天津成海加工有限公司	2021-03-25	0.00	0.00	0.00	127865.14	127865.14
15	60010101	主营业务收入-开票收入	天津成海加工有限公司	2021-04-15	0.00	0.00	0.00	65730947.40	65730947.40
16	60010101	主营业务收入-开票收入	北京极地酒店有限公司	2021-06-05	0.00	0.00	0.00	12124124.00	12124124.00

（4）对开票系统的发票明细数据进行筛选，去除作废发票，只保留正常开具的发票数据。

➤ **筛选发票数据**

```
1   df_invoice1 = df_invoice[df_invoice['作废']==0]
2   df_invoice1
```

运行结果

	发票代码	发票号码	商品名称等	开票日期	购方名称	购方税号	开票金额	税率	税额	作废
0	0.00	0.00	0.00	2021-01-01	北京加旺电器有限公司	0.00	1740000.00	0.13	226200.00	0
1	0.00	0.00	0.00	2021-01-01	北京加旺电器有限公司	0.00	4560194.45	0.13	592825.28	0
2	0.00	0.00	0.00	2021-01-15	北京精益机电有限公司	0.00	2884938.12	0.13	375041.96	0
3	0.00	0.00	0.00	2021-01-16	北京汇普科技有限公司	0.00	2094825.36	0.13	272327.30	0
4	0.00	0.00	0.00	2021-01-17	上海兴宏车床有限公司	0.00	1942093.75	0.13	252472.19	0
5	0.00	0.00	0.00	2021-01-18	天津海文商贸有限公司	0.00	1649447.03	0.13	214428.11	0
6	0.00	0.00	0.00	2021-01-19	北京祝强家电有限公司	0.00	1020000.00	0.13	132600.00	0
7	0.00	0.00	0.00	2021-03-14	北京精益机电有限公司	0.00	4956366.69	0.13	644327.67	0
8	0.00	0.00	0.00	2021-03-15	北京汇普科技有限公司	0.00	4189039.65	0.13	544575.15	0
9	0.00	0.00	0.00	2021-03-16	北京精益机电有限公司	0.00	1766969.47	0.13	229706.03	0
10	0.00	0.00	0.00	2021-03-17	天津海文商贸有限公司	0.00	1651518.46	0.13	214697.40	0
11	0.00	0.00	0.00	2021-03-18	北京祝强家电有限公司	0.00	1323123.00	0.13	172005.99	0
12	0.00	0.00	0.00	2021-03-19	天津成海加工有限公司	0.00	138.78	0.13	18.04	0
13	0.00	0.00	0.00	2021-03-20	天津成海加工有限公司	0.00	1278.07	0.13	166.15	0
14	0.00	0.00	0.00	2021-04-14	天津成海加工有限公司	0.00	127865.14	0.13	16622.47	0
15	0.00	0.00	0.00	2021-04-15	天津成海加工有限公司	0.00	65730947.40	0.13	8545023.16	0
16	0.00	0.00	0.00	2021-06-03	北京极地酒店有限公司	0.00	12124124.00	0.13	1576136.12	0

（5）客户是关联两张表的重要维度，因此应从客户维度比较收入记账凭证和发票明细数据的差异。

① 将收入记账凭证的"凭证金额"列按客户名称进行汇总。

➢ **按客户名称汇总凭证金额**

```
1  df_income2 = pd.pivot_table(df_income1,index=['客户名称'],values=['凭证金额'],
aggfunc='sum').reset_index()
2  df_income2
```

运行结果

	客户名称	凭证金额
0	上海兴宏车床有限公司	1942093.75
1	北京加旺电器有限公司	6500193.45
2	北京极地酒店有限公司	12124124.00
3	北京汇普科技有限公司	6283865.01
4	北京祝强家电有限公司	1323123.00
5	北京精益机电有限公司	9608274.28
6	天津成海加工有限公司	65860229.39
7	天津海文商贸有限公司	1649447.03

② 将发票明细数据的"开票金额"列按购方名称进行汇总。

➢ **按购方名称汇总开票金额**

```
1  df_invoice2 = pd.pivot_table(df_invoice1,index=['购方名称'],values=['开票金额'],
aggfunc='sum').reset_index()
2  df_invoice2
```

运行结果

	购方名称	开票金额
0	上海兴宏车床有限公司	1942093.75
1	北京加旺电器有限公司	6300194.45
2	北京极地酒店有限公司	12124124.00
3	北京汇普科技有限公司	6283865.01
4	北京祝强家电有限公司	2343123.00
5	北京精益机电有限公司	9608274.28
6	天津成海加工有限公司	65860229.39
7	天津海文商贸有限公司	3300965.49

③ 将凭证金额和开票金额按客户进行连接、比对，并计算二者差额。

➤ **计算差额**

```
1  diff = df_income2.merge(df_invoice2,how='outer',left_on='客户名称', right_on='购方名称')
2  diff['差额'] = diff['凭证金额']-diff['开票金额']
3  diff
```

运行结果

	客户名称	凭证金额	购方名称	开票金额	差额
0	上海兴宏车床有限公司	1942093.75	上海兴宏车床有限公司	1942093.75	0.00
1	北京加旺电器有限公司	6500193.45	北京加旺电器有限公司	6300194.45	199999.00
2	北京极地酒店有限公司	12124124.00	北京极地酒店有限公司	12124124.00	0.00
3	北京汇普科技有限公司	6283865.01	北京汇普科技有限公司	6283865.01	0.00
4	北京祝强家电有限公司	1323123.00	北京祝强家电有限公司	2343123.00	-1020000.00
5	北京精益机电有限公司	9608274.28	北京精益机电有限公司	9608274.28	0.00
6	天津成海加工有限公司	65860229.39	天津成海加工有限公司	65860229.39	0.00
7	天津海文商贸有限公司	1649447.03	天津海文商贸有限公司	3300965.49	-1651518.46

（6）根据上一步骤的比对结果，找到差额不为 0 的客户，将原始数据按金额匹配。以北京祝强家电有限公司为例，查找差异原因。

➤ **查找差异数据**

```
1  df_income1[df_income1['客户名称']=='北京祝强家电有限公司'].merge(df_invoice1[df_invoice1['购方名称']=='北京祝强家电有限公司'], how='outer',left_on='凭证金额', right_on='开票金额')
```

运行结果

	科目代码	科目名称	客户名称	日期	凭证号	摘要	借方	贷方	凭证金额	发票代码	发票号码	商品名称等	开票日期	购方名称	购方税号	开票金额	税率	税额	作废
0	60010101.00	主营业务收入-开票收入	北京祝强家电有限公司	2021-03-20	0.00	0.00	0.00	1323123.00	1323123.00	0.00	0.00	0.00	2021-03-18	北京祝强家电有限公司	0.00	1323123.00	0.13	172005.99	0
1	nan	NaN	NaN	NaT	nan	nan	nan	nan	nan	0.00	0.00	0.00	2021-01-19	北京祝强家电有限公司	0.00	1020000.00	0.13	132600.00	0

（7）使用循环语句，输出所有差额不为 0 的客户的原始数据。

> **输出结果**

```
1  for index, row in diff[(diff['差异金额']>0.001)|(diff['差额']<-0.001)].iterrows():
2      data_comparison =pd.DataFrame(df_income1[df_income1['客户名称']==row['客户名称']].merge(df_invoice1[df_invoice1['购方名称']==row['购方名称']],how='outer',left_on='凭证金额', right_on='开票金额'))
3      data_comparison.to_excel('7-3 data_comparison.xlsx')
4  # 由于比较结果较长，利用 to_excel()输出到 Excel 中，方便查看
```

运行结果

	科目代码	科目名称	客户名称	日期	凭证号	摘要	借方	贷方	凭证金额	发票代码	发票号码	商品名称等	开票日期	购方名称	购方税号	开票金额	税率	税额	作废
0	60010101	主营业务收入-开票收入	天津海文商贸有限公司	2021-01-19	0	0	0	1649447.03	1649447.03	0	0	0	2021-01-18	天津海文商贸有限公司	0	1649447.03	0.13	214428.11	0
1										0	0	0	2021-03-17	天津海文商贸有限公司	0	1651518.46	0.13	214697.4	0

基于输出结果，Tata 公司对北京祝强家电有限公司的差额数据进行核实，发现有一笔金额为 1 020 000.00 元的业务，其发票未及时附入原始凭证中。查明原因后找到相关经办人，及时进行调整处理。

业务总结

在实际业务中，业务系统（如销售、采购系统），财务系统（如会计核算系统），税务系统（如开票系统、纳税申报系统）的数据，共同构成了企业的业、财、税大数据。为了避免企业数据不一致带来的财务风险，保持数据同步，建立统一规范的数据体系，是企业在数字经济时代实现数字转型的关键步骤。利用 Python 处理海量数据，建立可以复用的数据查找、比对模型，并挖掘数据异常背后的原因，有助于财务人员提升数字化管理能力和财务工作效率。

任务四　固定资产折旧税收筹划

购置固定资产往往需要占用大量资金，固定资产折旧关系到企业的成本和费用支出，会影响企业的利润水平，最终影响企业所得税税负。过去，企业大多采用直线法计提折旧，在决策时忽略货币时间价值，未能准确预测固定资产折旧对纳税的影响。随着企业财务管理日趋精细化，固定资产折旧逐渐成为企业税收筹划的重要组成部分，包括对折旧方法的选择、折旧年限确定以及净残值的计算等。

业务场景 7-4　确定固定资产折旧税收筹划方案

Tata 公司的固定资产占资产总额比重较大，每年的固定资产累计折旧对企业所得税税负的影响较大，这将直接影响企业的净利润。2021 年 1 月，Tata 公司购置了一台原值为 800 000 元的机器设备，预计使用 10 年，净残值率为 5%，期望年化收益率为 8%，企业所得税税率为 25%。现希望比较 3 种不同折旧方法对企业税负的影响，从中选择最优的折旧方案。

思路分析

1 自定义 3 个折旧函数，分别计算 3 种折旧方法的折旧额
2 调用 3 种折旧方法，将所得折旧额对企业税负的影响进行比较

代码实现

（1）导入 pandas、warnings 模块。

> **导入模块**

```
1   import pandas as pd
2   pd.options.display.float_format="{:.2f}".format
3   import warnings
4   warnings.filterwarnings("ignore")
```

（2）自定义 dep_line()函数，采用直线法计算年折旧额。

> **自定义函数，采用直线法计算折旧额**

```
1   def dep_line(amount,life,salvage ,benefit,ratio):   # 传入参数：原值、预计使用年限、
净残值率、期望年化收益率、企业所得税税率
2       #计算直线法下的年折旧额
3       lose=amount*(1-salvage)/life   # 折旧抵税
4       getback=lose*ratio   # 折旧抵税现值
5       getback_all=0     # 初始累计折旧抵税现值
6       list_line=[]
7       for i in range(1,life+1):
8           dicount=1/(1+benefit)**i  # 折现系数
9           getback_year=getback*dicount
10          getback_all=getback_all+getback_year
11          list_line.append([i,lose,lose*i,getback,dicount,getback_year,getback_
all])
12      return pd.DataFrame(list_line,columns=["年份","折旧","累计折旧","折旧抵税","折
现系数","累计折旧抵税现值"])
```

（3）输入参数，用直线法计算年折旧额。

> **用直线法计算年折旧额**

```
1   dt_line=dep_line(800000,10,0.05,0.08,0.25)
2   dt_line
```

运行结果

	年份	折旧	累计折旧	折旧抵税	折现系数	累计折旧抵税现值
0	1	76000.00	76000.00	19000.00	0.93	17592.59
1	2	76000.00	152000.00	19000.00	0.86	33882.03
2	3	76000.00	228000.00	19000.00	0.79	48964.84
3	4	76000.00	304000.00	19000.00	0.74	62930.41
4	5	76000.00	380000.00	19000.00	0.68	75861.49
5	6	76000.00	456000.00	19000.00	0.63	87834.71
6	7	76000.00	532000.00	19000.00	0.58	98921.03
7	8	76000.00	608000.00	19000.00	0.54	109186.14
8	9	76000.00	684000.00	19000.00	0.50	118690.87
9	10	76000.00	760000.00	19000.00	0.46	127491.55

（4）自定义 dep_double()函数，采用双倍余额递减法计算年折旧额。

> **自定义函数，采用双倍余额递减法计算年折旧额**

```
1   def dep_double(amount,life,salvage,benefit,ratio):       # 传入参数原值、预计使用年限、
净残值率、期望年化收益率、企业所得税税率
2       # 计算双倍余额递减法下的年折旧额
```

```
3        lose_all=0      # 初始累计折旧初始值
4        getback_all=0      # 初始累计折旧抵税现值
5        list_double=[]
6        for i in range(1,life+1):
7            if life+1-i>2:      # 剩余折旧年数大于 2 时
8                lose=(amount-lose_all)*2/life
9                getback=lose*ratio      #折旧抵税
10               lose_all=lose_all+lose
11           elif life+1-i==2:      # 最后 2 年折旧金额
12               lose=(amount-lose_all-amount*salvage)/2
13               getback=lose*ratio      # 折旧抵税
14               lose_all=lose_all+lose
15           elif life+1-i==1:      # 最后 1 年折旧金额
16               lose=(amount-lose_all-amount*salvage)
17               getback=lose*ratio      # 折旧抵税
18               lose_all=lose_all+lose
19           else:
20               print("已足额计提折旧，或者折旧年份错误")
21           # 计算折旧抵税现值
22           dicount=1/(1+benefit)**i      # 折现系数
23           getback_year=getback* dicount
24           getback_all=getback_all+getback_year
25           list_double.append([i,lose,lose_all,getback,dicount,getback_year,
getback_all])
26       return pd.DataFrame(list_double,columns=["年份","折旧","累计折旧","折旧抵税",
"折现系数","折旧抵税现值","累计折旧抵税现值"])
```

（5）输入参数，用双倍余额递减法计算年折旧额。

> **计算年折旧额**

```
1    dt_double=dep_double(800000,10,0.05,0.08,0.25)
2    dt_double
```

运行结果

	年份	折旧	累计折旧	折旧抵税	折现系数	折旧抵税现值	累计折旧抵税现值
0	1	160000.00	160000.00	40000.00	0.93	37037.04	37037.04
1	2	128000.00	288000.00	32000.00	0.86	27434.84	64471.88
2	3	102400.00	390400.00	25600.00	0.79	20322.11	84793.98
3	4	81920.00	472320.00	20480.00	0.74	15053.41	99847.40
4	5	65536.00	537856.00	16384.00	0.68	11150.68	110998.07
5	6	52428.80	590284.80	13107.20	0.63	8259.76	119257.83
6	7	41943.04	632227.84	10485.76	0.58	6118.34	125376.17
7	8	33554.43	665782.27	8388.61	0.54	4532.10	129908.27
8	9	47108.86	712891.14	11777.22	0.50	5891.54	135799.81
9	10	47108.86	760000.00	11777.22	0.46	5455.13	141254.94

（6）自定义 dep_sumyear()函数，采用年数总和法计算年折旧额。

> **自定义函数，采用年数总和法计算折旧额**

```
1    def dep_sumyear(amount,life,salvage,benefit,ratio):      # 传入参数原值、预计使用年限、
净残值率、期望年化收益率、企业所得税税率
```

```
2        # 计算年数总和法下的年折旧额
3        lose_all=0
4        getback_all=0          # 累计折旧初始值
5        list_sumyear=[]
6        for i in range(1,life+1):
7            sumyear=sum( i for i in range(1,life+1))  # 年数总和
8            lose=amount*(1-salvage)*(life+1-i)/sumyear     # 年折旧
9            lose_all=lose_all+lose          # 折旧抵税
10           getback=lose*ratio        # 折旧抵税现值
11           dicount=1/(1+benefit)**i  # 折现系数
12           getback_year=getback* dicount
13           getback_all=getback_all+getback_year
14           list_sumyear.append([i,lose,lose_all,getback,(1-benefit)**i,getback_year,
getback_all])
15       return pd.DataFrame(list_sumyear,columns=["年份","折旧","累计折旧","折旧抵税",
"折现系数","折旧抵税现值","累计折旧抵税现值"])
```

（7）输入参数，用年数总和法计算年折旧额。

➤ 计算年数总和法下的年折旧额

```
1    dt_sumyear=dep_sumyear(800000,10,0.05,0.08,0.25)
2    dt_sumyear
```

运行结果

	年份	折旧	累计折旧	折旧抵税	折现系数	折旧抵税现值	累计折旧抵税现值
0	1	138181.82	138181.82	34545.45	0.92	31986.53	31986.53
1	2	124363.64	262545.45	31090.91	0.85	26655.44	58641.98
2	3	110545.45	373090.91	27636.36	0.78	21938.64	80580.61
3	4	96727.27	469818.18	24181.82	0.72	17774.36	98354.97
4	5	82909.09	552727.27	20727.27	0.66	14106.63	112461.60
5	6	69090.91	621818.18	17272.73	0.61	10884.75	123346.35
6	7	55272.73	677090.91	13818.18	0.56	8062.78	131409.13
7	8	41454.55	718545.45	10363.64	0.51	5599.15	137008.28
8	9	27636.36	746181.82	6909.09	0.47	3456.27	140464.54
9	10	13818.18	760000.00	3454.55	0.43	1600.12	142064.67

（8）为了更好地呈现采用 3 种不同折旧方法进行累计折旧和累计折旧抵税的对比，将累计折旧和累计折旧抵税现值分别绘制成折线图和柱形图。

➤ 绘制累计折旧和累计折旧抵税现值图表

```
1    import matplotlib.pyplot as plt
2    plt.rcParams['font.family'] = 'SimHei'      # 设置中文字体为黑体
3    plt.rcParams['axes.unicode_minus'] = False      # 中文状态下负号正常显示
4    # 绘图需要先导入相应的 matplotlib 模块
5    plt.figure(figsize=(10, 8), dpi=200)      # 设置图表的大小
6    plt.subplot(2,1,1)      # 绘制折线图，呈现 3 种不同方法的累计折旧
7    plt.plot(dt_line["年份"],dt_line["累计折旧"], label="直线法累计折旧",linewidth=2,
marker='s')      # 读取直线法的累计折旧，使用 marker 设置标记形状
8    plt.plot(dt_double["年份"],dt_double["累计折旧"], label="双倍余额递减法累计折旧",
```

```
     linewidth=2, marker='x')    # 读取双倍余额递减法的累计折旧
9    plt.plot(dt_sumyear["年份"],dt_sumyear["累计折旧"], label="年数总和法累计折旧",
     linewidth=2, marker='o')    # 读取年数总和法的累计折旧
10   plt.xticks(dt_line["年份"])
11   plt.title('不同折旧方法每年累计折旧比较')    # 设置图表名称
12   plt.legend()
13   plt.subplot(2,1,2)    # 绘制柱形图，呈现 3 种不同方法的累计折旧抵税现值
14   plt.bar(dt_line["年份"]-0.2,dt_line["累计折旧抵税现值"], label="直线法累计折旧抵税现
     值",width=0.2)    # 读取直线法的累计折旧抵税现值
15   plt.bar(dt_double["年份"],dt_double["累计折旧抵税现值"], label="双倍余额递减法累计折
     旧抵税现值",width=0.2)    # 读取双倍余额递减法的累计折旧抵税现值
16   plt.bar(dt_sumyear["年份"]+0.2,dt_sumyear["累计折旧抵税现值"], label="年数总和法累计
     折旧抵税现值",width=0.2)    # 读取年数总和法的累计折旧抵税现值
17   plt.xlabel("年份")    # 设置 x 标签
18   plt.xticks(dt_line["年份"])
19   plt.title('不同折旧方法每年累计折旧抵税现值比较')    # 设置图表名称
20   plt.legend()
21   plt.show()
```

运行结果（见图 7-6 ）

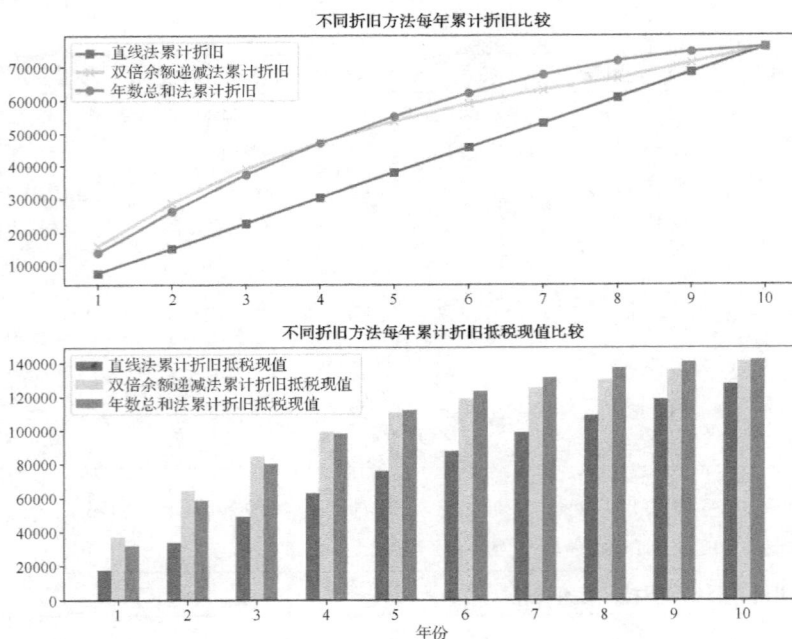

图 7-6　不同折旧方法的比较

　　从图 7-6 中的折线图可以看出，对 Tata 公司的机器设备而言，如果设备的使用寿命为变量，使用寿命在 5 年内的设备采用双倍余额递减法得到的累计折旧数值大于年数总和法；使用寿命在 5 年及以上时，采用年数总和法得到的累计折旧数值大于双倍余额递减法。从图 7-6 中的柱形图可以看出，这 3 种折旧方法有不同的抵税效果，直线法折旧抵税的效果最差。

　　（9）对具体的抵税效果进行两两比较，先计算年数总和法和直线法对税负的影响差额。为了保证显示效果，变量命名后缀"L"表示直线法，"D"表示双倍余额递减法，"S"表示年数总和法（下同）。

➤ **比较年数总和法和直线法的抵税效果**

```
1   dt=dt_line[["年份","折现系数"]]
2   dt["折旧差 S-L"]=dt_sumyear["折旧"]-dt_line["折旧"]
3   dt["折旧抵税现值差 S-L"]=dt_sumyear["折旧抵税现值"]-dt_line["折旧抵税现值"]
4   dt["累计折旧抵税现值差 S-L"]=dt_sumyear["累计折旧抵税现值"]-dt_line["累计折旧抵税现值"]
5   dt
```

运行结果

	年份	折现系数	折旧差 S-L	折旧抵税现值差 S-L	累计折旧抵税现值差 S-L
0	1	0.93	62181.82	14393.94	14393.94
1	2	0.86	48363.64	10366.01	24759.95
2	3	0.79	34545.45	6855.82	31615.77
3	4	0.74	20727.27	3808.79	35424.56
4	5	0.68	6909.09	1175.55	36600.11
5	6	0.63	-6909.09	-1088.47	35511.64
6	7	0.58	-20727.27	-3023.54	32488.10
7	8	0.54	-34545.45	-4665.96	27822.14
8	9	0.50	-48363.64	-6048.46	21773.67
9	10	0.46	-62181.82	-7200.55	14573.12

（10）分别计算双倍余额递减法和直线法、双倍余额递减法和年数总和法对税负的影响差额。

➤ **分别比较双倍余额递减法与直线法、年数总和法的抵税作用**

```
1   dt["折旧差 D-L"]=dt_double["折旧抵税现值"]-dt_line["折旧抵税现值"]
2   dt["折旧抵税现值差 D-L"]=dt_double["折旧抵税现值"]-dt_line["折旧抵税现值"]
3   dt["累计折旧抵税现值差 D-L"]=dt_double["累计折旧抵税现值"]-dt_line["累计折旧抵税现值"]
4   dt["折旧差 D-S"]=dt_double["折旧抵税现值"]-dt_sumyear["折旧抵税现值"]
5   dt["折旧抵税现值差 D-S"]=dt_double["折旧抵税现值"]-dt_sumyear["折旧抵税现值"]
6   dt["累计折旧抵税现值差 D-S"]=dt_double["累计折旧抵税现值"]-dt_sumyear["累计折旧抵税现值"]
7   dt
```

运行结果

	年份	折现系数	折旧差 S-L	折旧抵税现值差 S-L	累计折旧抵税现值差 S-L	折旧差 D-L	折旧抵税现值差 D-L	累计折旧抵税现值差 D-L	折旧差 D-S	折旧抵税现值差 D-S	累计折旧抵税现值差 D-S
0	1	0.93	62181.82	14393.94	14393.94	19444.44	19444.44	19444.44	5050.51	5050.51	5050.51
1	2	0.86	48363.64	10366.01	24759.95	11145.40	11145.40	30589.85	779.40	779.40	5829.90
2	3	0.79	34545.45	6855.82	31615.77	5239.29	5239.29	35829.14	-1616.53	-1616.53	4213.37
3	4	0.74	20727.27	3808.79	35424.56	1087.84	1087.84	36916.99	-2720.95	-2720.95	1492.43
4	5	0.68	6909.09	1175.55	36600.11	-1780.41	-1780.41	35136.58	-2955.96	-2955.96	-1463.53
5	6	0.63	-6909.09	-1088.47	35511.64	-3713.46	-3713.46	31423.12	-2624.99	-2624.99	-4088.52
6	7	0.58	-20727.27	-3023.54	32488.10	-4967.98	-4967.98	26455.14	-1944.44	-1944.44	-6032.96
7	8	0.54	-34545.45	-4665.96	27822.14	-5733.00	-5733.00	20722.13	-1067.05	-1067.05	-7100.00
8	9	0.50	-48363.64	-6048.46	21773.67	-3613.19	-3613.19	17108.94	2435.27	2435.27	-4664.73
9	10	0.46	-62181.82	-7200.55	14573.12	-3345.55	-3345.55	13763.40	3855.01	3855.01	-809.72

（11）筛选出对税负有影响的差额数据。

➤ **比较双倍余额递减法和直线法、年数总和法的抵税效果**

```
1   dt[["年份","折现系数","累计折旧抵税现值差 S-L","累计折旧抵税现值差 D-L","累计折旧抵税现值
差 D-S"]]
```

运行结果

	年份	折现系数	累计折旧抵税现值差 S-L	累计折旧抵税现值差 D-L	累计折旧抵税现值差 D-S
0	1	0.93	14393.94	19444.44	5050.51
1	2	0.86	24759.95	30589.85	5829.90
2	3	0.79	31615.77	35829.14	4213.37
3	4	0.74	35424.56	36916.99	1492.43
4	5	0.68	36600.11	35136.58	-1463.53
5	6	0.63	35511.64	31423.12	-4088.52
6	7	0.58	32488.10	26455.14	-6032.96
7	8	0.54	27822.14	20722.13	-7100.00
8	9	0.50	21773.67	17108.94	-4664.73
9	10	0.46	14573.12	13763.40	-809.72

（12）将不同折旧方法的累计折旧抵税现值差以可视化方式呈现。

➢ **绘制折线图**

```
1    plt.figure(figsize=(12,5), dpi=200)    # 设置图表的大小
2    plt.plot(dt["年份"],dt["累计折旧抵税现值差 S-L"], label="'年数总和法-直线法'累计折旧抵
税现值差",linewidth=2, marker='s')
3    plt.plot(dt["年份"],dt["累计折旧抵税现值差 D-L"], label="'双倍余额递减法-直线法'累计折
旧抵税现值差",linewidth=2, marker='x')
4    plt.plot(dt["年份"],dt["累计折旧抵税现值差 D-S"], label="'双倍余额递减法-年数总和法'累
计折旧抵税现值差",linewidth=2, marker='o')
5    plt.xlabel("年份")    # 设置 x 标签
6    plt.xticks(dt["年份"])
7    plt.title('不同折旧方法累计折旧抵税现值差')    # 设置图表名称
8    plt.legend(loc = 'lower left')    # loc 属性用于设置图例的位置
9    plt.show()
```

运行结果（见图 7-7）

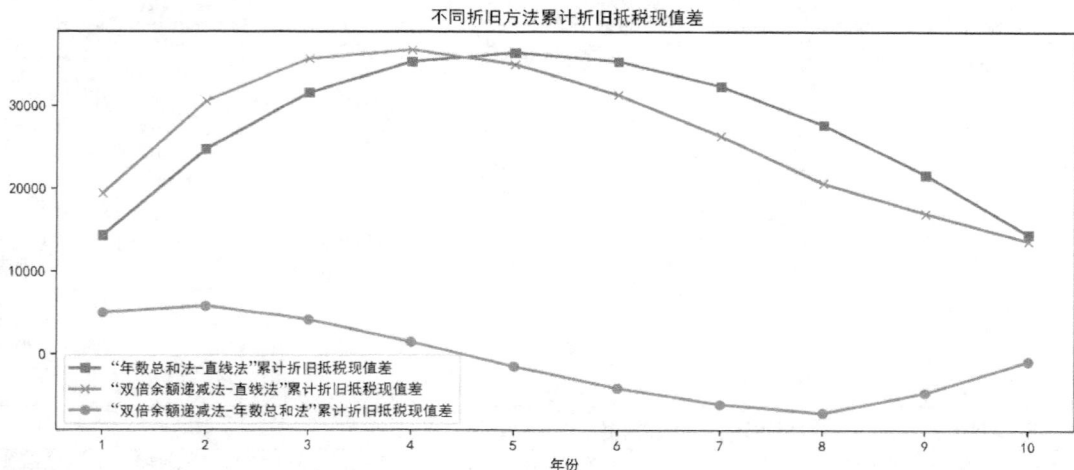

图 7-7　不同折旧方法的累计折旧抵税现值差

业务总结

税收筹划作为企业财务管理的重要组成内容，与偷税漏税、不当避税等非法行为不同，它在企业实现税负最低、利润最大化中发挥着重要作用。企业应重视固定资产折旧的税收筹划，认真研究企业所得税税前扣除办法等相关规定，充分利用固定资产折旧的税收筹划对企业所得税税负的影响，实现企业利益最大化。

拓展阅读

敬畏规则和数据，诚信方得长久

遵纪守法、诚信守诺，是放之四海而皆准的公共商业道德及行为准绳。任何违法违规行为，在任何国家都要受到应有的惩罚。上市公司为了吸引投资者注意，财务报告往往会"避重就轻""扬长避短"。2020 年 5 月 15 日，瑞幸咖啡收到纳斯达克证券交易所有关方面关于公司股票退市的书面通知，拥有"中国星巴克"之称的中国最大连锁咖啡品牌"瑞幸咖啡"因财务造假 22 亿元，市值一夜蒸发约 350 亿元，瑞幸咖啡神话破灭。诚信是企业的立身之本，祸莫大于失信，无论身处何时何地，皆是如此。

烧钱、补贴、消费券……瑞幸咖啡依靠这些互联网经济中常见的手法，在成立不到两年时间就赴美上市，打造了全球最快 IPO 公司的神话。

然而，2021 年 4 月 2 日晚间，瑞幸咖啡终于承认财务造假 22 亿元。随后，瑞幸咖啡股价"一泻千里"。4 月 3 日，中国证监会表示，高度关注瑞幸咖啡财务造假事件，对该公司财务造假行为表示强烈的谴责。

诚信是市场经济运行的基础。资本市场的价值就是让上市企业更加透明，让诚信企业更好发展，让失信企业无处容身。上市公司都应当严格遵守相关市场的法律和规则，真实、准确、完整地履行信息披露义务。任何企业，唯有重信守诺，方能行稳致远。

资料来源：学习强国

Python 在管理会计中的应用

数字经济时代，业务、财务数据呈爆炸式增长，驱动企业财务管理从传统的核算型、管理型向战略型转型。以优化财务、业务流程为基础，以实现高附加值的经营分析、风险管理、绩效管理等为手段，以支持战略决策为目标的管理会计，成为企业财务转型的重要方向。Python 的出现，使财务会计和管理会计工作发生了重大变革。本项目以企业业务数据为基础，对数据采集方式、数据处理方法、数据处理效率、数据处理流程等进行优化，从而改进传统管理会计分析模型，挖掘数据价值。

任务一　货币时间价值

资金是企业开展生产经营活动、支撑财务活动的重要保障。货币时间价值作为财务管理中的重要内容，在企业投资决策、筹资决策中发挥着重要作用。同时，货币时间价值也是个人理财、购房还贷、车贷还款、教育投资等决策中的关键要素。

业务场景 8-1　分步计算货币时间价值

Tata 公司有一个投资资金池，项目经理需要通过计算相应财务指标，对项目综合评估，考虑风险、收益，最终做出投资决策。但是，由于项目的投资金额和投资时点往往不固定，直接套用复利、年金等公式计算的传统方式满足不了项目投资决策的需求。

思路分析

1　自定义计算货币时间价值的函数：通过输入"投资情况（投资时点与投资金额）""投资回报率""目标时点"这 3 个参数，输出投资在目标时点的货币时间价值

代码实现

（1）导入 pandas 模块、datetime 函数。

➤　**导入模块**

```
1  import pandas as pd
2  import datetime as dt
```

（2）根据已知的投资回报率和目标时点，定义变量并赋值。

➤　**定义变量并赋值**

```
1  rate_annual = 0.08      # 投资回报率
2  target_time = '2022-01-01'    # 目标时点
```

（3）将 Tata 公司各个投资时点及相应的投资金额以数据表形式存储。

➤ **构建投资数据表**

```
1  investment =[[20000,'2021-01-01'],
2              [50000,'2021-05-01'],
3              [30000,'2021-08-12']]
4  data = pd.DataFrame(investment,columns=['投资金额','投资时点'])
5  data
```

运行结果

	投资金额	投资时点
0	20000	2021-01-01
1	50000	2021-05-01
2	30000	2021-08-12

（4）将文本格式的投资时点、目标时点转换为 datetime 格式，以便计算二者的间隔天数。

➤ **转换数据格式**

```
1  data['投资时点'] = pd.to_datetime(data['投资时点'])
2  target = dt.datetime.strptime(target_time,'%Y-%m-%d')
3  data.dtypes    # 显示元素类型
```

运行结果

```
投资金额              int64
投资时点        datetime64[ns]
dtype: object
```

（5）计算目标时点与投资时点的间隔天数。

➤ **计算间隔天数**

```
1  data['间隔天数'] = (target-data['投资时点']).dt.days
2  data
```

运行结果

	投资金额	投资时点	间隔天数
0	20000	2021-01-01	365
1	50000	2021-05-01	245
2	30000	2021-08-12	142

（6）将投资回报率转化为日利率，根据日利率和间隔天数计算系数。

➤ **计算系数**

```
1  rate_daily = (1+rate_annual)**(1/365)-1
2  data['系数'] = (1+rate_daily)**data['间隔天数']
```

（7）计算该项投资的终值。

➤ **计算投资金额的终值**

```
1  data['投资金额_终值'] = data['投资金额']*data['系数']
2  data
```

运行结果

	投资金额	投资时点	间隔天数	系数	投资金额_终值
0	20000	2021-01-01	365	1.080000	21600.000000
1	50000	2021-05-01	245	1.053016	52650.818602
2	30000	2021-08-12	142	1.030394	30911.812409

业务总结

利用 Excel 中内置的财务函数可以直接计算货币时间价值。以上分步骤计算投资项目资金时间价值的方式稍显繁冗，我们可以用自定义函数进行优化，提高代码的复用性。

业务场景 8-2　自定义函数计算货币时间价值

Tata 公司的投资资金池专门为优质项目设置，项目经理经常需要根据企业战略目标从多个项目中作出投资决策。因此，可以自定义一个计算货币时间价值的函数，以便面对新项目时能快速读取数据，计算出不同投资项目资金的时间价值，为项目决策提供支持。

思路分析

1　自定义货币时间价值函数，将业务场景 8-1 中分步骤计算的过程封装到函数中，以便重复调用

代码实现

（1）定义函数 TVM()，通过传入投资回报率、目标时点、投资情况参数，返回投资金额的时间价值及其合计数。

➤　**自定义函数 TVM()**

```
1   def TVM(rate_annual,target_time,investment):
2       rate_daily = (1+rate_annual)**(1/365)-1
3       target = dt.datetime.strptime(target_time,'%Y-%m-%d')
4       data = pd.DataFrame(investment,columns=['投资金额','投资时点'])
5       data['投资时点'] = pd.to_datetime(data['投资时点'])
6       data['间隔天数'] = (target-data['投资时点']).dt.days
7       data['系数'] = (1+rate_daily)**data['间隔天数']
8       data['投资金额_时间价值'] = data['投资金额']*data['系数']
9       return data,data['投资金额_时间价值'].sum()
```

（2）将 Tata 公司项目投资的相关数据传入自定义函数 TVM()中，计算该项目投资金额的终值。

➤　**计算投资金额的终值**

```
1   data_final,sum_final = TVM(0.08,'2022-01-01',[[20000,'2021-01-01'],[50000,'2021-05-01'],[30000,'2021-08-12']])
2   round(sum_final,2)      # 返回投资金额终值的合计数，保留 2 位小数
```

运行结果

```
105162.63
```

（3）如果要计算项目投资金额的现值，依然可以使用 TVM()函数进行计算。仍以 Tata 公司为例，将目标时点改为 2021-01-01，再次运行 TVM()函数。

➤　**计算投资金额的现值**

```
1   data_present,sum_present = TVM(0.08,'2021-01-01',[[20000,'2021-01-01'],[50000,'2021-05-01'],[30000,'2021-08-12']])
2   round(sum_present,2)        # 返回投资金额现值的合计数，保留 2 位小数
```

运行结果

```
97372.81
```

业务总结

货币时间价值是财务管理的基础，里面涉及大量计算，但基本都是围绕复利和年金问题展开的，公式基本固定，可直接复用。企业可结合自身需求，利用 Python 自定义函数封装常用的计算公式，提高计算的效率和准确性。

任务二　项目投资决策

项目投资决策是企业财务管理的重要环节，是对投资活动进行分析，作出最后决断的过程。在实际业务中，企业需要考虑货币时间价值，选择合适的财务分析指标，对项目进行综合评价，最后完成投资决策。常用的项目投资决策方法有两种：净现值法和投资回收期法。

业务场景 8-3　项目投资决策——净现值法

在 Tata 公司的投资资金池中有一个芯片项目，项目经理需要评估投资计划是否可行。项目总投资 2 000 万元，建设期 2 年，第 1 年年初投资 1 200 万元，第二年年初投资 800 万元。项目投产后，预计每年年末销售收入、付现成本及折旧与摊销如表 8-1 所示。Tata 公司适用的企业所得税税率为 15%，项目预期投资回报率为 8%。

表 8-1　　　　　　　　　　　　销售收入、付现成本及折旧与摊销　　　　　　　　　　　　单位：万元

投产后每年年末	销售收入	付现成本	折旧与摊销
1	1 200	800	300
2	1 600	1 000	300
3	2 000	1 200	300
4	2 400	1 400	300
5	2 500	1 600	300
6	2 200	1 800	300

该项目可运用净现值法和投资回收期法进行评估，相关知识点可参考图 8-1 所示的知识导图。

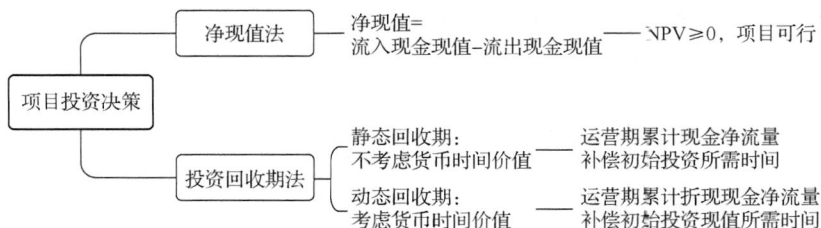

图 8-1　项目投资决策知识导图

思路分析

1　使用净现值法评估 Tata 公司投资项目的可行性，先计算各期现金净流量，再通过折现系数将其折现，最终得到项目的净现值。若项目净现值≥0，则表明该项目具备财务可行性

2　使用投资回收期法来评估 Tata 公司投资项目的财务可行性，利用累计函数计算现金净流量累计值

代码实现

（1）导入 pandas，并将数据输出格式设置为保留 2 位小数。

➤ **导入模块**

```
1  import pandas as pd
2  pd.options.display.float_format = '{:.2f}'.format
```

（2）以字典方式引入 Tata 公司初始投资、销售收入、付现成本、折旧与摊销数据，列表中的数据以年为间隔。

➤ **字典构建数据集**

```
1   data = {'初始投资':[1200,800,0,0,0,0,0,0,0],
2           '销售收入':[0,0,0,1200,1600,2000,2400,2500,2200],
3           '付现成本':[0,0,0,800,1000,1200,1400,1600,1800],
4           '折旧与摊销':[0,0,0,300,300,300,300,300,300]}
5   # 以上采用字典构建数据集，为提高代码复用性，可将数据写入 Excel，此处主要为展现不同的数据构造方式
6   df = pd.DataFrame(data)
7   df
```

运行结果

	初始投资	销售收入	付现成本	折旧与摊销
0	1200	0	0	0
1	800	0	0	0
2	0	0	0	0
3	0	1200	800	300
4	0	1600	1000	300
5	0	2000	1200	300
6	0	2400	1400	300
7	0	2500	1600	300
8	0	2200	1800	300

（3）计算各年营业利润。

➤ **计算各年营业利润**

```
1   df['营业利润'] = df['销售收入']-df['付现成本']-df['折旧与摊销']
2   df
```

运行结果

	初始投资	销售收入	付现成本	折旧与摊销	营业利润
0	1200	0	0	0	0
1	800	0	0	0	0
2	0	0	0	0	0
3	0	1200	800	300	100
4	0	1600	1000	300	300
5	0	2000	1200	300	500
6	0	2400	1400	300	700
7	0	2500	1600	300	600
8	0	2200	1800	300	100

（4）计算各年所得税费用。

➤ **计算各年所得税费用**

```
1   df['所得税费用'] = df['营业利润']*0.15
2   df
```

运行结果

	初始投资	销售收入	付现成本	折旧与摊销	营业利润	所得税费用
0	1200	0	0	0	0	0.00
1	800	0	0	0	0	0.00
2	0	0	0	0	0	0.00
3	0	1200	800	300	100	15.00
4	0	1600	1000	300	300	45.00
5	0	2000	1200	300	500	75.00
6	0	2400	1400	300	700	105.00
7	0	2500	1600	300	600	90.00
8	0	2200	1800	300	100	15.00

（5）计算各年税后营业利润。

➤　**计算各年税后营业利润**

```
1  df['税后营业利润'] = df['营业利润']-df['所得税费用']
2  df
```

运行结果

	初始投资	销售收入	付现成本	折旧与摊销	营业利润	所得税费用	税后营业利润
0	1200	0	0	0	0	0.00	0.00
1	800	0	0	0	0	0.00	0.00
2	0	0	0	0	0	0.00	0.00
3	0	1200	800	300	100	15.00	85.00
4	0	1600	1000	300	300	45.00	255.00
5	0	2000	1200	300	500	75.00	425.00
6	0	2400	1400	300	700	105.00	595.00
7	0	2500	1600	300	600	90.00	510.00
8	0	2200	1800	300	100	15.00	85.00

（6）计算各年现金净流量。

➤　**计算各年现金净流量**

```
1  df['现金净流量']=df['税后营业利润']+df['折旧与摊销']-df['初始投资']
2  df
```

运行结果

	初始投资	销售收入	付现成本	折旧与摊销	营业利润	所得税费用	税后营业利润	现金净流量
0	1200	0	0	0	0	0.00	0.00	-1200.00
1	800	0	0	0	0	0.00	0.00	-800.00
2	0	0	0	0	0	0.00	0.00	0.00
3	0	1200	800	300	100	15.00	85.00	385.00
4	0	1600	1000	300	300	45.00	255.00	555.00
5	0	2000	1200	300	500	75.00	425.00	725.00
6	0	2400	1400	300	700	105.00	595.00	895.00
7	0	2500	1600	300	600	90.00	510.00	810.00
8	0	2200	1800	300	100	15.00	85.00	385.00

（7）计算折现系数。折现系数的计算公式为$(1+i)^{-t}$，i 为利率，t 为相应的年数，t 的值可以取

行索引[0,1,2,3,4,5,6,7]。

> ➢ **计算折现系数**

```
1    df['折现系数'] = (1+0.08)**(-df.index)
2    df
```

运行结果

	初始投资	销售收入	付现成本	折旧与摊销	营业利润	所得税费用	税后营业利润	现金净流量	折现系数
0	1200	0	0	0	0	0.00	0.00	-1200.00	1.00
1	800	0	0	0	0	0.00	0.00	-800.00	0.93
2	0	0	0	0	0	0.00	0.00	0.00	0.86
3	0	1200	800	300	100	15.00	85.00	385.00	0.79
4	0	1600	1000	300	300	45.00	255.00	555.00	0.74
5	0	2000	1200	300	500	75.00	425.00	725.00	0.68
6	0	2400	1400	300	700	105.00	595.00	895.00	0.63
7	0	2500	1600	300	600	90.00	510.00	810.00	0.58
8	0	2200	1800	300	100	15.00	85.00	385.00	0.54

（8）计算各年折现现金净流量。

> ➢ **计算各年折现现金净流量**

```
1    df['折现现金净流量'] = df['现金净流量']*df['折现系数']
2    df
```

运行结果

	初始投资	销售收入	付现成本	折旧与摊销	营业利润	所得税费用	税后营业利润	现金净流量	折现系数	折现现金净流量
0	1200	0	0	0	0	0.00	0.00	-1200.00	1.00	-1200.00
1	800	0	0	0	0	0.00	0.00	-800.00	0.93	-740.74
2	0	0	0	0	0	0.00	0.00	0.00	0.86	0.00
3	0	1200	800	300	100	15.00	85.00	385.00	0.79	305.63
4	0	1600	1000	300	300	45.00	255.00	555.00	0.74	407.94
5	0	2000	1200	300	500	75.00	425.00	725.00	0.68	493.42
6	0	2400	1400	300	700	105.00	595.00	895.00	0.63	564.00
7	0	2500	1600	300	600	90.00	510.00	810.00	0.58	472.63
8	0	2200	1800	300	100	15.00	85.00	385.00	0.54	208.00

（9）将各年折现现金净流量相加，计算项目净现值。

> ➢ **计算项目净现值**

```
1    NPV = format(df['折现现金净流量'].sum(),'.2f')
2    print("项目净现值 NPV 为: ",NPV)
3    if float(NPV)>=0:
4        print("NPV>=0,项目具备财务可行性。")
5    else:
6        print("NPV<0,项目不具备财务可行性。")
```

运行结果

项目净现值 NPV 为: 510.88

NPV≥0，说明项目具备可行性。

业务场景 8-4　项目投资决策——投资回收期法

回收期分静态回收期和动态回收期，二者的区别在于动态回收期考虑了货币时间价值。静态回收期是以现金净流量为基准计算的，而动态回收期以折现现金净流量为基准计算，使用 cumsum() 函数求解。

沿用业务场景 8-3 的数据，对该项目进行投资决策。

代码实现

➢ **计算现金净流量、折现现金净流量累计和**

```
1   df[['现金净流量','折现现金净流量']].cumsum()
```

运行结果

	现金净流量	折现现金净流量
0	-1200.00	-1200.00
1	-2000.00	-1940.74
2	-2000.00	-1940.74
3	-1615.00	-1635.12
4	-1060.00	-1227.17
5	-335.00	-733.75
6	560.00	-169.75
7	1370.00	302.88
8	1755.00	510.88

根据运行结果，我们可以看到：采用静态回收期，在项目周期的第 5、6 年之间可以回本；如果考虑货币时间价值的动态回收期，则需要在项目周期的第 6、7 年之间方能回本。

业务总结

项目投资决策的常用方法有净现值法、投资回收期法、内含报酬率法等，这些方法在 Excel 中都有相应的内置函数。但当企业涉及决策项目较多时，构建统一的数据基础表，批量读取表中的项目信息，将常用的项目投资决策方法封装为函数，会方便很多。那么，每次投资决策的计算过程就可以简化为：读取数据—调用函数—输出结果。这样可以大大提升计算的效率和准确性，这也是 Python 在处理量大、重复性高的数据时的优势所在。

任务三　本量利分析

随着财务会计向管理会计转型，本量利分析模型作为经典的成本管理模型，在帮助企业降低成本、实现预期收益中发挥着重要作用。企业可以合理利用本量利关系，建立直观可靠的盈亏平衡模型，通过对未来相关成本收益进行分析和预测，实现成本控制和提高效益的经营目标。

业务场景 8-5　本量利分析预测

近年来，许多年轻消费者对国产品牌特别青睐，长期从事鞋服贸易的小新敏锐地嗅到商机，准备投建生产线生产平价运动鞋。经过初步市场调研，运动鞋市场售价约为 100 元/双，预估每双运动鞋的原材料、人工成本等变动成本为 50 元，预估房租、机器设备等固定成本为 100 000 元/月。根据电商贸易数据的预测模型，运动鞋预计销售量为 3 000 双/月。

（1）如果小新对市场预测完全准确，根据本量利公式，运动鞋的单位边际贡献、月销售额、月边际贡献、月营业利润分别是多少?

（2）每个月销售量达到多少，小新才能不亏本?

（3）每个月实际利润最多偏离预测利润多少，才能保证小新不亏本?

（4）小新希望每个月可以盈利 100 000 元，那么月销量要达到多少才能保证实现盈利目标?

（5）小新不满足于预期市场获取的营业利润，希望通过调整售价、成本、销量等因素来提高每个月的营业利润，则营业利润对单价、变动成本、销量、固定成本的敏感性系数分别为多少?

本业务场景可运用本量利知识进行保本分析、保利分析、安全边际分析和敏感性分析，相关知识点可参考图 8-2 所示的知识导图。

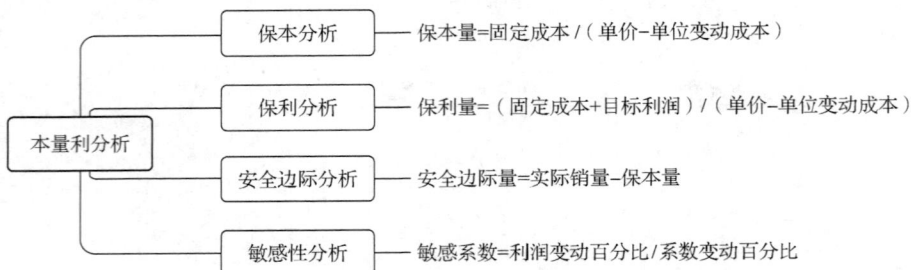

图 8-2　本量利分析知识导图

思路分析

1　创建一个自定义函数，通过输入单价、单位变动成本、固定成本、销售量 4 个参数，计算销售额、单位边际贡献、边际贡献、变动成本和利润

代码实现

（1）导入 pandas，并将数据输出格式设置为保留 2 位小数。

➤　**导入模块**

```
1   import pandas as pd
2   pd.options.display.float_format = '{:.2f}'.format
```

（2）创建自定义函数，通过输入单价（p）、单位变动成本（uvc）、固定成本（fc）、销售量（q）4 个参数，计算销售额（s）、单位边际贡献（umc）、边际贡献（mc）、变动成本（vc）和营业利润（pro）。

➤　**自定义 CVP()函数**

```
1   def CVP(p,uvc,q,fc):
2       s = p * q      # 销售额=单价×销售量
3       umc = p - uvc     # 单位边际贡献=单价-单位变动成本
4       mc = umc * q     # 边际贡献= 单位边际贡献×销售量
5       vc = uvc * q     # 变动成本=单位变动成本×销售量
6       pro = (p-uvc) * q-fc   # 营业利润=(单价-单位变动成本)×销售量-固定成本
7       return [p, uvc, umc, q, s, vc, mc, fc, pro]      # 返回单价、单位变动成本、单位边
际贡献、销售量、销售额、变动成本、边际贡献、固定成本、营业利润
```

（3）根据市场调研获取的信息，为变量赋值并调用 CVP()函数。

➤　**为变量赋值并调用 CVP()函数**

```
1   p = 100      # 单价为 100 元/双
2   uvc = 50     # 单位变动成本为 50 元
3   q = 3000     # 销售量为 3000 双
```

```
4    fc = 100000      # 固定成本为 100000 元/月
5    dt = pd.DataFrame(CVP(p,uvc,q,fc),columns=['实际数'],index=['单价','单位变动成本','
单位边际贡献','销售量','销售额','变动成本','边际贡献','固定成本','营业利润'])
6    dt
```

运行结果

	实际数
单价	100
单位变动成本	50
单位边际贡献	50
销售量	3000
销售额	300000
变动成本	150000
边际贡献	150000
固定成本	100000
营业利润	50000

（4）计算保本时的销售量，并调用 CVP()函数计算此时的销售额、单位边际贡献、边际贡献、变动成本和营业利润等。

➢ **计算保本量并调用 CVP()函数**

```
1    BEP = fc/(p-uvc)      # 计算保本量，保本量=固定成本/（单价-单位变动成本）
2    dt['盈亏平衡分析'] = CVP(p,uvc,BEP,fc)
3    dt
```

运行结果

	实际数	盈亏平衡分析
单价	100	100.00
单位变动成本	50	50.00
单位边际贡献	50	50.00
销售量	3000	2000.00
销售额	300000	200000.00
变动成本	150000	100000.00
边际贡献	150000	100000.00
固定成本	100000	100000.00
营业利润	50000	0.00

（5）安全边际即实际销售超过盈亏平衡点的部分，可直接用实际数据减去盈亏平衡分析数据。

➢ **计算安全边际量并调用 CVP()函数**

```
1    dt['安全边际分析'] = dt['实际数']-dt['盈亏平衡分析']
2    dt
```

运行结果

	实际数	盈亏平衡分析	安全边际分析
单价	100	100.00	0.00
单位变动成本	50	50.00	0.00

单位边际贡献	50	50.00	0.00
销售量	3000	2000.00	1000.00
销售额	300000	200000.00	100000.00
变动成本	150000	100000.00	50000.00
边际贡献	150000	100000.00	50000.00
固定成本	100000	100000.00	0.00
营业利润	50000	0.00	50000.00

（6）计算目标利润为 100 000 元时的保利量，并调用 CVP()函数计算此时的销售额、单位边际贡献、边际贡献、变动成本和营业利润等。

> **计算保利量并调用 CVP()函数**

```
1    top = (100000+fc)/(p-uvc)     # 计算保利量
2    dt['目标利润分析'] = CVP(p,uvc,top,fc)
3    dt
```

运行结果

	实际数	盈亏平衡分析	安全边际分析	目标利润分析
单价	100	100.00	0.00	100.00
单位变动成本	50	50.00	0.00	50.00
单位边际贡献	50	50.00	0.00	50.00
销售量	3000	2000.00	1000.00	4000.00
销售额	300000	200000.00	100000.00	400000.00
变动成本	150000	100000.00	50000.00	200000.00
边际贡献	150000	100000.00	50000.00	200000.00
固定成本	100000	100000.00	0.00	100000.00
营业利润	50000	0.00	50000.00	100000.00

（7）创建自定义函数，通过输入因素变动百分比，计算利润变动百分比。变量命名为单价变动百分比（ratio_p）、销售量变动百分比（ratio_q）、单位变动成本变动百分比（ratio_uvc）、固定成本变动百分比（ratio_fc）。

> **自定义敏感系数 sens()函数**

```
1    def sens(ratio_p, ratio_uvc, ratio_q, ratio_fc):
2        p2 = p*(1+ratio_p/100)      # 计算变动后单价
3        uvc2 = uvc*(1+ratio_uvc/100)     # 计算变动后单位变动成本
4        q2 = q*(1+ratio_q/100)      # 计算变动后销售量
5        fc2 = fc*(1+ratio_fc/100)     # 计算变动后固定成本
6        pro = (p-uvc)*q-fc      # 计算变动前利润
7        pro2 = (p2-uvc2)*q2-fc2      # 计算变动后利润
8        return pro2/pro-1      # 返回利润变动百分比
```

（8）构建一个变动百分比序列，范围为-100～100，每次递增 10%。

> **构建变动百分比范围**

```
1    dt_sens = pd.DataFrame(pd.Series(range(-100,110,10)),columns=['变动百分比'])
2    dt_sens
```

运行结果

	变动百分比
0	-100
1	-90
2	-80
3	-70
4	-60
5	-50
6	-40
7	-30
8	-20
9	-10
10	0
11	10
12	20
13	30
14	40
15	50
16	60
17	70
18	80
19	90
20	100

（9）调用自定义函数 sens()，分别计算单价、单位变动成本、销售量、固定成本等按上一步骤生成的变动百分比变动时，利润变动的百分比。

➤ **调用自定义函数 sens()**

```
1  dt_sens['利润-单价'] = dt_sens['变动百分比'].map(lambda x:sens(x,0,0,0))
   # 单价单独变动时，计算利润变动百分比
2  dt_sens['利润-单位变动成本'] = dt_sens['变动百分比'].map(lambda x:sens(0,x,0,0))
   # 单位变动成本单独变动时，计算利润变动百分比
3  dt_sens['利润-销售量'] = dt_sens['变动百分比'].map(lambda x:sens(0,0,x,0))
   # 销售量单独变动时，计算利润变动百分比
4  dt_sens['利润-固定成本'] = dt_sens['变动百分比'].map(lambda x:sens(0,0,0,x))
   # 固定成本单独变动时，计算利润变动百分比
5  dt_sens
```

运行结果

	变动百分比	利润-单价	利润-单位变动成本	利润-销售量	利润-固定成本
0	-100	-6.00	3.00	-3.00	2.00
1	-90	-5.40	2.70	-2.70	1.80
2	-80	-4.80	2.40	-2.40	1.60
3	-70	-4.20	2.10	-2.10	1.40
4	-60	-3.60	1.80	-1.80	1.20

5	-50	-3.00	1.50	-1.50	1.00
6	-40	-2.40	1.20	-1.20	0.80
7	-30	-1.80	0.90	-0.90	0.60
8	-20	-1.20	0.60	-0.60	0.40
9	-10	-0.60	0.30	-0.30	0.20
10	0	0.00	0.00	0.00	0.00
11	10	0.60	-0.30	0.30	-0.20
12	20	1.20	-0.60	0.60	-0.40
13	30	1.80	-0.90	0.90	-0.60
14	40	2.40	-1.20	1.20	-0.80
15	50	3.00	-1.50	1.50	-1.00
16	60	3.60	-1.80	1.80	-1.20
17	70	4.20	-2.10	2.10	-1.40
18	80	4.80	-2.40	2.40	-1.60
19	90	5.40	-2.70	2.70	-1.80
20	100	6.00	-3.00	3.00	-2.00

（10）将本量利分析结果以可视化方式呈现出来，导入第三方绘图库 matplotlib 中的 pyplot 模块，以便绘制 2D 图形（pandas 作图依赖 matplotlib 模块）。

➤ **利用 matplotlib 模块绘制本量利图形**

```
1   from matplotlib import pyplot as plt
2   plt.rcParams['font.family'] = 'SimHei'          # 设置中文字体为黑体
3   plt.rcParams['axes.unicode_minus'] = False      # 中文状态下负号正常显示
```

（11）调用 plot() 函数作图，更直观地展示各因素变动对利润的影响。

➤ **调用 plot() 函数作图**

```
1   picture = dt_sens.plot(x='变动百分比',y=['利润-单价','利润-单位变动成本','利润-销售量',
    '利润-固定成本'])
```

运行结果（见图 8-3）

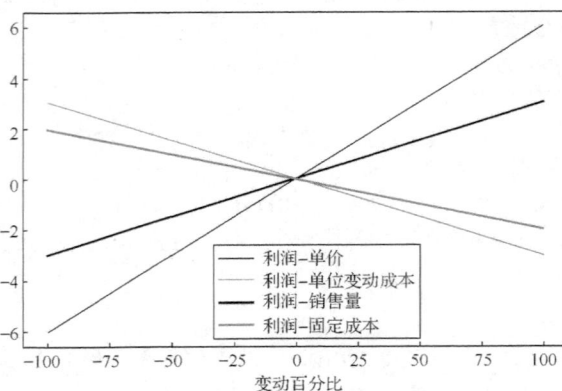

图 8-3　利润敏感性分析图

业务总结

本量利分析以成本性态分析和变动成本法为基础。业务场景 8-5 利用 Python 将成本分析模型和可视化图形结合，通过保本分析，确定企业的最低生存条件；通过安全边际分析，确定企业的安全运营状况；通过敏感性分析，分清对利润影响的主次因素，确保目标利润的实现。自定义函数，有利于对本量利分析的基础数据与参数进行及时调整，保证本量利分析结果的准确性和可靠性，从而为企业经营决策提供更好的支持。

任务四　标准成本差异分析

成本管理是企业财务管理的重要环节。标准成本法能够清晰反映出产品或服务的成本组成，是一种量化的成本分析方法，具有核算效率高、成本控制好、管理风险低等优势，常被广泛应用于企业的成本核算中。同时，按照标准成本法编制预算，分析标准成本和实际成本的差异，为合理编制生产预算、确保预算管理和实际生产一致提供保证，提升成本控制和成本管理的科学性。

业务场景 8-6　进行标准成本差异分析

2021 年 5 月，运动鞋生产基本稳定后，小新拓展了新的制衣生产线。经过 3 个月的运营，8 月各项目的预算数与实际数对比（弹性预算根据销售量及标准成本计算）如表 8-2 所示，单位产品标准成本与实际成本数据如表 8-3 所示。请据此进行标准成本差异分析（直接材料、直接人工、变动制造费用差异分析）。

表 8-2　　　　　　　　　　　　　8 月各项目预算数与实际数对比

项目	预算数	实际数	差异
销售量/件	500	500	—
单价/元	1 800	1 900	100
销售额/元	900 000	950 000	50 000
变动成本/元	531 000	588 300	57 300
边际贡献/元	369 000	361 700	−7 300
变动制造费用/元	234 500	243 400	8 900
营业利润/元	134 500	118 300	−16 200

表 8-3　　　　　　　　　　　　　单位产品标准成本与实际成本　　　　　　　　　　金额单位：元

成本项目	实际用量	实际价格	标准用量	标准价格
直接材料-布	2	35	1.8	33
直接材料-纽扣	10	1	10	0.5
直接材料-拉链	1	3	1	2.5
直接材料-线	1.5	5	2	5.5
直接材料-里布	1.5	24	2	26
直接人工	10	36	9	28
变动制造费用-电	100	0.3	100	0.35
变动制造费用-水	50	0.6	70	0.5
变动制造费用-维修	2	20	2	10

该业务场景应用标准成本法进行计算，相关知识点如图 8-4 所示。

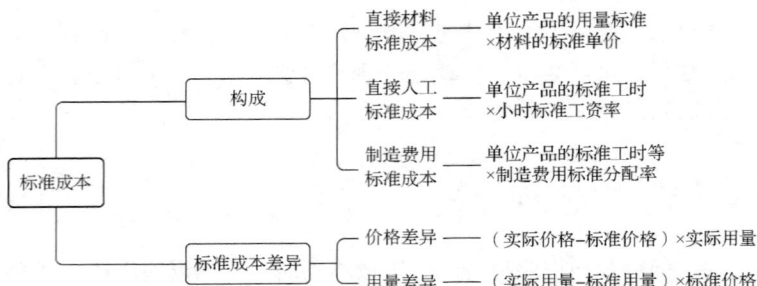

图 8-4 标准成本分析知识导图

思路分析

1 组成标准成本的直接材料标准成本、直接人工标准成本、制造费用标准成本，都包括用量标准和价格标准。计算标准成本差异时，将成本差异统一分为价格差异和用量差异

代码实现

（1）导入 pandas，并将数据输出格式设置为保留 2 位小数。

➢ **导入模块**

```
1    import pandas as pd
2    pd.options.display.float_format = '{:.2f}'.format
```

（2）读取单位产品成本项目的标准价格、标准用量、实际价格、实际用量等数据。

➢ **读取数据**

```
1    file = '8-6 单位产品标准成本与实际成本.xlsx'
2    cost = pd.read_excel(file,sheet_name = '成本数据')
3    cost.fillna(0,inplace = True)        # 将缺失值填充为 0
4    cost
```

运行结果

	成本项目	实际用量	实际价格	标准用量	标准价格
0	直接材料-布	2.00	35.00	1.80	33.00
1	直接材料-纽扣	10.00	1.00	10.00	0.50
2	直接材料-拉链	1.00	3.00	1.00	2.50
3	直接材料-线	1.50	5.00	2.00	5.50
4	直接材料-里布	1.50	24.00	2.00	26.00
5	直接人工	10.00	36.00	9.00	28.00
6	变动制造费用-电	100.00	0.30	100.00	0.35
7	变动制造费用-水	50.00	0.60	70.00	0.50
8	变动制造费用-维修	2.00	20.00	2.00	10.00

（3）计算单位产品每个成本项目的实际成本和标准成本，以及两者的差异。

➢ **计算实际成本、标准成本及两者的差异**

```
1    cost['实际成本'] = cost['实际用量']*cost['实际价格']
2    cost['标准成本'] = cost['标准用量']*cost['标准价格']
3    cost['差异'] = cost['实际成本']-cost['标准成本']
4    cost
```

运行结果

	成本项目	实际用量	实际价格	标准用量	标准价格	实际成本	标准成本	差异
0	直接材料-布	2.00	35.00	1.80	33.00	70.00	59.40	10.60
1	直接材料-纽扣	10.00	1.00	10.00	0.50	10.00	5.00	5.00
2	直接材料-拉链	1.00	3.00	1.00	2.50	3.00	2.50	0.50
3	直接材料-线	1.50	5.00	2.00	5.50	7.50	11.00	-3.50
4	直接材料-里布	1.50	24.00	2.00	26.00	36.00	52.00	-16.00
5	直接人工	10.00	36.00	9.00	28.00	360.00	252.00	108.00
6	变动制造费用-电	100.00	0.30	100.00	0.35	30.00	35.00	-5.00
7	变动制造费用-水	50.00	0.60	70.00	0.50	30.00	35.00	-5.00
8	变动制造费用-维修	2.00	20.00	2.00	10.00	40.00	20.00	20.00

（4）计算单位产品每一成本项目的价格差异与用量差异。

➤ **计算价格差异与用量差异**

```
1  cost['价格差异'] = cost['实际用量']*(cost['实际价格']-cost['标准价格'])
2  cost['用量差异'] = (cost['实际用量']-cost['标准用量'])*cost['标准价格']
3  cost
```

运行结果

	成本项目	实际用量	实际价格	标准用量	标准价格	实际成本	标准成本	差异	价格差异	用量差异
0	直接材料-布	2.00	35.00	1.80	33.00	70.00	59.40	10.60	4.00	6.60
1	直接材料-纽扣	10.00	1.00	10.00	0.50	10.00	5.00	5.00	5.00	0.00
2	直接材料-拉链	1.00	3.00	1.00	2.50	3.00	2.50	0.50	0.50	0.00
3	直接材料-线	1.50	5.00	2.00	5.50	7.50	11.00	-3.50	-0.75	-2.75
4	直接材料-里布	1.50	24.00	2.00	26.00	36.00	52.00	-16.00	-3.00	-13.00
5	直接人工	10.00	36.00	9.00	28.00	360.00	252.00	108.00	80.00	28.00
6	变动制造费用-电	100.00	0.30	100.00	0.35	30.00	35.00	-5.00	-5.00	0.00
7	变动制造费用-水	50.00	0.60	70.00	0.50	30.00	35.00	-5.00	5.00	-10.00
8	变动制造费用-维修	2.00	20.00	2.00	10.00	40.00	20.00	20.00	20.00	0.00

（5）根据已知的实际销量，计算实际销量下每个成本项目的成本差异总额。

➤ **计算实际销量下的成本差异总额**

```
1  cost[['差异总额','价格差异总额','用量差异总额']] = cost[['差异','价格差异','用量差异']]*500
2  cost
```

运行结果

	成本项目	实际用量	实际价格	标准用量	标准价格	实际成本	标准成本	差异	价格差异	用量差异	差异总额	价格差异总额	用量差异总额
0	直接材料-布	2.00	35.00	1.80	33.00	70.00	59.40	10.60	4.00	6.60	5300.00	2000.00	3300.00
1	直接材料-纽扣	10.00	1.00	10.00	0.50	10.00	5.00	5.00	5.00	0.00	2500.00	2500.00	0.00
2	直接材料-拉链	1.00	3.00	1.00	2.50	3.00	2.50	0.50	0.50	0.00	250.00	250.00	0.00
3	直接材料-线	1.50	5.00	2.00	5.50	7.50	11.00	-3.50	-0.75	-2.75	-1750.00	-375.00	-1375.00
4	直接材料-里布	1.50	24.00	2.00	26.00	36.00	52.00	-16.00	-3.00	-13.00	-8000.00	-1500.00	-6500.00
5	直接人工	10.00	36.00	9.00	28.00	360.00	252.00	108.00	80.00	28.00	54000.00	40000.00	14000.00
6	变动制造费用-电	100.00	0.30	100.00	0.35	30.00	35.00	-5.00	-5.00	0.00	-2500.00	-2500.00	0.00
7	变动制造费用-水	50.00	0.60	70.00	0.50	30.00	35.00	-5.00	5.00	-10.00	-2500.00	2500.00	-5000.00
8	变动制造费用-维修	2.00	20.00	2.00	10.00	40.00	20.00	20.00	20.00	0.00	10000.00	10000.00	0.00

（6）计算各成本项目的差异总额、价格差异总额、用量差异总额。

➤ **计算差异总额**

```
1  cost_diff = cost[['差异总额','价格差异总额','用量差异总额']].sum()
2  pd.DataFrame(cost_diff,columns=['结果'])
```

运行结果

	结果
差异总额	57300.00
价格差异总额	52875.00
用量差异总额	4425.00

业务总结

分析成本差异是企业成本管理的重点，找到成本差异原因，并及时进行跟踪处理，是企业成本管理的最终目标。利用本业务场景的代码，企业每次测算成本差异数据时，只需要读取不同产品的成本数据，便可直接得出计算结果，大大简化了计算流程，有助于企业更关注标准成本和实际成本产生差异的原因，从而为企业的成本控制提供更为科学有效的依据。

任务五 固定预算和弹性预算

加强预算管理，有助于企业合理利用企业内部资源，实现资源优化配置。固定预算与弹性预算、定期预算与滚动预算等，都是财务管理中编制预算的重要方法，各有优缺点。企业需要熟练掌握各种预算编制的方法，结合自身情况，综合考虑各方面因素，选择符合企业特点和发展需求的预算编制方法，从而提升预算管理效果。

业务场景 8-7 编制预算并分析其与实际执行情况的差异

小新按照固定预算法编制 2021 年度销售预算，预测运动鞋年销售量为 30 000 双，单价为 100元/双，单位变动成本为 40 元/双，固定成本为 1 000 000 元。2021 年年末，经过核算，运动鞋的实际销售量为 36 000 双，单价为 120 元/双，单位变动成本为 45 元/双，固定成本 1 200 000 元。据此做预算和实际差异分析。

（1）按固定预算法编制 2021 年利润预算，并分析 2021 年实际执行数与预算数的差异。

（2）如果采用弹性预算法，请编制 2021 年弹性利润预算，并分析其与实际执行数的差异。

本业务场景运用管理会计的固定预算和弹性预算方法进行决策，相关知识点如表 8-4 所示。

表 8-4   固定预算和弹性预算的相关知识点

项目	固定预算	弹性预算
概念	以预算期内正常的、最可能实现的某一业务量水平为固定基础,不考虑可能发生的变动的预算编制方法	在分析业务量与预算项目之间数量依存关系的基础上,分别确定不同业务量及其相应预算项目所消耗资源的预算编制方法
特征	业务量固定在某一预计水平上	分别按一系列可能达到的预计业务量水平编制能适应多种情况的预算
优点	工作量小，简单易行	考虑预算期可能的不同业务量水平，更贴近企业经营实际
缺点	过于机械呆板，可比性差	工作量大，受预测准确性影响
适用范围	业务量水平较为稳定的企业	市场、产能等存在较大不确定性的企业

思路分析

1. 先计算出销售额、变动成本，然后调用业务场景 8-5 本量利分析中定义的 CVP() 函数进行计算
2. 根据计算结果，分别将固定预算法下的预算数、弹性预算法下的预算数与实际执行数进行比较

代码实现

（1）导入 pandas 模块。

➤ **导入模块**

```
1  import pandas as pd
```

（2）创建自定义函数（同业务场景 8-5），通过输入单价（p）、单位变动成本（uvc）、固定成本（fc）、销售量（q）4 个参数的值，计算销售额（s）、单位边际贡献（umc）、边际贡献（mc）、变动成本（vc）和营业利润（pro）的值。

➤ **自定义 CVP() 函数**

```
1  def CVP(p,uvc,q,fc):
2      s = p * q      # 销售额=单价×销售量
3      umc = p - uvc     # 单位边际贡献=单价-单位变动成本
4      mc = umc * q      # 边际贡献=单位边际贡献×销售量
5      vc = uvc * q      # 变动成本=单位变动成本×销售量
6      pro = (p-uvc) * q-fc      # 营业利润=(单价-单位变动成本)×销售量-固定成本
7      return [p, uvc, umc, q, s, vc, mc, fc, pro]      # 返回单价、单位变动成本、单位边
际贡献、销售量、销售额、变动成本、边际贡献、固定成本、营业利润
```

（3）根据 2021 年销售预算数据，调用 CVP() 函数计算固定预算数。

➤ **调用 CVP() 函数计算固定预算数**

```
1  dt = pd.DataFrame(CVP(100,40,30000,1000000),columns=['固定预算数'],index=['单
价','单位变动成本','单位边际贡献','销售量','销售额','变动成本','边际贡献','固定成本','营业利润'])
2  dt
```

运行结果

	固定预算数
单价	100
单位变动成本	40
单位边际贡献	60
销售量	30000
销售额	3000000
变动成本	1200000
边际贡献	1800000
固定成本	1000000
营业利润	800000

（4）根据 2021 年年末的实际生产和销售数据，调用 CVP() 函数计算实际执行数。

➤ **调用 CVP() 函数计算实际执行数**

```
1  dt['实际执行数'] = CVP(120,45,36000,1200000)
2  dt
```

运行结果

	固定预算数	实际执行数
单价	100	120
单位变动成本	40	45
单位边际贡献	60	75
销售量	30000	36000
销售额	3000000	4320000
变动成本	1200000	1620000
边际贡献	1800000	2700000
固定成本	1000000	1200000
营业利润	800000	1500000

（5）将实际执行数减去固定预算数，计算固定预算执行差异。

➢ 计算固定预算执行差异

```
1   dt['实际-固定预算'] = dt['实际执行数'] - dt['固定预算数']
2   dt
```

运行结果

	固定预算数	实际执行数	实际-固定预算
单价	100	120	20
单位变动成本	40	45	5
单位边际贡献	60	75	15
销售量	30000	36000	6000
销售额	3000000	4320000	1320000
变动成本	1200000	1620000	420000
边际贡献	1800000	2700000	900000
固定成本	1000000	1200000	200000
营业利润	800000	1500000	700000

（6）若采用弹性预算，以实际销售量 36 000 为弹性预算预计销售量，其他参数仍按预测数。调用 CVP()函数计算弹性预算数。

➢ 计算弹性预算数

```
1   dt['弹性预算数'] = CVP(100,40,36000,1000000)
2   dt
```

运行结果

	固定预算数	实际执行数	实际-固定预算	弹性预算数
单价	100	120	20	100
单位变动成本	40	45	5	40
单位边际贡献	60	75	15	60
销售量	30000	36000	6000	36000
销售额	3000000	4320000	1320000	3600000
变动成本	1200000	1620000	420000	1440000
边际贡献	1800000	2700000	900000	2160000
固定成本	1000000	1200000	200000	1000000
营业利润	800000	1500000	700000	1160000

（7）用实际执行数减去弹性预算数，计算弹性预算执行差异。

➤ **计算弹性预算执行差异**

```
1  dt['实际-弹性预算'] = dt['实际执行数'] - dt['弹性预算数']
2  dt
```

运行结果

	固定预算数	实际执行数	实际-固定预算	弹性预算数	实际-弹性预算
单价	100	120	20	100	20
单位变动成本	40	45	5	40	5
单位边际贡献	60	75	15	50	15
销售量	30000	36000	6000	36000	0
销售额	3000000	4320000	1320000	3600000	720000
变动成本	1200000	1620000	420000	1440000	180000
边际贡献	1800000	2700000	900000	2160000	540000
固定成本	1000000	1200000	200000	1000000	200000
营业利润	800000	1500000	700000	1160000	340000

业务总结

本业务场景调用了本量利分析中的自定义 CVP() 函数进行计算，这也是编程语言定义函数的意义所在。企业可以根据实际需求，将重复性的、使用频率高的计算过程加以封装，或者将常用的代码打包成自己的模块，充分利用 Python 语言的开源性和可移植性，减少重复工作，提升工作效率。

任务六　定期预算和滚动预算

同弹性预算一样，滚动预算能够保持预算的完整性和连续性，有助于企业通过动态预算对未来一定时期的生产经营活动有更准确的把握，但也大大增加了预算编制的工作量。为简化滚动预算编制流程，本任务采用自定义函数的方式，帮助企业管理人员根据实际情况，及时对预算资料进行经常性调整，保证经营管理工作的有序进行。

业务场景 8-8　编制定期预算和滚动预算

小新的运动鞋生产线经过初步运营，最近三个月的经营数据如表 8-5 所示。

表 8-5　　　　　　　　　　　运动鞋生产线经营数据

项目	月份		
	2021-04	2021-05	2021-06
单价/元	110	120	115
单位变动成本/元	45	46	44
销售量/双	3 000	2 900	3 200
固定成本/元	110 000	90 000	100 000

（1）根据本量利公式，计算 2021 年 4—6 月的实际营业利润。

（2）如果未来运动鞋的单价每月提高 0.3%，单位变动成本每月增加 0.2%，销售量、固定成本分别在前三个月平均数的基础上增加 0.2%、0.1%，请以月为编制周期，编制滚动预算表，预测未来 6 个月的营业利润。

本业务场景运用管理会计的定期预算和滚动预算法求解，相关知识点如表 8-6 所示。

表 8-6　　　　　　　　　　定期预算和滚动预算的相关知识点

项目	定期预算	滚动预算
概念	在编制预算时，以不变的会计期间（如日历年度）作为预算期的一种预算编制方法	企业根据上一期预算执行情况和新的预测结果，按既定的预测编制周期和滚动频率，对原有的预算方案进行调整和补充，逐期滚动，持续推进的一种预算编制方法
特征	以不变的会计期间（如日历年度）作为预算期	将预算期与会计年度脱离，逐期向后滚动
优点	预算期与会计年度相配合，便于考核和评价预算的执行结果	预算比较精确，连续性好
缺点	盲目性、滞后性、间断性	工作量大
适用范围	一般适用于年度预算的编制	一般适用于季度预算的编制

思路分析

1　先分别计算出每月的销售额、变动成本，可直接调用业务场景 8-5 中定义的 CVP() 函数进行计算

2　根据计算结果和滚动预测期情况，调整相关参数，再次调用 CVP() 函数计算滚动预测期的营业利润

代码实现

（1）导入 pandas，并将数据输出格式设置为保留 2 位小数。

➤　**导入模块**

```
1  import pandas as pd
2  pd.options.display.float_format = '{:.2f}'.format
```

（2）创建自定义函数（同业务场景 8-5），通过输入单价（p）、单位变动成本（uvc）、固定成本（fc）、销售量（q）4 个参数的值，计算销售额（s）、单位边际贡献（umc）、边际贡献（mc）、变动成本（vc）和营业利润（pro）的值。

➤　**自定义 CVP() 函数**

```
1  def CVP(p,uvc,q,fc):
2      s = p * q      # 销售额=单价×销售量
3      umc = p - uvc    # 单位边际贡献=单价-单位变动成本
4      mc = umc * q     # 边际贡献= 单位边际贡献×销售量
5      vc = uvc * q     # 变动成本=单位变动成本×销售量
6      pro = (p-uvc) * q-fc     # 营业利润=(单价-单位变动成本)×销售量-固定成本
7      return [p, uvc, umc, q, s, vc, mc, fc, pro]    # 返回单价、单位变动成本、单位边际
贡献、销售量、销售额、变动成本、边际贡献、固定成本、营业利润
```

（3）根据 2021 年 4—6 月的经营数据，调用 CVP() 函数计算此期间的实际营业利润。

➤　**调用 CVP() 函数计算实际营业利润**

```
1  Actual = {'202104': CVP(110,45,3000,110000),
2            '202105': CVP(120,46,2900,90000),
3            '202106': CVP(115,44,3200,100000)}
4  dt = pd.DataFrame(Actual,index=['单价','单位变动成本','单位边际贡献','销售量','销售
额','变动成本','边际贡献','固定成本','营业利润'])
5  dt
```

运行结果

	202104	202105	202106
单价	110	120	115
单位变动成本	45	46	44
单位边际贡献	65	74	71
销售量	3000	2900	3200
销售额	330000	348000	368000
变动成本	135000	133400	140800
边际贡献	195000	214600	227200
固定成本	110000	90000	100000
营业利润	85000	124600	127200

（4）创建自定义函数，根据滚动预测期相关参数的变动情况，定义滚动预测期单价（F_p）、滚动预测期销售量（F_q）、滚动预测期单位变动成本（F_uvc）和滚动预测期固定成本（F_fc）4个变量，并自定义 roll() 函数计算滚动预测期的营业利润。

➤　**自定义 roll() 函数，计算滚动预测期的营业利润**

```
1    def roll(n):
2        for i in range(0,6,1):
3            F_p = dt.iloc[0, n - 1] * 1.003      # 滚动预测期单价
4            F_vc = dt.iloc[1, n - 1] * 1.002     # 滚动预测期单位变动成本
5            F_q = (dt.iloc[3, n - 1] + dt.iloc[3, n - 2] + dt.iloc[3, n -3]) / 3 *
1.002    # 滚动预测期销售量
6            F_fc = (dt.iloc[7, n - 1] + dt.iloc[7, n - 2] + dt.iloc[7, n -3]) / 3 *
1.001    # 滚动预测期固定成本
7            dt['预测未来第' + str(i + 1) + '个月'] = CVP(F_p,F_uvc,F_q,F_fc)
8            n+=1
9        return dt
```

（5）调用自定义函数 roll()，预测未来 6 个月的营业利润。

➤　**调用 roll() 函数，预测未来 6 个月的营业利润**

```
1    roll(3)
```

运行结果

	202104	202105	202106	预测未来 第1个月	预测未来 第2个月	预测未来 第3个月	预测未来 第4个月	预测未来 第5个月	预测未来 第6个月
单价	110	120	115	115.34	115.69	116.04	116.39	116.74	117.09
单位变动成本	45	46	44	44.09	44.18	44.26	44.35	44.44	44.53
单位边际贡献	65	74	71	71.26	71.51	71.77	72.03	72.29	72.55
销售量	3000	2900	3200	3039.40	3052.56	3103.51	3071.29	3081.94	3091.75
销售额	330000	348000	368000	350579.59	353153.78	360125.95	357455.65	359771.33	361999.58
变动成本	135000	133400	140800	134001.07	134850.41	137375.61	136221.03	136966.81	137677.71
边际贡献	195000	214600	227200	216578.53	218303.37	222750.35	221234.62	222804.52	224321.87
固定成本	110000	90000	100000	100100.00	96796.70	99064.53	98752.40	98302.75	98805.27
营业利润	85000	124600	127200	116478.53	121506.67	123685.81	122482.22	124501.78	125516.60

（6）若 2021 年 7 月的单价、单位变动成本、销售量、固定成本分别为 114、45、3 100、99 000，调用 CVP() 函数计算实际营业利润。

➤ 调用 CVP()函数计算实际营业利润

```
1   dt.insert(3,column='202107',value=CVP(114,45,3100,99000))
2   dt
```

运行结果

	202104	202105	202106	202107	预测未来第1个月	预测未来第2个月	预测未来第3个月	预测未来第4个月	预测未来第5个月	预测未来第6个月
单价	110	120	115	114	115.34	115.69	116.04	116.39	116.74	117.09
单位变动成本	45	46	44	45	44.09	44.18	44.26	44.35	44.44	44.53
单位边际贡献	65	74	71	69	71.26	71.51	71.77	72.03	72.29	72.55
销售量	3000	2900	3200	3100	3039.40	3052.56	3103.51	3071.29	3081.94	3091.75
销售额	330000	348000	368000	353400	350579.59	353153.78	360125.95	357455.65	359771.33	361999.58
变动成本	135000	133400	140800	139500	134001.07	134850.41	137375.61	136221.03	136966.81	137677.71
边际贡献	195000	214600	227200	213900	216578.53	218303.37	222750.35	221234.62	222804.52	224321.87
固定成本	110000	90000	100000	99000	100100.00	96796.70	99064.53	98752.40	98302.75	98805.27
营业利润	85000	124600	127200	114900	116478.53	121506.67	123685.81	122482.22	124501.78	125516.60

（7）根据 2021 年 4—7 月的经营数据，再次调用 roll()函数，预测未来 6 个月的营业利润。

➤ 调用 roll()函数，预测未来 6 个月的营业利润

```
1   roll(4)
```

运行结果

	202104	202105	202106	202107	预测未来第1个月	预测未来第2个月	预测未来第3个月	预测未来第4个月	预测未来第5个月	预测未来第6个月
单价	110	120	115	114	114.34	114.69	115.03	115.37	115.72	116.07
单位变动成本	45	46	44	45	45.09	45.18	45.27	45.36	45.45	45.54
单位边际贡献	65	74	71	69	69.25	69.50	69.76	70.01	70.27	70.52
销售量	3000	2900	3200	3100	3072.80	3130.52	3107.31	3109.75	3122.09	3119.27
销售额	330000	348000	368000	353400	351350.10	359023.22	357430.70	358784.58	361288.99	362046.18
变动成本	135000	133400	140800	139500	138552.55	141437.24	140669.48	141061.53	141904.55	142060.18
边际贡献	195000	214600	227200	213900	212797.55	217585.98	216761.22	217723.05	219384.44	219986.00
固定成本	110000	90000	100000	99000	96429.67	98575.03	98099.57	97799.12	98256.07	98149.64
营业利润	85000	124600	127200	114900	116367.88	119010.94	118661.65	119923.93	121128.37	121836.36

业务总结

预算管理是系统性的工程，不管是弹性预算，还是滚动预算，计算工作量都比较大，其准确性和可靠性受到市场预测的准确性、参数调整的及时性等因素的影响。本业务场景通过调用本量利分析中的 CVP()函数，以及计算滚动预算期营业利润的 roll()函数，只需一行调用代码，如 roll(3)、roll(4)，便能快速更新预测数据信息，大大减轻了计算负担，保证预算可以更加准确、及时。

函数、模块等程序来源于大量真实业务实践，是无数程序开发人员经验积累的成果和智慧的结晶。合理设计、开发、运用和优化函数、模块，有助于解决实际问题，避免重复性工作，提高开发效率，以及提高程序的可维护性和可复用性。

拓展阅读

浙江打造"数智"税务新生态

税收，一头连着"政"，一头连着"民"。深化税收征管改革，既是服务国家治理现代化的制度建设，推进新发展阶段税收现代化的重大举措，也是顺应纳税人期盼的重大民心工程。面对纳税人日益增长的电子化服务需求，浙江省税务部门积极推动大数据、云计算、人工智能等信息技术在服务领域的应用，通过推进电子税务局"一云多端"部署、构建网上业务集中处理中心等系列举措，实现了 199 项税务事项"网上办""掌上办"100%全覆盖。

截至 2021 年 8 月底，浙江省（不含宁波，下同）涉税市场主体 589.10 万户，同比增长 9.09%，涉税市场主体大幅增长。在此背景下，数字化、智能化成为提高税收征管效能的重要"法宝"。浙江省税务部门以数字化改革为牵引，推动税务执法、服务、监管制度创新和业务变革，初步建成包括五大征管服务系统、一个基础数据平台和多个税收大数据应用场景在内的"5+1+N"框架，实现信息系统全省统一、信息数据省级集中。同时，积极推进业务"数据驱动"，逐步将税收征管方式从事项、流程、经验驱动转变为数据、规则、算力驱动，实现业务智能审核，风险精准监测，有效提高税收征管水平。浙江省税务部门深挖税收大数据这座"金山"，通过建立税收数据"应用场景库"，搭建并完善针对性强、短平快、小而精的风险防控模型，实现风险实时监测、精准溯源、有效预警。

"智慧税务"不仅意味着税费数据的集成管理，也包括跨部门的信息数据联动共享。浙江省税务部门进一步加强与市场监管、海关、商务、生态环境、自然资源等部门间的互联互通、数据共享和业务协同，不断扩大共治"朋友圈"。

浙江省税务部门联合市场监管部门不断优化企业开办环节，实时共享企业登记和发票申领信息，推动办证领票"一体化""零资料""全程网上办"，全省新办企业领购发票时间压缩至半小时以内，企业开办"一日办结"。

此外，浙江省税务部门还着力推进"数据＋决策"，研发升级"数展通"可视化数据查询平台，打通与发改、经信、统计、商务等部门的信息交流渠道。

资料来源：浙江新闻客户端

Python 在财务中的综合应用

项目导读

数字经济时代，以"大智移云物区"等技术为代表的新经济驱动财会产业链数字化升级，业务、财务、税务数据逐渐融合形成数字网络，会计核算职能逐渐弱化，对财务人员的财务决策和管理能力需求逐渐提升。传统的财务分析工具在对海量的、细颗粒度的、多维度的数据体系进行分析时，不能很好地满足企业财务管理需求。本项目的两个综合案例，将完整呈现图 9-1 中从数据采集、数据加工、数据分析和数据应用，到为企业提供管理决策的流程。

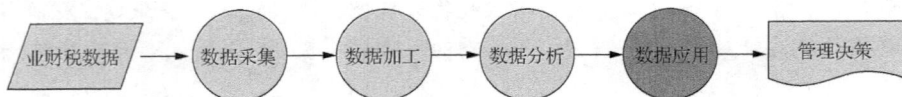

图 9-1 数据分析完整流程

任务一 上市公司财务指标可视化分析与应用

在传统的财务分析方法中，我们通过对企业盈利能力、营运能力、成长能力、偿债能力、现金流量等不同维度指标的计算，可以综合评价一个企业的财务状况。而在数字经济时代，随着大数据体系的逐步建立，这些数据都很容易从开放的数据源中获取，从而减少了大量简单重复的计算，更多的是将关注点放在数据的分析和数据价值的挖掘上。获取上市公司年报数据的常用途径如图 9-2 所示。

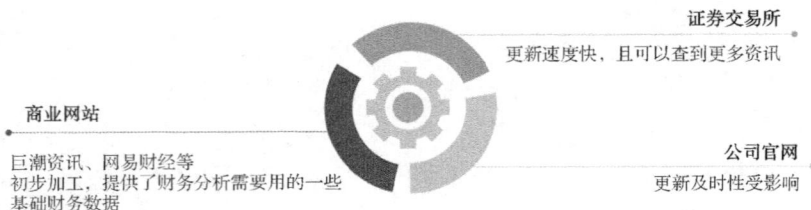

证券交易所
更新速度快，且可以查到更多资讯

商业网站
巨潮资讯、网易财经等
初步加工，提供了财务分析需要用的一些
基础财务数据

公司官网
更新及时性受影响

图 9-2 获取上市公司年报数据的常用途径

业务场景 9-1 上市公司财务指标分析

以格力电器（股票代码：sz.000651）为例，通过完整的数据分析流程，对格力电器近 10 年来的盈利情况进行分析和可视化呈现。企业数据仍使用项目五中的数据接口方法获取。

思路分析

| 1 | 数据采集：通过 baostock 数据接口采集数据 |

2	数据加工：对采集数据进行整理、清洗和加工
3	数据分析：通过计算、模型构建、可视化等方式进行数据分析
4	数据应用：利用数据分析结果提供决策支持

代码实现

（1）导入 baostock 数据接口、pandas 模块。

➤ **导入模块**

```
1  import baostock as bs
2  import pandas as pd
```

（2）利用 query_profit_data()数据接口获取数据（详细方法可查阅项目五）。

➤ **数据准备：获取数据**

```
1   lg = bs.login() # 登录系统
2   result_list = []
3   # 放置一个列表用于接收数据接口返回的数据，取名"结果列表"
4   year_list =pd.date_range('20111231', periods=10, freq='1Y').strftime("%Y")
5   # 利用 date_range()函数生成年度数据，便于查询
6   for year in year_list:
7       # 查询季频盈利能力数据
8       return_data = bs.query_profit_data(code="sz.000651", year=year, quarter=4)
9       while (return_data.error_code == '0') & return_data.next():
10          result_list.append(return_data.get_row_data())   # 将查询结果添至结果列表
11  result_table = pd.DataFrame(result_list, columns=return_data.fields)
12  # 将结果列表转为 DataFrame 格式
13  bs.logout() # 退出系统
14  result_table # 输出结果
```

运行结果

	code	pubDate	statDate	roeAvg	npMargin	gpMargin	netProfit	epsTTM	MBRevenue	totalShare	liqaShare
0	sz.000651	2012-04-25	2011-12-31	0.338857	0.063704	0.180666	5297340543.070000	1.858462	76754746030.710000	2817888750.00	2780073375.00
1	sz.000651	2013-04-27	2012-12-31	0.332792	0.074972	0.262929	7445927982.700000	2.453456	91248254915.960000	3007865439.00	2986211564.00
2	sz.000651	2014-04-25	2013-12-31	0.354521	0.092185	0.322369	10935755177.190000	3.614082	108052844520.690000	3007865439.00	2986211564.00
3	sz.000651	2015-04-28	2014-12-31	0.359563	0.103469	0.361003	14252954811.960000	4.706051	122745036614.310000	3007865439.00	2986469263.00
4	sz.000651	2016-04-29	2015-12-31	0.273413	0.129149	0.324597	12623732620.220000	2.083279	87930981538.340000	6015730878.00	5972117234.00
5	sz.000651	2017-04-27	2016-12-31	0.304205	0.143345	0.327018	15524634903.870000	2.563440	93187780602.400000	6015730878.00	5971955954.00
6	sz.000651	2018-04-26	2017-12-31	0.375051	0.151791	0.328577	22508599044.090000	3.723833	132189595255.700000	6015730878.00	5969568329.00
7	sz.000651	2019-04-29	2018-12-31	0.333959	0.133145	0.302282	26379029817.060000	4.355711	170592428439.170000	6015730878.00	5970717628.00
8	sz.000651	2020-04-30	2019-12-31	0.245151	0.125293	0.275815	24827243603.970000	4.105343	156888659016.130000	6015730878.00	5969931253.00
9	sz.000651	2021-04-29	2020-12-31	0.196811	0.132457	0.261417	22279242195.270000	3.686187	130427766473.540000	6015730878.00	5969908834.00

（3）证券数据平台证券宝提供的 query_profit_data()参数说明，可参阅表 5-1。对各数据列更改列名。

➤ **数据加工：更改列名**

```
1   result_table.rename(columns={'code':'证券代码','pubDate':'发布日期','statDate':'
财报日期','roeAvg':'净资产收益率','npMargin':'销售净利率','gpMargin':'销售毛利率
','netProfit':'净利润','epsTTM':'每股收益','MBRevenue':'主营业务收入','totalShare':'总
股本','liqaShare':'流通股本'},inplace = True)
2   result_table
```

运行结果

	证券代码	发布日期	财报日期	净资产收益率	销售净利率	销售毛利率	净利润	每股收益	主营业务收入	总股本	流通股本
0	sz.000651	2012-04-25	2011-12-31	0.338857	0.063704	0.180666	5297340543.070000	1.858462	76754746050.710000	2817888750.00	2780073375.00
1	sz.000651	2013-04-27	2012-12-31	0.332792	0.074972	0.262929	7445927982.700000	2.453456	91248254915.960000	3007865439.00	2986211564.00
2	sz.000651	2014-04-25	2013-12-31	0.354521	0.092185	0.322369	10935755177.190000	3.614082	108052844520.690000	3007865439.00	2986211564.00
3	sz.000651	2015-04-28	2014-12-31	0.359563	0.103469	0.361003	14252954811.960000	4.706051	122745036614.310000	3007865439.00	2986469263.00
4	sz.000651	2016-04-29	2015-12-31	0.273413	0.129149	0.324597	12623732620.220000	2.083279	87930981568.340000	6015730878.00	5972117234.00
5	sz.000651	2017-04-27	2016-12-31	0.304205	0.143345	0.327018	15524634903.870000	2.563440	93187780602.400000	6015730878.00	5971955954.00
6	sz.000651	2018-04-26	2017-12-31	0.375051	0.151791	0.328577	22508599044.090000	3.723833	132189595255.700000	6015730878.00	5969568329.00
7	sz.000651	2019-04-29	2018-12-31	0.333959	0.133145	0.302282	26379029817.060000	4.355711	170592428489.170000	6015730878.00	5970717628.00
8	sz.000651	2020-04-30	2019-12-31	0.245151	0.125293	0.275815	24827243603.970000	4.105343	156888659016.130000	6015730878.00	5969931253.00
9	sz.000651	2021-04-29	2020-12-31	0.196811	0.132457	0.261417	22279242195.270000	3.686187	130427766473.540000	6015730878.00	5969908834.00

（4）提取用于盈利分析的数据。由于接口提供的数据为文本格式，为了便于计算及处理，将其转换为数值格式。

> **数据加工：格式转换**

```
1   profit_data = result_table.iloc[:, 0:9]
2   # 提取财务数据，用于分析
3   profit_data = profit_data.astype({'净资产收益率':'float','销售净利率':'float','销售毛利率':'float','净利润':'float','每股收益':'float','主营业务收入':'float'})
4   # 将文本格式转化为数值格式
5   pd.options.display.float_format = '{:.4f}'.format  #保留 4 位小数
6   profit_data
```

运行结果

	证券代码	发布日期	财报日期	净资产收益率	销售净利率	销售毛利率	净利润	每股收益	主营业务收入
0	sz.000651	2012-04-25	2011-12-31	0.3389	0.0637	0.1807	5297340543.0700	1.8585	76754746050.7100
1	sz.000651	2013-04-27	2012-12-31	0.3328	0.0750	0.2629	7445927982.7000	2.4535	91248254915.9600
2	sz.000651	2014-04-25	2013-12-31	0.3545	0.0922	0.3224	10935755177.1900	3.6141	108052844520.6900
3	sz.000651	2015-04-28	2014-12-31	0.3596	0.1035	0.3610	14252954811.9600	4.7061	122745036614.3100
4	sz.000651	2016-04-29	2015-12-31	0.2734	0.1291	0.3246	12623732620.2200	2.0833	87930981568.3400
5	sz.000651	2017-04-27	2016-12-31	0.3042	0.1433	0.3270	15524634903.8700	2.5634	93187780602.4000
6	sz.000651	2018-04-26	2017-12-31	0.3751	0.1518	0.3286	22508599044.0900	3.7238	132189595255.7000
7	sz.000651	2019-04-29	2018-12-31	0.3340	0.1331	0.3023	26379029817.0600	4.3557	170592428489.1700
8	sz.000651	2020-04-30	2019-12-31	0.2452	0.1253	0.2758	24827243603.9700	4.1053	156888659016.1300
9	sz.000651	2021-04-29	2020-12-31	0.1968	0.1325	0.2614	22279242195.2700	3.6862	130427766473.5400

（5）为了更直观地看到财务指标的变化情况，将 2011—2020 年这 10 年的净资产收益率、销售净利率、销售毛利率绘制成条形图。

> **数据分析：绘制财报指标比较条形图**

```
1   import matplotlib.pyplot as plt
2   plt.rcParams['font.family'] = 'SimHei'              # 设置中文字体为黑体
3   plt.rcParams['axes.unicode_minus'] = False          # 中文状态下负号正常显示
4   profit_data.plot(x='财报日期',y=['净资产收益率','销售净利率','销售毛利率'],kind='barh',title='2011-2020 年财报指标比较',figsize=(40,25))
```

运行结果（见图 9-3）

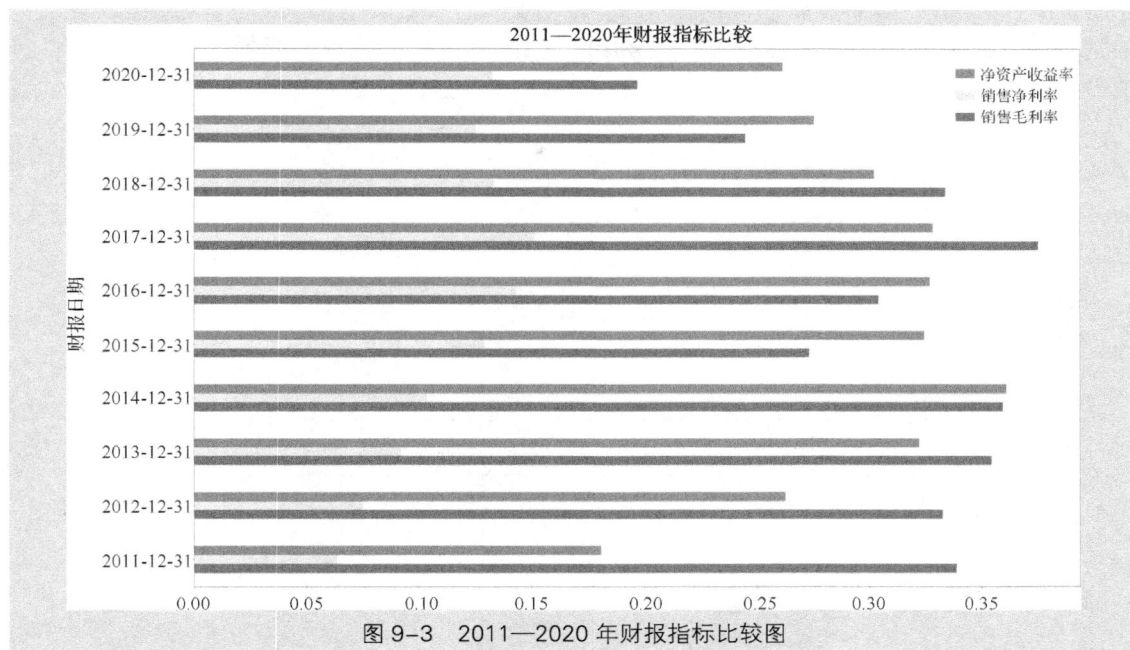

图 9-3　2011—2020 年财报指标比较图

（6）绘制 2011—2020 年主营业务收入和净利润比较的柱形图。

➤ **数据分析：绘制主营业务收入与净利润比较柱形图**

```
1   profit_data.plot('财报日期',['主营业务收入','净利润'],secondary_y=['净利润'],kind=
'bar',title='2011—2020年主营业务收入与净利润比较',figsize=(12,4),rot=0)
```

运行结果（见图 9-4）

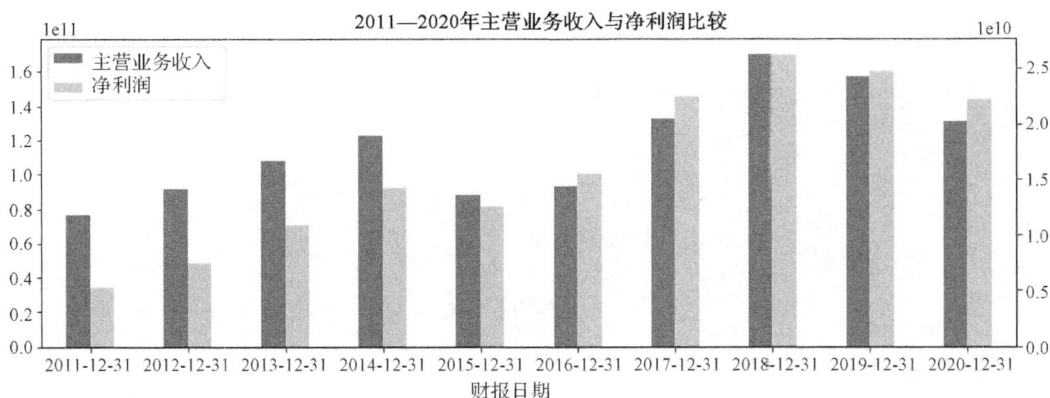

图 9-4　2011—2020 年主营业务收入与净利润比较柱形图

（7）同样地，为了更好地进行多维度数据分析，我们也可以同时绘制多张不同类型的子图。

➤ **数据分析：绘制多张不同类型的子图**

```
1   figure,axes = plt.subplots(2,1,figsize=(12,8),sharex=True)
2   ax0 = profit_data.plot('财报日期',['净资产收益率','销售净利率','销售毛利率'],
title='2011—2020年财报指标比较',ax=axes[0])
3   ax1 = profit_data.plot('财报日期','主营业务收入',kind='bar',title='2011—2020年主营
```

```
业务收入与净利润比较',color='gold',ax=axes[1])
4    ax2 = profit_data.plot('财报日期','净利润',secondary_y=True,color='orangered',
ax=axes[1],style='--',marker='o',linewidth=2)
```

运行结果（见图 9-5）

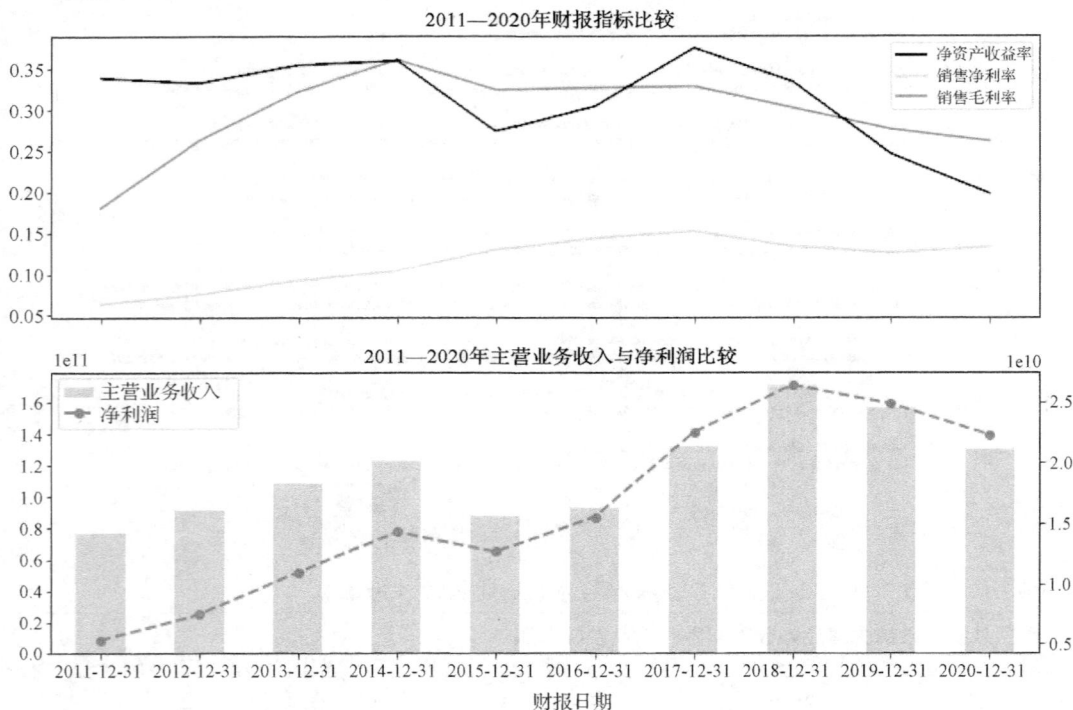

图 9-5　2011—2020 年盈利能力多维数据分析

（8）用同样的方法，对格力电器的季频成长能力进行分析。

➤　**数据准备：通过 query_growth_data()获取数据**

```
1    import baostock as bs
2    import pandas as pd
3    lg = bs.login()        # 登录系统
4    result_list = []
5    # 放置一个列表用于接收数据接口返回的数据，取名"结果列表"
6    year_list =pd.date_range('20111231', periods=10, freq='1Y').strftime("%Y")
7    # 利用date_range()函数生成年度数据，便于查询
8    for year in year_list:
9        # 查询季频成长能力数据
10       return_data = bs.query_growth_data(code="sz.000651", year=year, quarter=4)
11       while (return_data.error_code == '0') & return_data.next():
12           result_list.append(return_data.get_row_data()) # 将查询结果添加至结果列表
13   result_table = pd.DataFrame(result_list, columns=return_data.fields)
14   # 将结果列表转为DataFrame格式
15   bs.logout()            # 退出系统
16   result_table           # 输出结果
```

（9）证券数据平台证券宝提供的 query_growth_data()参数说明，如表 9-1 所示。对各数据列更改列名。

表 9-1　　　　　　　　　　季频成长能力 query_growth_data()参数说明

参数名称	参数描述	算法说明
code	证券代码	
pubDate	公司发布财报的日期	
statDate	财报统计季度的最后一天，比如 2021-03-31、2021-06-30	
YOYEquity	净资产同比增长率	（本期净资产-上年同期净资产）/上年同期净资产的绝对值×100%
YOYAsset	总资产同比增长率	（本期总资产-上年同期总资产）/上年同期总资产的绝对值×100%
YOYNI	净利润同比增长率	（本期净利润-上年同期净利润）/上年同期净利润的绝对值×100%
YOYEPSBasic	基本每股收益同比增长率	（本期基本每股收益-上年同期基本每股收益）/上年同期基本每股收益的绝对值×100%
YOYPNI	归属母公司股东净利润同比增长率	（本期归属母公司股东净利润-上年同期归属母公司股东净利润）/上年同期归属母公司股东净利润的绝对值×100%

➢　**数据加工：更改列名**

```
1   # 根据证券宝提供的参数说明，将列名更改为中文
2   result_table.rename(columns={'code':'证券代码','pubDate':'发布日期','statDate':'财报日期','YOYEquity':'净资产同比增长率','YOYAsset':'总资产同比增长率','YOYNI':'净利润同比增长率','YOYEPSBasic':'基本每股收益同比增长率','YOYPNI':'归属母公司股东净利润同比增长率'},inplace = True)
3   result_table
```

（10）将数据接口提供的文本格式数据转换为数值格式数据。

➢　**数据加工：格式转换**

```
1   growth_data = result_table.astype({'净资产同比增长率':'float','总资产同比增长率':'float','净利润同比增长率':'float','基本每股收益同比增长率':'float','归属母公司股东净利润同比增长率':'float'})
2   # 将文本格式转化为数值格式
3   pd.options.display.float_format = '{:.2f}'.format # 保留 2 位百分数小数
4   growth_data
```

（11）绘制 2011—2020 年成长能力多维分析图。

➢　**数据分析：绘制可视化图表**

```
1   import matplotlib.pyplot as plt
2   plt.rcParams['font.family'] = 'SimHei'              # 设置中文字体为黑体
3   plt.rcParams['axes.unicode_minus'] = False         # 中文状态下负号正常显示
4   figure,axes = plt.subplots(5,1,figsize=(12,10),sharex=True)
5   ax0 = growth_data.plot('财报日期',['净资产同比增长率'],title='2011-2020 年净资产同比增长率比较',kind='bar',color='gold',ax=axes[0])
6   ax1 = growth_data.plot('财报日期',['总资产同比增长率'],title='2011-2020 年总资产同比增长率比较',kind='bar',color='red',ax=axes[1])
7   ax2 = growth_data.plot('财报日期',['净利润同比增长率'],title='2011-2020 年净利润同比增长率比较',kind='bar',color='blue',ax=axes[2])
8   ax3 = growth_data.plot('财报日期',['基本每股收益同比增长率'],title='2011-2020 年基本每股收益同比增长率比较',kind='bar',color='green',ax=axes[3])
9   ax4 = growth_data.plot('财报日期',['归属母公司股东净利润同比增长率'],title='2011-2020 年归属母公司股东净利润同比增长率比较',kind='bar',color='orange',ax=axes[4])
```

运行结果（见图 9-6）

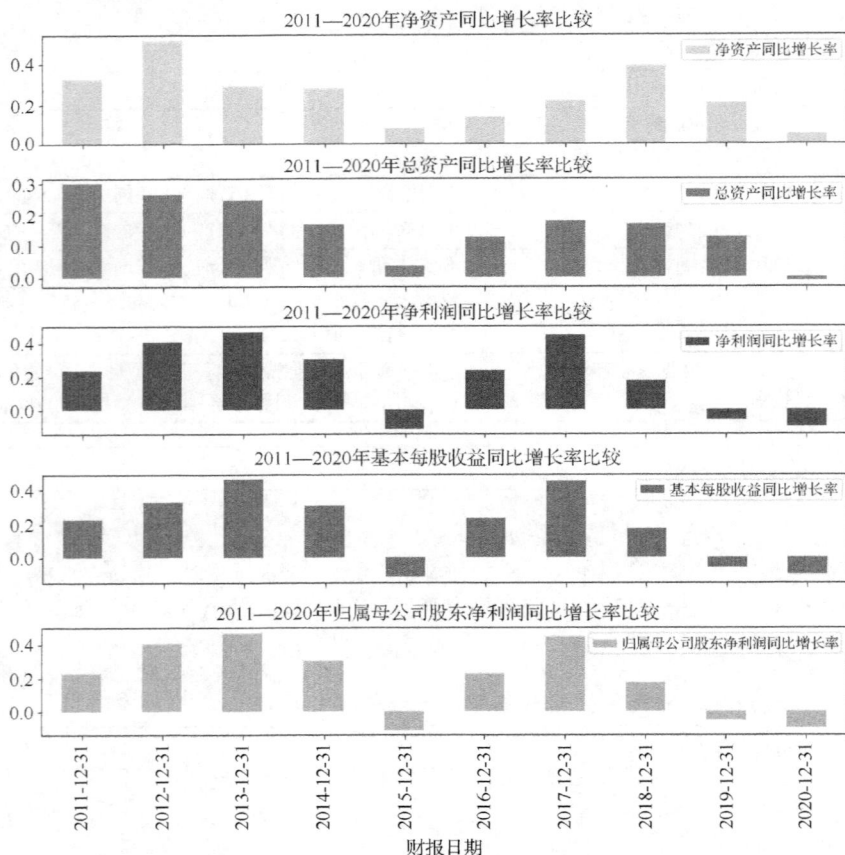

图 9-6　2011—2020 年成长能力多维数据分析

业务总结

在财务分析的入门阶段，分析的数据主要来源于财务报表、科目余额表、账务数据等，Excel 的函数和图表分析功能基本能够满足初级数据分析的需求，尤其是在数据量不大的时候，Excel 的操作便捷性可能优于 Python 的 pandas 模块等。随着数据可视化需求的增加，以 Power BI 为代表的商业智能软件，成了图表分析的利器。Python 则依靠功能强大的模块，比如 matplotlib 和 pyecharts，增加可视化图表的灵活性，可以更好地满足特殊的需求。业财融合将交易产生的海量业务数据、非财务信息同财务数据融合在一起，这时候就需要进行复杂的数据抽取、模型构建、数据挖掘等，Excel 很难满足这样的应用需求，而用 Python 读取庞大数据、处理加工高阶数据的优势和效率便体现出来。将得到的数据分析结果应用于管理决策中，才是数据分析的真正意义所在。

任务二　上市公司行业数据可视化分析与应用

企业业务、财务、税务数据中蕴含大量关于企业经营、管理和运行情况的信息。通过行业大数据分析，或者拉长数据分析的时间线，可以更清晰地确定企业在行业中的市场地位，也可以及时发现企业的异常波动，避免进入数据陷阱。

业务场景 9-2　上市公司行业数据分析

近年来，计算机通信行业发展迅猛。为了更好地了解该行业的发展状况，我们从中商产业研究院官网获取了 PC、服务器及硬件企业列表，如表 9-2 所示，拟使用 Python 获取相关企业的财报信息，开展对计算机通信行业的综合分析和比较。

表 9-2　　　　　　　　　　　PC、服务器及硬件企业相关信息

序号	股票代码	股票名称	公司全称	上市日期	主营业务
1	000021	深科技	深圳长城开发科技股份有限公司	1994-02-02	致力于为全球客户提供技术研发、工艺设计、生产加工、采购管理、物流支持等电子产品制造服务
2	000066	中国长城	中国长城科技集团股份有限公司	1997-06-26	从事网络安全与信息化、高新电子、电源、园区与物业服务及其他业务
3	000938	紫光股份	紫光股份有限公司	1999-11-04	提供技术领先的网络、计算、存储、云计算、安全和智能终端等全栈 ICT 基础设施及服务
4	000977	浪潮信息	浪潮电子信息产业股份有限公司	2000-06-08	服务器等云计算基础设施产品的研发、生产、销售
5	002236	大华股份	浙江大华技术股份有限公司	2008-05-20	为城市、企业、家庭数字化转型提供一站式智慧物联服务与解决方案
6	002415	海康威视	杭州海康威视数字技术股份有限公司	2010-05-28	以视频技术为核心打造从研发、制造到营销的完整价值链
7	002577	雷柏科技	深圳雷柏科技股份有限公司	2011-04-28	消费电子产品的自主研发、设计及销售
8	300042	朗科科技	深圳市朗科科技股份有限公司	2010-01-08	存储产品研发、生产和销售
9	600100	同方股份	同方股份有限公司	1997-06-27	信息技术和节能环保两大主营业务
10	600601	ST 方科	方正科技集团股份有限公司	1990-12-19	生产和销售 PCB 产品,提供网络宽带接入服务、IT 系统集成及解决方案、PC 产品的 FA 业务等

代码实现

（1）导入 pandas 模块、matplotlib 模块。

➤ **导入模块**

```
1   import pandas as pd
2   pd.options.display.float_format = '{:.2f}'.format
3   import matplotlib.pyplot as plt
4   plt.rcParams['font.family'] = 'SimHei'            # 设置中文字体为黑体
5   plt.rcParams['axes.unicode_minus'] = False       # 中文状态下负号正常显示
```

（2）查找行业数据，获得相应股票代码，即获取表 9-2 中所列示的股票代码。

➤ **爬取 PC、服务器及硬件行业上市企业的股票代码、股票名称，并以 DataFrame 展示**

```
1   stockcodes=list()
2   company_names=list()
3   table=pd.read_html("https://s.askci.com/stock/a-ci0000001795-0/1")[0]
4   sr=table['股票代码']
5   company_names=company_names+table['股票名称'].tolist()
6   for i,v in sr.items():      # 对小于 6 位的股票代码前面补 0
7       digit_no=len(str(v))
8       s=""
```

```
9        for j in range(6-digit_no):
10           s=s+"0"
11       s=s+str(v)
12       stockcodes.append(s)
13   # 以 dataframe 形式来展示获取的股票代码和股票名称
14   ls=list()
15   ls.append(stockcodes)
16   ls.append(company_names)
17   df_company=pd.DataFrame(ls)
18   df_company
```

运行结果

	0	1	2	3	4	5	6	7	8	9
0	000021	000066	000938	000977	002236	002415	002577	300042	600100	600601
1	深科技	中国长城	紫光股份	浪潮信息	大华股份	海康威视	雷柏科技	朗科科技	同方股份	ST 方科

（3）以海康威视（股票代码：002415）为例，我们可以从中商产业研究院网站查看海康威视的主要经济指标（见表9-3）、主要盈利及营运能力分析（见表9-4）、偿债能力分析（见表9-5）、成本费用分析（见表 9-6）等数据信息。同时，该网站提供了三大报表和完整版的财务报告，便于对数据价值做进一步的挖掘。

表 9-3　　　　　　　　　　　　　海康威视主要经济指标　　　　　　　　　　单位：亿元

年份	类别						
	营业收入	营业利润	利润总额	净利润	资产总计	负债合计	股东权益合计
2006	7.02	1.93	2.19	2.05	4.77	1.40	3.38
2007	11.85	3.43	3.90	3.65	8.72	3.27	5.45
2008	17.42	5.35	6.05	5.49	13.70	4.00	9.70
2009	21.02	6.58	7.66	7.06	21.97	7.00	14.97
2010	36.05	9.86	11.43	10.52	65.49	9.07	56.42
2011	52.32	14.72	17.27	14.82	83.17	15.03	68.14
2012	72.14	19.89	23.14	21.40	105.89	19.18	86.71
2013	107.46	29.47	33.86	30.77	140.72	29.59	111.13
2014	172.33	43.78	52.06	46.81	212.91	64.11	148.79
2015	252.71	54.94	67.50	58.82	303.16	110.19	192.97
2016	319.35	68.33	83.14	74.24	413.48	168.70	244.79
2017	419.05	104.43	104.87	93.78	515.71	209.67	306.04
2018	498.37	123.34	124.37	113.80	634.92	255.29	379.63
2019	576.58	137.08	137.55	124.65	753.58	298.85	454.73
2020	635.03	151.97	152.73	136.78	887.02	342.22	544.80

表 9-4　　　　　　　　　　　海康威视主要盈利及营运能力分析[1]

年份	类别						
	盈利能力指标				营运能力指标		
	销售毛利率/%	营业利润率/%	总资产利润率/%	净资产收益率/%	存货周转率/次	应收账款周转率/次	总资产周转率/次
2006	27.64	31.2	45.91	—	2.98	8.18	1.47
2007	29.03	32.91	44.72	80.76	3.42	13.1	1.36
2008	30.83	34.73	44.16	76.27	3.87	15.31	1.27

[1] 注：中商产业研究院网站展示盈利能力数据时，实际包含了存货周转率、应收账款周转率、总资产周转率三个反映营运能力的指标。本书按照财务管理理论，将标题调整为"盈利及营运能力"，下同。

续表

年份	类别						
	盈利能力指标				营运能力指标		
	销售毛利率/%	营业利润率/%	总资产利润率/%	净资产收益率/%	存货周转率/次	应收账款周转率/次	总资产周转率/次
2009	31.4	36.44	34.87	60.18	3.29	10.97	0.96
2010	27.24	31.71	17.45	27.35	3.42	9.21	0.55
2011	28.12	33.01	20.76	23.98	3.78	7.07	0.63
2012	27.59	32.08	21.85	27.70	4.1	5.67	0.68
2013	27.06	31.51	24.06	30.92	4.6	4.8	0.76
2014	24.51	30.21	24.45	36.27	5.15	4.81	0.81
2015	21.21	26.71	22.27	35.28	5.92	4.07	0.83
2016	21.4	26.03	20.11	34.56	5.61	3.3	0.77
2017	20.72	25.03	20.34	34.96	5.35	3.23	0.81
2018	20.43	24.96	19.59	33.99	5.15	3.18	0.78
2019	20.39	23.86	18.25	30.53	3.67	3.04	0.77
2020	19.9	24.05	17.22	27.72	2.99	2.93	0.72

表 9-5　　　　　　　　　　　　　海康威视偿债能力分析

年份	类别			
	资产负债率/%	股东权益比率/%	流动比率	速动比率
2006	29.35	70.86	3.21	2.19
2007	37.50	62.50	2.49	1.81
2008	29.20	70.80	3.22	2.66
2009	31.86	68.14	2.84	2.22
2010	13.85	86.15	6.69	5.95
2011	18.07	81.93	5.00	4.43
2012	18.11	81.89	4.65	4.00
2013	21.03	78.97	4.39	3.01
2014	30.11	69.88	3.13	2.23
2015	36.35	63.65	2.60	2.10
2016	40.80	59.20	3.01	2.33
2017	40.66	59.34	2.60	2.06
2018	40.21	59.79	2.17	1.88
2019	39.66	60.34	2.72	2.18
2020	38.58	61.42	2.39	1.97

表 9-6　　　　　　　　　　　　　海康威视成本费用分析　　　　　　　　　　　　单位：元

年份	类别			
	营业成本	销售费用	管理费用	财务费用
2006	5.08 亿	4 786.64 万	5843.22 万	-39.29 万
2007	8.41 亿	1.18 亿	9704.06 万	-320.80 万
2008	12.05 亿	1.91 亿	1.45 亿	-550.09 万
2009	14.42 亿	2.27 亿	2.01 亿	-910.71 万
2010	26.23 亿	4.65 亿	3.73 亿	-1 900.88 万
2011	37.61 亿	6.26 亿	5.03 亿	-7 928.81 万
2012	52.24 亿	7.32 亿	7.71 亿	-7 172.42 万
2013	78.38 亿	9.27 亿	10.96 亿	-8 655.79 万
2014	130.10 亿	15.33 亿	16.46 亿	-8 202.94 万

续表

年份	类别			
	营业成本	销售费用	管理费用	财务费用
2015	199.10 亿	21.79 亿	22.11 亿	−1.53 亿
2016	251.01 亿	29.91 亿	31.09 亿	−2.25 亿
2017	332.24 亿	44.30 亿	10.11 亿	2.65 亿
2018	396.57 亿	58.93 亿	13.77 亿	−4.24 亿
2019	459.00 亿	72.57 亿	18.22 亿	−6.40 亿
2020	508.66 亿	73.78 亿	17.90 亿	3.96 亿

（4）观察海康威视财报分析（年度）数据页面的网址 https://s.askci.com/stock/financialanalysis 可以发现，网址的最后一部分为海康威视的股票代码。因此，修改股票代码就能获取其他企业的数据。在第（2）步，我们已经获得了 PC、服务器及硬件行业 10 家企业的股票代码和名称，只需循环访问便可获得相关数据。下面以采集盈利及营运能力数据为例，获取该行业内 10 家企业 2020年的数据，将其存放到新的 dataframe 即 df_profit 中。

➤ **获取行业内 10 家企业 2020 年的盈利及营运能力数据**

```
1   df_profit=pd.DataFrame()
2   columns=list()
3   for v in stockcodes:
4       tables=pd.read_html("https://s.askci.com/stock/financialanalysis/"+v+"/",
header=None, index_col=None)
5       df=tables[1]
6       if len(columns)==0:
7           columns=df.iloc[0].tolist()
8       sr=df[df.iloc[:,0]=='2020']    # 获取 2020 年的盈利及营运能力数据
9       sr=sr.iloc[sr.shape[0]-1]    # 转化为 series
10      df_profit.insert(df_profit.shape[1],v,sr)    # 把 10 家企业 2020 年的盈利及营运数
据组合在一起 df_profit
11  df_profit=df_profit.T
12  df_profit.columns = columns
13  df_profit.index =company_names
14  df_profit
```

运行结果

类别\ 年份	销售毛利率（%）	营业利润率（%）	总资产利润率（%）	净资产收益率（%）	存货周转率（次）	应收账款周转率（次）	总资产周转率（次）
深科技	2020	3.19	7.48	5.18	11.83	5.73	6.29	0.69
中国长城	2020	3.35	7.23	3.79	10.73	2.42	4.30	0.52
紫光股份	2020	5.61	6.36	6.52	6.54	5.48	6.81	1.03
浪潮信息	2020	2.17	2.67	4.40	12.06	5.71	6.91	1.64
大华股份	2020	7.79	16.05	11.61	22.09	3.46	2.03	0.72
海康威视	2020	19.90	24.05	17.22	27.72	2.99	2.93	0.72
雷柏科技	2020	7.56	12.13	4.64	4.51	6.08	4.38	0.38
朗科科技	2020	4.09	5.61	7.09	6.84	6.68	12.48	1.26
同方股份	2020	−4.12	1.47	0.61	0.63	2.22	4.01	0.42
ST方科	2020	−14.57	−14.36	−9.55	−70.25	2.89	4.51	0.66

> ### 说明
> 表中"类别\年份"为网站数据抓取结果，这种表述不规范，但为保证代码运行的准确性，保留这一列名，下同。建议读者在学习过程中，更关注利用 Python 解决复杂财务问题的思路和方法。

➤ **查看字段列表**

```
1  columns
```

运行结果

```
['类别\\年份',
 '销售毛利率（%）',
 '营业利润率（%）',
 '总资产利润率（%）',
 '净资产收益率（%）',
 '存货周转率（次）',
 '应收账款周转率（次）',
 '总资产周转率（次）']
```

➤ **数据清洗，替换掉百分号，并选择部分指标进行比较**

```
1  dt_pro=df_profit.replace({ '%' : '' } , regex = True )    # 替换掉百分号
2  dt_pro=dt_pro.iloc[:,2:].astype(float)    # 转换成 float
3  dt_pro.columns=['营业利润率', '总资产利润率', '净资产收益率', '存货周转率', '应收账款周转率', '总资产周转率']
4  dt_pro
```

运行结果

	营业利润率	总资产利润率	净资产收益率	存货周转率	应收账款周转率	总资产周转率
深科技	7.48	5.18	11.83	5.73	6.29	0.69
中国长城	7.23	3.79	10.73	2.42	4.30	0.52
紫光股份	6.36	6.52	6.54	5.48	6.81	1.03
浪潮信息	2.67	4.40	12.06	5.71	6.91	1.64
大华股份	16.05	11.61	22.09	3.46	2.03	0.72
海康威视	24.05	17.22	27.72	2.99	2.93	0.72
雷柏科技	12.13	4.64	4.51	6.08	4.38	0.38
朗科科技	5.61	7.09	6.84	6.68	12.48	1.26
同方股份	1.47	0.61	0.63	2.22	4.01	0.42
ST 方科	-14.36	-9.55	-70.25	2.89	4.51	0.66

（5）为了解行业基本布局和市场竞争情况，可绘制折线图，通过对比盈利及营运能力指标了解行业概况。

➤ **对比行业内 10 家企业 2020 年度的各项盈利及营运指标**

```
1  plt.figure(figsize=(15,5))
2  plt.rcParams['font.size'] = 14    # 全局 14 号字体
3  for i in range(6):
4      sr=dt_pro[dt_pro.columns[i]]
5      ls=list()
6      for idx,v in sr.items():
7          ls.append(float(v))    # 将"年度"以后的列都从 string 类型转化成 float 类型
```

```
8       plt.plot(dt_pro.index, ls,'-',label=columns[1:][i])
9    plt.xlabel(u"盈利及营运指标")    # x轴标签
10   plt.ylabel(u"数值")    # y轴标签
11   plt.title(u"2020年度行业盈利及营运能力比较")    # 标题
12   plt.legend(loc=4)    # 图例在右下角
13   plt.show()
```

运行结果（见图 9-7）

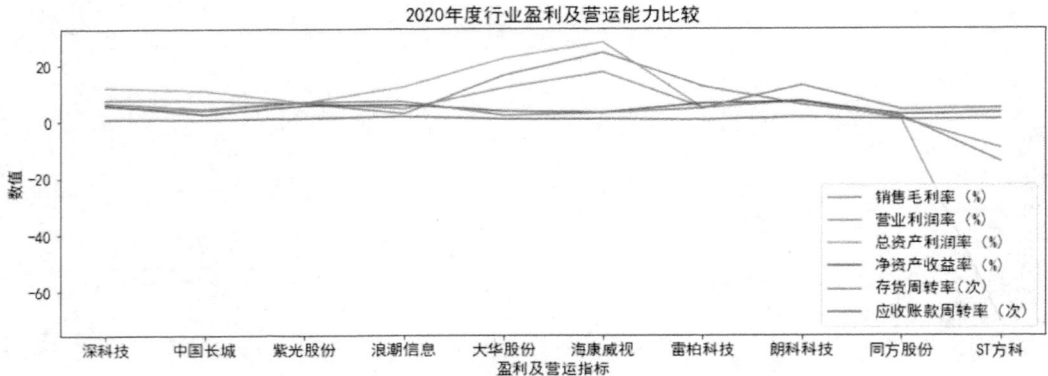

图 9-7　2020 年度行业盈利及营运数据比较

从盈利及营运能力上看，在 PC、服务器及硬件行业的 10 家上市企业中，海康威视和大华股份的盈利及营运能力表现良好。

（6）为了更深入地分析行业竞争状况，选取所有企业各项盈利及营运能力指标的最优值，作为行业标杆参照数据，比较盈利及营运能力突出的海康威视、大华股份与行业标杆之间的差距。

由于抓取的网页数据是文本格式的，且可能存在缺失值和异常值，因此需要先对其进行清洗和加工。对所有企业的盈利及营运数据进行清洗，将百分号去除，方便其从字符串转化为浮点数进行运算。获取不同盈利及营运指标的最优值 max_value（盈利及营运指标中的最大值），作为行业标杆参照数据。

➤ 使用 describe()函数获取行业盈利及营运数据的最小值、均值、最大值等信息

```
1    dt_pro_st=dt_pro.describe()    # 描述统计
2    dt_pro_st
```

运行结果

	营业利润率	总资产利润率	净资产收益率	存货周转率	应收账款周转率	总资产周转率
count	10.00	10.00	10.00	10.00	10.00	10.00
mean	6.87	5.15	3.27	4.37	5.46	0.80
std	10.04	6.93	27.07	1.72	2.94	0.40
min	-14.36	-9.55	-70.25	2.22	2.03	0.38
25%	3.41	3.94	5.02	2.92	4.08	0.56
50%	6.79	4.91	8.79	4.47	4.45	0.70
75%	10.97	6.95	12.00	5.73	6.68	0.95
max	24.05	17.22	27.72	6.68	12.48	1.64

➤ 读取大华股份和海康威视的各项盈利能力指标、营运能力指标数据及相关行业数据

```
1    pro_st=dt_pro_st.loc[["mean","50%","max"],:]
2    pro_compare=pd.concat([pro_st,dt_pro.loc["大华股份":"海康威视",]])
3    pro_compare
```

运行结果

	营业利润率	总资产利润率	净资产收益率	存货周转率	应收账款周转率	总资产周转率
mean	6.87	5.15	3.27	4.37	5.46	0.80
50%	6.79	4.91	8.79	4.47	4.45	0.70
max	24.05	17.22	27.72	6.68	12.48	1.64
大华股份	16.05	11.61	22.09	3.46	2.03	0.72
海康威视	24.05	17.22	27.72	2.99	2.93	0.72

➢ **提取上述返回结果中各项数据的最大值**

```
1  max_value=pro_compare.loc['max'].tolist()
2  max_value.append(max_value[0])    # 将第一项数据复制到最后，为绘制雷达图做准备
3  max_value
```

运行结果

```
[24.05, 17.22, 27.72, 6.68, 12.48, 1.64, 24.05]
```

（7）得到行业标杆参照数据后，和前述操作一样，修改访问页面网址的股票代码部分，分别获取两家企业 2020 年度的盈利及营运指标数据，存入列表 ls_index 中。

➢ **将大华股份和海康威视的盈利及营运指标数据按照前述方法处理**

```
1  ls_index=list()
2  dahua=pro_compare.loc['大华股份'].tolist()
3  dahua.append(dahua[0])
4  ls_index.append(dahua)
5  haikang=pro_compare.loc['海康威视'].tolist()
6  haikang.append(haikang[0])
7  ls_index.append(haikang)
8  ls_index
```

运行结果

```
[[16.05, 11.61, 22.09, 3.46, 2.03, 0.72, 16.05],
 [24.05, 17.22, 27.72, 2.99, 2.93, 0.72, 24.05]]
```

➢ **提取相关字段**

```
1  labels=columns[2:8]
2  labels.append(columns[2])    # 将第一项数据复制到最后，为绘制雷达图做准备
3  labels
```

运行结果

```
['营业利润率（%）',
 '总资产利润率（%）',
 '净资产收益率（%）',
 '存货周转率（次）',
 '应收账款周转率（次）',
 '总资产周转率（次）',
 '营业利润率（%）']
```

➢ **准备绘图数据**

```
1  unt=2*3.1415926/6    # 7个点（闭合图形），共6端
2  theta=list()
3  angle=0
4  for i in range(7):
```

```
5          angle=i*unt
6          theta.append(angle)    # 将间隔角度列表赋值给 theta
7   rate_company=list()    # 存放两家企业参考标杆的百分比数据
8   for idx,ls in enumerate(ls_index):
9          r=list()
10         for i,v in enumerate(max_value):
11                ratio=float(ls[i])/float(v)*100
12                r.append(ratio)
13         rate_company.append(r)
14  rate_company              # 以 DataFrame 格式展示列表
15  df_ratio=pd.DataFrame(rate_company,columns=labels,index=['大华股份','海康威视'])
16  df_ratio
```

运行结果

	营业利润率（%）	总资产利润率（%）	净资产收益率（%）	存货周转率（次）	应收账款周转率（次）	总资产周转率（次）	营业利润率（%）
大华股份	66.74	67.42	79.69	51.80	16.27	43.90	66.74
海康威视	100.00	100.00	100.00	44.76	23.48	43.90	100.00

➢ **绘制雷达图**

```
1   ls_company=[['002236','大华股份','b'],['002415','海康威视','r']]    #大华股份以蓝色展
示，海康威视以红色展示
2   for idx,v in enumerate(ls_company):
3          r=rate_company[idx]
4          plt.polar(theta,r,v[2]+"-",lw=2)
5          plt.ylim(0,100)
6          ls=list()
7          for vv in theta:
8                 ls.append(vv*180/3.1415926)
9          plt.thetagrids(ls, labels)    # 生成标签
10         plt.fill(theta, r, facecolor=v[2], alpha=0.25)    #填充
11         ttl=v[1]
12         plt.title(ttl, x=-0.2)    # 设置标题，且标题位置在左上角
13         plt.show()
```

运行结果（见图 9-8）

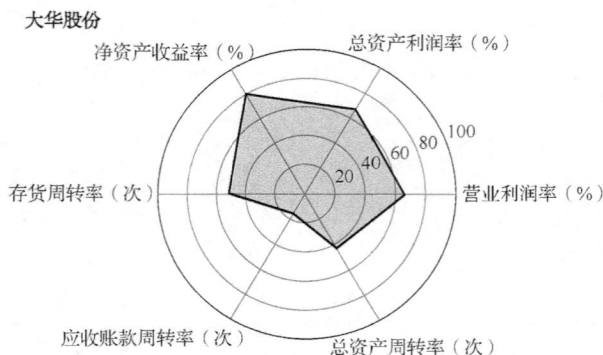

图 9-8　2020 年大华股份和海康威视的盈利及营运能力表现

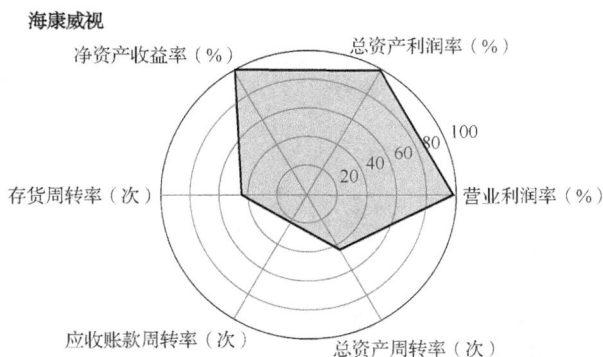

图 9-8　2020 年大华股份和海康威视的盈利及营运能力表现（续）

（8）按照以净资产收益率为核心的杜邦分析体系，从图 9-8 中可以看出，海康威视的盈利及营运能力表现强劲，大华股份虽与其同处行业前列，但总体表现弱于海康威视。为了更好地展示两者的对比情况，可以将雷达图绘制在同一画布上。

➤ **绘制大华股份 vs 海康威视盈利及营运能力对比雷达图**

```
1   style=["+","*"]
2   for idx,v in enumerate(ls_company):
3       r=rate_company[idx]
4       plt.polar(theta,r,v[2]+style[idx],lw=2,label=v[1])
5       plt.ylim(0,100)
6       plt.fill(theta, r, facecolor=v[2], alpha=0.25)     # 填充
7   plt.thetagrids(ls, labels)
8   plt.title("大华 VS 海康盈利及营运能力对比",y=-0.3)     # 设置标题及其位置
9   plt.legend(bbox_to_anchor=(1.25, 0), loc=3)
10  plt.show()
```

运行结果（见图 9-9）

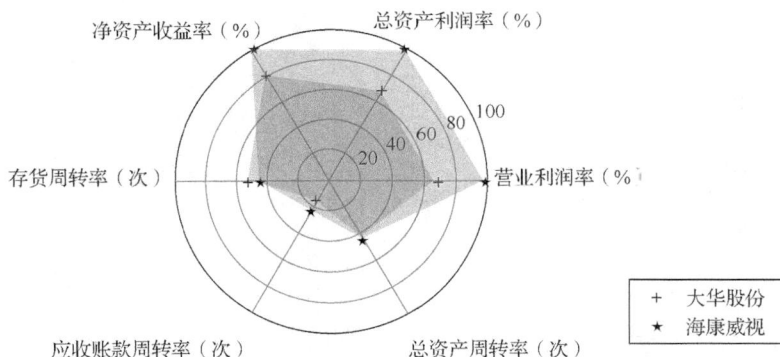

图 9-9　2020 年大华股份 vs 与海康威视盈利及营运能力对比

（9）将重要财务指标及描述统计数据以柱形图显示。

➤ **大华股份 vs 海康威视财务指标对比**

```
1   pro_compare_T=pro_compare.T
2   pro_compare_T["2020 年财务指标"]=pro_compare_T.index
3   pro_compare_T
4   pro_compare_T.plot("2020 年财务指标",['mean', '50%', 'max', '大华股份', '海康威视'],
```

```
kind="bar",figsize=(16,5))
5    plt.show()
```

运行结果（见图 9-10）

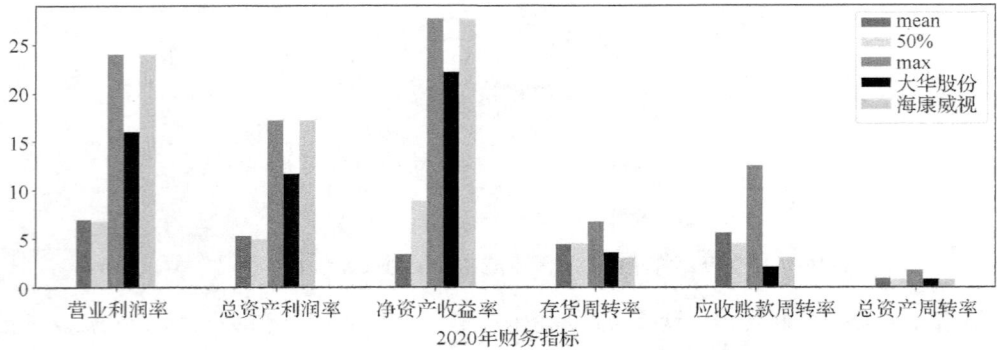

图 9-10　2020 年大华股份 vs 海康威视财务指标对比

（10）将海康威视 2020 年度的财务指标数据与行业均值、行业中位数、大华股份及行业最大值进行对比。

> ➤ **将海康威视的财务指标数据与行业均值、行业中位数、大华股份及行业最大值进行对比**

```
1    plt.figure(figsize=(25,15))
2    plt.rcParams['font.size'] = 14    # 全局 14 号字体
3    plt.subplot(2,2,1)
4    plt.bar(x=dt_pro_st.columns,height=dt_pro_st.loc["mean",:],label="行业均值",
width = 0.6, alpha = 0.7,color="b" )
5    plt.plot(pro_compare.columns,pro_compare.loc["海康威视",:],"r",linestyle = '--',
marker = '*', label = '海康威视')
6    plt.title("2020 年海康威视 vs 行业均值")
7    plt.subplot(2,2,2)
8    plt.bar(x=dt_pro_st.columns,height=dt_pro_st.loc["50%",:],label="行业中位数",
width = 0.6, alpha = 0.7 ,color="g")
9    plt.plot(pro_compare.columns,pro_compare.loc["海康威视",:],"r",linestyle = '--',
marker = '*', label = '海康威视')
10   plt.title("2020 年海康威视 vs 行业中位数")
11   plt.subplot(2,2,3)
12   plt.bar(x=dt_pro_st.columns,height=pro_compare.loc["大华股份",:],label="大华股份",
width = 0.6, alpha = 0.9 )
13   plt.plot(pro_compare.columns,pro_compare.loc["海康威视",:],"r",linestyle = '--',
marker = '*', label = '海康威视')
14   plt.title("2020 年海康威视 vs 大华股份")
15   plt.subplot(2,2,4)
16   plt.bar(x=dt_pro_st.columns,height=pro_compare.loc["max",:],label="行业最大值",
width = 0.6, alpha = 0.9 ,color="y")
17   plt.plot(pro_compare.columns,pro_compare.loc["海康威视",:],"r",linestyle = '--',
marker = '*', label = '海康威视')
18   plt.title("2020 年海康威视 vs 行业最大值")
19   plt.show()
```

运行结果（见图 9-11）

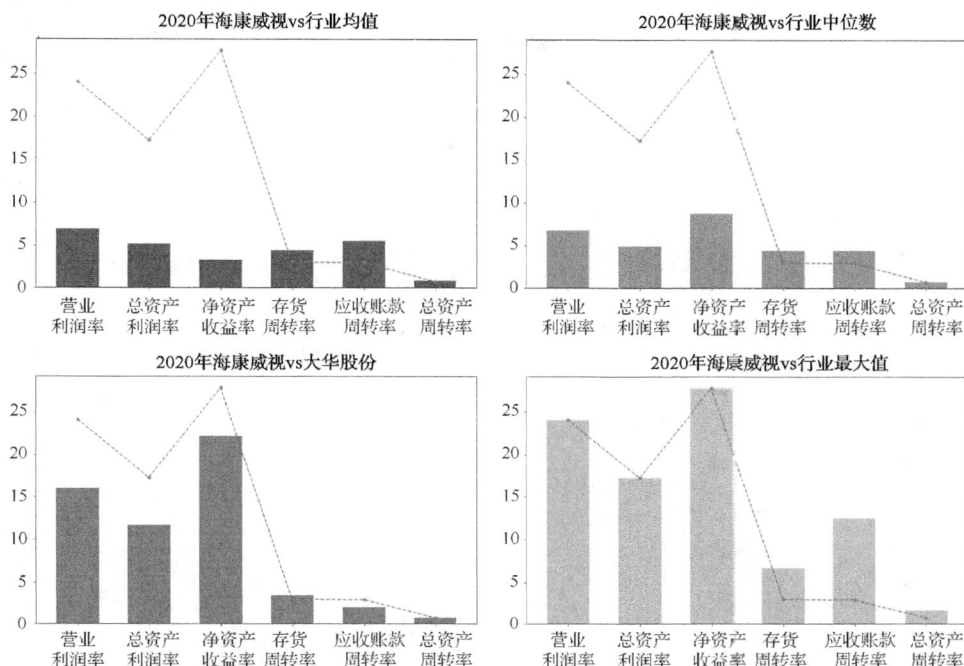

图 9-11　2020 年度海康威视的各项财务指标与行业均值、行业中位数、大华股份及行业最大值的比较

（11）结合杜邦分析法的财务指标体系做进一步分析。相关计算公式如下。

① 净资产收益率=资产净利率×权益乘数

$$=（净利润/总资产）×（总资产/总权益资本）×100\%$$

② 资产净利率=销售净利率×资产周转率

$$=（净利润/营业总收入）×（营业总收入/总资产）×100\%$$

由图 9-11 可知，海康威视的多项财务指标处于行业标杆水平。根据以上公式可以发现，海康威视的盈利及营运贡献主要来自其较高的销售净利率。下面我们对海康威视做进一步分析，查看其 2007—2020 年的净资产收益率、总资产利润率、营业利润率的发展曲线。

➢　**获取数据**

```
1    tables=pd.read_html("https://s.askci.com/stock/financialanalysis/002415/",
header=0)
2    df=tables[1]
3    df=df[df['类别\年份']>2006]
4    df
```

运行结果

类别\年份	销售毛利率（%）	营业利润率（%）	总资产利润率（%）	净资产收益率（%）	存货周转率（次）	应收账款周转率（次）	总资产周转率（次）
1 2007	29.03	32.91	44.72	80.76	3.42	13.10	1.36
2 2008	30.83	34.73	44.16	76.27	3.87	15.31	1.27
3 2009	31.40	36.44	34.87	60.18	3.29	10.97	0.96
4 2010	27.24	31.71	17.45	27.35	3.42	9.21	0.55
5 2011	28.12	33.01	20.76	23.98	3.78	7.07	0.63

6	2012	27.59	32.08	21.85	27.70	4.10	5.67	0.68
7	2013	27.06	31.51	24.06	30.92	4.60	4.80	0.76
8	2014	24.51	30.21	24.45	36.27	5.15	4.81	0.81
9	2015	21.21	26.71	22.27	35.28	5.92	4.07	0.83
10	2016	21.40	26.03	20.11	34.56	5.61	3.30	0.77
11	2017	20.72	25.03	20.34	34.96	5.35	3.23	0.81
12	2018	20.43	24.96	19.59	33.99	5.15	3.18	0.78
13	2019	20.39	23.86	18.25	30.53	3.67	3.04	0.77
14	2020	19.90	24.05	17.22	27.72	2.99	2.93	0.72

➢ **查看海康威视 2007—2020 年主要盈利指标的发展趋势**

```
1   plt.figure(figsize=(15,5))
2   plt.rcParams['font.size'] = 14    # 全局14号字体
3   # 抓取年份列表和主要盈利指标数据
4   year=list()
5   ROA=list()    # 总资产利润率(Return On Assets)
6   ROE=list()    # 净资产收益率(Return On Equity)
7   OPR=list()    # 营业利润率(Operating Profit Ratio)
8   for idx,row in df.iterrows():
9       year.append(row[0])
10      val=0
11      if row[4]=='--':
12          val=0
13      else:
14          val=float(row[4].split("%")[0])
15      ROE.append(val)
16      OPR.append(float(row[2]))
17      ROA.append(float(row[3]))
18  plt.plot(year, ROE, marker='o', mec='b', mfc='b',color='b',label=u"净资产收益率")
19  plt.plot(year, OPR, marker='^', mec='y', mfc='y',color='y',label=u"营业利润率")
20  plt.plot(year, ROA, marker='*', mec='r', mfc='r',color='r',label=u"总资产利润率")
21  plt.legend()   # 让图例生效
22  plt.xlabel(u"年份")       # x轴标签
23  plt.ylabel(u"百分比")      # y轴标签
24  plt.title(u"海康威视2007-2020年主要盈利及营运能力表现")       # 标题
25  plt.show()
```

运行结果（见图 9-12 ）

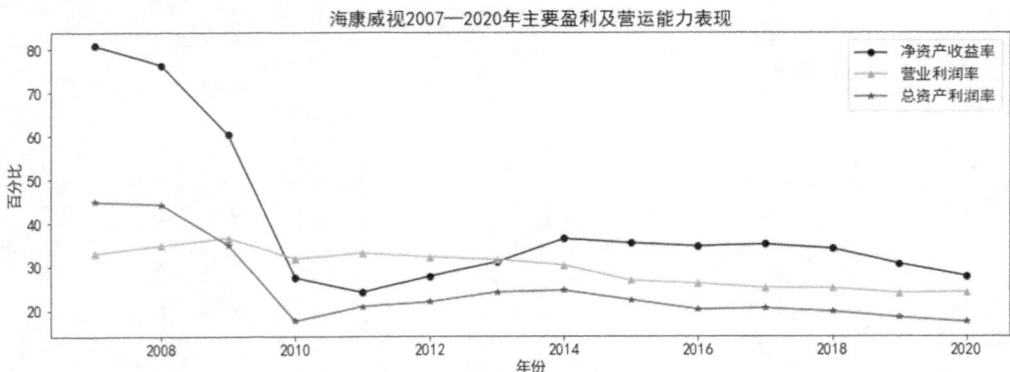

图 9-12　海康威视 2007—2020 年的主要盈利及营运能力

（12）玫瑰图可以更为直观地展示数据的变化趋势，且美观度优于基础图表。下面绘制玫瑰图，展示海康威视 2006—2020 年营业利润率的变化情况。

> **获取从 2006 年到 2020 年营业利润率的数值对应关系**

```
1  N=15    # 从2006年到2020年一共15年
2  year=list()
3  for i in range(N):
4      year.append(str(2006+i))
5  value=tables[1]["营业利润率（%）"].tolist()
6  data = {'year': year,'value':value}
7  df = pd.DataFrame(data)
8  df.T
```

运行结果

	0	1	2	3	4	5	6	7	8	9	10	11	12	13	14
year	2006	2007	2008	2009	2010	2011	2012	2013	2014	2015	2016	2017	2018	2019	2020
value	31.20	32.91	34.73	36.44	31.71	33.01	32.08	31.51	30.21	26.71	26.03	25.03	24.96	23.86	24.05

> **调用自定义函数，绘制玫瑰图**

```
1  pi=3.1415926
2  angle=list()
3  width=2*3.1415926/15
4  for i in range(15):
5      angle.append(i*width)  # 每个扇形的起始角度
6  plt.figure(figsize=(15, 8))  # 创建画布
7  ax = plt.subplot(projection='polar')
   # 删除不必要的内容
8  ax.set_ylim(-4, df['value'].max())  # 中间空白
9  ax.set_theta_zero_location('N')  # 设置极坐标的起点（即0度）在正上方向
10 ax.grid(False)  # 不显示极轴
11 ax.spines['polar'].set_visible(False)  # 不显示极坐标最外的圆形
12 ax.set_yticks([])  # 不显示坐标间隔
13 ax.set_thetagrids([])  # 不显示极轴坐标
14 colors = ['blue', 'blueviolet', 'orange', 'brown', 'green', 'pink', 'turquoise', 'tomato']
   # 绘画
15 ax.bar(angle, df['value'], width=width, color=colors, alpha=1)
16 for i in range(N):
17     ax.text(angle[i]+0.08,  # 角度
18             df['value'][i] ,  # 长度
19             df['year'][i],  # 文本
20             rotation=angle[i] * 180 / pi,  # 文字角度
21             rotation_mode='anchor',  # this parameter is a trick
22             alpha=1,
23             fontweight='bold', size=18
                )
24 plt.title("海康威视2006-2020年的营业利润率",loc = 'center')
25 plt.show()
```

运行结果（见图 9-13）

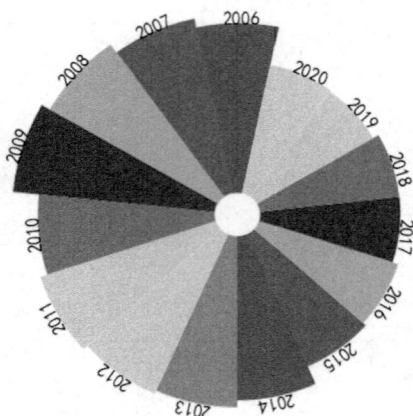

海康威视2006—2020年的营业利润率

图 9-13　海康威视 2006—2020 年的营业利润率

（13）图 9-7 显示了 2020 年海康威视的盈利能力表现最佳，因此，在完成对海康威视历史数据的纵向比较后，下面对其 2020 年 4 个季度的表现进一步深入分析。通过中商产业研究院季度财务数据查询页面，可以看到海康威视 2019—2021 年的主要经济指标如表 9-7 所示。

表 9-7　　　　　　　　海康威视 2019—2021 年的主要经济指标（按季度）

月份	类别						
	营业收入/亿元	营业收入同比/%	营业利润/亿元	营业利润同比/%	利润总额/亿元	利润总额同比/%	净利润/亿元
202106	339.02	39.68	72.59	29.74	72.82	29.6	68.55
202103	139.88	48.35	29.00	56.59	29.10	55.53	24.35
202012	635.03	10.14	151.97	10.86	152.73	11.04	136.78
202009	420.21	5.48	96.88	2.59	97.27	2.51	85.77
202006	242.71	1.45	55.95	9.11	56.19	8.94	46.67
202003	94.29	−5.16	18.52	0.54	18.71	0.59	15.53
201912	576.58	15.69	137.08	11.14	137.55	10.6	124.65
201909	398.39	17.86	94.43	16.94	94.89	15.95	80.94
201906	239.23	14.6	51.28	8.99	51.58	8.07	42.24
201903	99.42	6.16	18.42	−14.13	18.60	−13.73	15.18

读取海康威视 2020 年各季度财务数据，对营业收入、营业利润、利润总额、净利润等数据进行分析。

➤ **读取海康威视 2020 年各季度财务数据**

```
1   tables=pd.read_html("https://s.askci.com/stock/financialanalysis/002415/quarter/",
    header=0)
2   df_quarter=tables[0]
3   df_quarter.set_index(['类别\年份'],inplace=True)
4   df_quarter=df_quarter.loc[[202012,202009,202006,202003]]
5   df_quarter
```

运行结果

类别\年份	营业收入（元）	营业收入同比（%）	营业利润（元）	营业利润同比（%）	利润总额（元）	利润总额同比（%）	净利润（元）
202012	635.03 亿	10.14	151.97 亿	10.86	152.73 亿	11.04	136.78 亿
202009	420.21 亿	5.48	96.88 亿	2.59	97.27 亿	2.51	85.77 亿
202006	242.71 亿	1.45	55.95 亿	9.11	56.19 亿	8.94	46.67 亿
202003	94.29 亿	-5.16	18.52 亿	0.54	18.71 亿	0.59	15.53 亿

➤ **提取营业收入、营业利润绝对值数据**

```
1  df_quarter=df_quarter[['营业收入（元）','营业利润（元）']]
2  df_quarter
```

运行结果

类别\年份	营业收入（元）	营业利润（元）
202012	635.03 亿	151.97 亿
202009	420.21 亿	96.88 亿
202006	242.71 亿	55.95 亿
202003	94.29 亿	18.52 亿

（14）将营业收入和营业利润数据分别绘制环形图，查看 2020 年各季度营业收入、营业利润的贡献情况。

➤ **绘制不同季度在不同指标的贡献图**

```
1   # 查看不同指标下，海康威视公司在不同季度的财务情况
2   plt.figure(figsize=(15, 15))
3   plt.rcParams['font.size'] = 14
4   for i in range(2):
5       ax = plt.subplot(221+i)
6       # 获取以下几个维度的数据
7       labels=["第 4 季度","第 3 季度","第 2 季度","第 1 季度"]
8       sr=df_quarter[df_quarter.columns[i]]
9       x=list()
10      for v in sr.tolist():
11          value=float(v.split("亿")[0])
12          if value<0:
13              value=0      # 去除负数
14          x.append(value)
15      ax.pie(x=x,       # 绘图数据
16          labels = labels,     # 添加标签
17          autopct = '%.1f%%',     # 设置百分比的格式，这里保留一位小数
18          wedgeprops = {'width': 0.5, 'edgecolor':'green'},     # 边框显示绿色
19          )
20      ax.set_title("各季度贡献-"+df_quarter.columns[i])
21  plt.show()
```

运行结果（见图 9-14）

四季度贡献-营业收入 　　　　　　　　　四季度贡献-营业利润

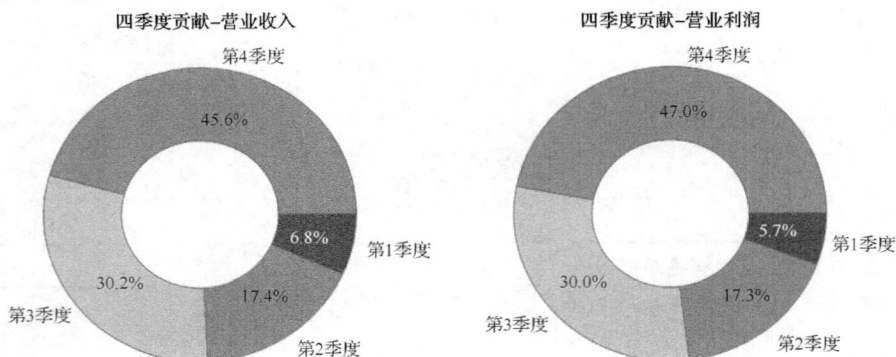

图 9-14　海康威视 2020 年各季度盈利贡献对比

由图 9-14 可以看出，海康威视 2020 年 4 个季度的营业收入和营业利润贡献存在显著差异。从营业收入指标看，4 个季度在稳步增长；从营业收入同比数据看，第 1 季度没有增长，但从第 3 季度起开始强劲反弹；营业利润指标与营业收入指标呈现相同的走势，在原材料普遍上涨的外部环境下，可以对其成本结构做更深入的分析；但在营业利润同比的贡献率上，第 3 季度不如第 2 季度，需要对其他数据做更深入的分析和挖掘，找出原因。

（15）同样，可以分别获取季度盈利能力指标和偿债能力指标数据展开分析。

① 获取 2020 年各季度的盈利能力指标数据。

➤ **获取 2020 年各季度的主要盈利能力指标**

```
1   plt.figure(figsize=(15,5))
2   plt.rcParams['font.size'] = 14        # 全局 14 号字体
3   df_profit=tables[1]
4   df_profit=df_profit[df_profit["类别\年份"]>=202003]
5   df_profit=df_profit[df_profit["类别\年份"]<=202012]
6   df_profit
```

运行结果

	类别\年份	销售毛利率（%）	营业利润率（%）	总资产利润率（%）	净资产收益率（%）	存货周转率（次）	应收账款周转率（次）	总资产周转率（次）
3	202012	19.90	24.05	17.22	27.72%	2.99	2.93	0.72
4	202009	18.64	23.15	12.28	18.12%	1.96	2.52	0.53
5	202006	18.42	23.15	7.81	9.75%	1.08	2.27	0.34
6	202003	16.77	19.84	2.56	3.28%	0.42	1.84	0.13

② 筛选出总资产利润率、净资产收益率、营业利润率，绘制主要盈利指标比较图。

➤ **绘制 2020 年各季度主要盈利能力指标表现图**

```
1   # 抓取年份列表和主要盈利能力及营运能力指标数据
2   quarter=list()
3   q=0
4   ROA=list(0 for n in range(4))    # 总资产利润率(Return On Assets)
5   ROE=list(0 for n in range(4))    # 净资产收益率(Return On Equity)
6   OPR=list(0 for n in range(4))    # 营业利润率(Operating Profit Ratio)
7   for idx,row in df_profit.iterrows():
8       q+=1
```

```
9        quarter.append(str(q))
10       val=0
11       val=float(row[4].split("%")[0])
12       ROE[4-q]=val
13       OPR[4-q]=float(row[2])
14       ROA[4-q]=float(row[3])
15  plt.plot(quarter, ROE, marker='o', mec='b', mfc='b',color='b',label=u"净资产收
益率")
16  plt.plot(quarter, OPR, marker='^', mec='y', mfc='y',color='y',label=u"营业利润率")
17  plt.plot(quarter, ROA, marker='*', mec='r', mfc='r',color='r',label=u"总资产利润率")
18  plt.legend()        # 让图例生效
19  plt.xlabel(u"季度")        # X 轴标签
20  plt.ylabel(u"百分比")        # Y 轴标签
21  plt.title(u"海康威视 2020 年各季度主要盈利指标表现")        # 标题
22  plt.show()
```

运行结果（见图 9-15）

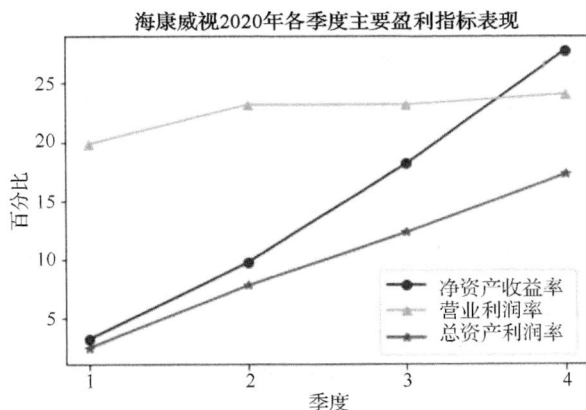

图 9-15　海康威视 2020 年各季度主要盈利能力指标表现

③ 获取偿债能力指标数据并绘图。

➤　**获取 2020 年各季度的主要偿债能力指标**

```
1    df_debt=tables[2]
2    df_debt=df_debt[df_debt["类别\年份"]>=202003]
3    df_debt=df_debt[df_debt["类别\年份"]<=202012]
4    df_debt
```

运行结果

	类别\年份	资产负债率（%）	股东权益比率（%）	流动比率	速动比率
3	202012	38.58	61.42	2.39	1.97
4	202009	38.96	61.04	2.71	2.16
5	202006	38.49	61.51	2.79	2.17
6	202003	35.71	64.29	3.09	2.36

④ 根据以上数据，绘制折线图。

➢ **绘制 2020 年各季度主要偿债能力指标表现图**

```
1   plt.figure(figsize=(15, 5))
2   quarter=list()
3   DAR=list(0 for n in range(4))         # 资产负债率(debt to asset ratio)
4   ER=list(0 for n in range(4))      # 股东权益比率(Equity Ratio)
5   CR=list(0 for n in range(4))      # 流动比率(current ratio)
6   AR=list(0 for n in range(4))      # 速动比率(Acid-test Ratio)
7   q=0
8   for idx,row in df_debt.iterrows():
9       q+=1
10      quarter.append(str(q))
11      DAR[4-q]=float(row[1])
12      ER[4-q]=float(row[2])
13      CR[4-q]=float(row[3])
14      AR[4-q]=float(row[4])
15  ax=plt.subplot(121)
16  ax.plot(quarter, DAR, marker='o', mec='b', mfc='b',color='b',label=u"资产负债率")
17  ax.plot(quarter, ER, marker='^', mec='y', mfc='y',color='y',label=u"股东权益比率")
18  ax.legend()       # 让图例生效
19  ax.set_xlabel(u"季度")       # x 轴标签
20  ax.set_ylabel(u"百分比")         # y 轴标签

21  ax=plt.subplot(122)
22  ax.plot(quarter, CR, marker='*', mec='r', mfc='r',color='r',label=u"流动比率")
23  ax.plot(quarter, AR, marker='.', mec='g', mfc='g',color='g',label=u"速动比率")
24  ax.legend()       # 让图例生效
25  ax.set_xlabel(u"季度")        # x 轴标签
26  ax.set_ylabel(u"数值")        # y 轴标签
27  plt.suptitle(u"海康威视2020年各季度主要偿债能力表现")       # 标题
28  plt.show()
```

运行结果（见图 9-16）

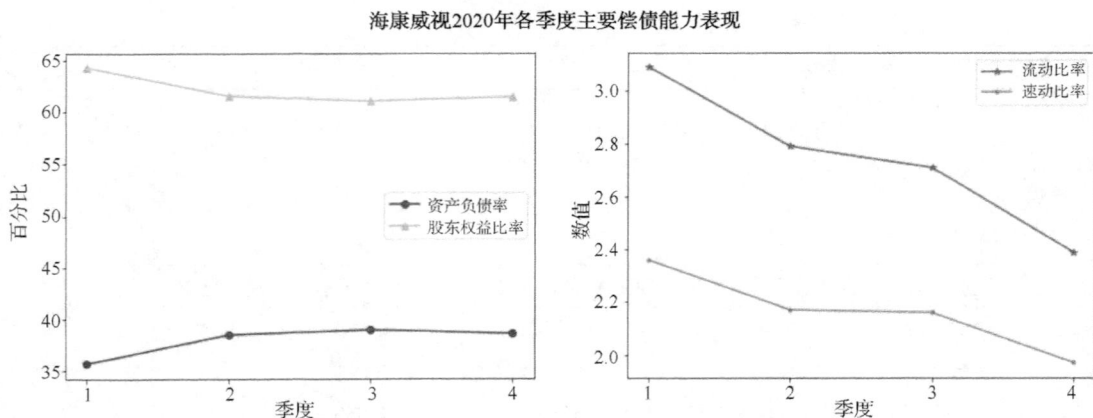

图 9-16　海康威视 2020 年各季度主要偿债能力指标表现

（16）获取 2020 年各季度的成本费用指标。

➢ **获取 2020 年各季度成本费用指标**

```
1   # 成本费用分析
2   df_cost=tables[3]
3   df_cost=df_cost[df_cost["类别\年份"]>=202003]
4   df_cost=df_cost[df_cost["类别\年份"]<=202012]
5   df_cost
```

运行结果

	类别\年份	营业成本（元）	销售费用（元）	管理费用（元）	财务费用（元）
3	202012	508.66亿	73.78亿	17.90亿	3.96亿
4	202009	341.89亿	52.34亿	13.35亿	1.55亿
5	202006	198.01亿	34.20亿	8.65亿	-2.28亿
6	202003	78.48亿	13.76亿	3.50亿	-2.09亿

（17）根据以上数据绘制柱形图。

➢ **绘制柱形图**

```
1    OC=list(0 for n in range(4))      # 营业成本(又称运营成本 Operating Cost)
2    SE=list(0 for n in range(4))      # 销售费用(Selling Expense)
3    AE=list(0 for n in range(4))      # 管理费用(Administrative Expense)
4    FE=list(0 for n in range(4))      # 财务费用(Financing Expense)
5    delta=0.2
6    qt=pd.Series([1,2,3,4])
7    q=0
8    for idx,row in df_cost.iterrows():
9        q+=1
10       OC[4-q]=float(row[1].replace("亿",""))
11       SE[4-q]=float(row[2].replace("亿",""))
12       AE[4-q]=float(row[3].replace("亿",""))
13       FE[4-q]=float(row[4].replace("亿",""))
14   plt.figure(figsize=(15, 8))
15   plt.rcParams['font.size'] = 18      # 全局14号字体
16   plt.bar(qt-2*delta, OC, label="营业成本",width=delta)
17   plt.bar(qt-delta, SE, label="销售费用",width=delta)
18   plt.bar(qt, AE, label="管理费用",width=delta)
19   plt.bar(qt+delta, FE, label="财务费用",width=delta)
20   plt.legend(bbox_to_anchor=(1.05, 0), loc=3)      # 让图例生效
21   plt.xticks(qt) # x轴上的刻度显示,可以把x改成字符串列表
22   plt.xlabel(u"季度")        # x轴标签
23   plt.ylabel(u"成本费用")         # y轴标签
24   plt.title(u"海康威视2020年各季度成本费用构成")      # 标题
25   plt.show()
```

运行结果（见图 9-17）

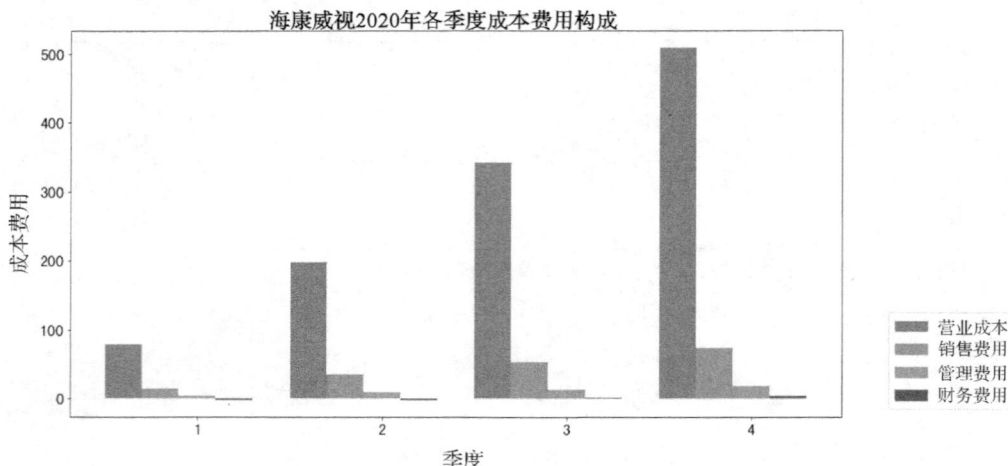

图 9-17　海康威视 2020 年各季度主要成本费用构成

（18）将以上财务指标绘制到一张图上呈现。

> **综合显示**

```
1   # 三图综合
2   # 查看不同指标下，海康威视公司在各季度的财务情况
3   plt.figure(figsize=(15, 10))
4   plt.rcParams['font.size'] = 12

5   ax = plt.subplot(231)
6   # 获取以下维度的数据
7   labels=["第4季度","第3季度","第2季度","第1季度"]
8   sr=df_quarter[df_quarter.columns[0]]
9   x=list()
10  for v in sr.tolist():
11      value=float(v.split("亿")[0])
12      if value<0:
13          value=0    # 去除负数
14      x.append(value)
15  ax.pie(x=x,     # 绘图数据
16      labels = labels,    # 添加标签
17      autopct = '%.1f%%',    # 设置百分比的格式，这里保留一位小数
18      wedgeprops = {'width': 0.5, 'edgecolor':'green'},    # 边框显示绿色
          )
19  ax.set_title("各季度贡献-"+df_quarter.columns[0])

20  ax = plt.subplot(234)

21  sr=df_quarter[df_quarter.columns[1]]
22  x=list()
23  for v in sr.tolist():
24      value=float(v.split("亿")[0])
25      if value<0:
```